# 寒湿环境下土遗址安全性评价

杜昱民　崔　凯　谌文武　董文强　著

中国建筑工业出版社

图书在版编目（CIP）数据

寒湿环境下土遗址安全性评价 / 杜昱民等著. — 北京：中国建筑工业出版社，2023.9
ISBN 978-7-112-29333-9

Ⅰ.①寒… Ⅱ.①杜… Ⅲ.①土质－文化遗址－安全评价－研究－中国 Ⅳ.①K878.04

中国国家版本馆 CIP 数据核字（2023）第 215768 号

本书介绍高寒阴湿环境下土遗址安全性评价理论、方法与实践。全书共分七章。主要内容包括：高寒阴湿环境下土遗址病害链体系初探；基于病害链体系的土遗址易损性评价方法；实践典型遗址布局与形制特征；典型遗址构筑材料的工程特性研究；高寒阴湿环境下土遗址劣化机制初论；土遗址历史损失率评价实践；土遗址易损性评价实践。书中二维码为彩图，可扫码查看。

本书可供文物、文物保护、建筑学、地质从业人员使用。

责任编辑：吕　娜　郭　栋
责任校对：张　颖
校对整理　赵　菲

扫码看全书彩图

# 寒湿环境下土遗址安全性评价

杜昱民　崔　凯　谌文武　董文强　著

\*

中国建筑工业出版社出版、发行（北京海淀三里河路 9 号）
各地新华书店、建筑书店经销
北京红光制版公司制版
北京中科印刷有限公司印刷

\*

开本：787 毫米×1092 毫米　1/16　印张：12　字数：280 千字
2024 年 2 月第一版　2024 年 2 月第一次印刷
定价：89.00 元
ISBN 978-7-112-29333-9
（41809）

版权所有　翻印必究
如有内容及印装质量问题，请联系本社读者服务中心退换
电话：（010）58337283　QQ：2885381756
（地址：北京海淀三里河路 9 号中国建筑工业出版社 604 室　邮政编码：100037）

本书的出版受国家自然科学基金青年科学基金项目"高寒阴湿环境下土遗址片状剥离二元结构形成机制研究"(项目编号：42202313)、陕西省两链融合重点专项——文化遗产保护利用重大专项"陕西长城遗址表层风化防治研究与应用示范"(项目编号：2022LL-ZD-01)、西北工业大学高水平教材建设经费（项目编号：23GH0104069）资助

# 序

作为重要的不可移动文物，土遗址被列入全国重点文物保护单位已有八百余处。这些土遗址体量巨大、构成复杂、形态多样，蕴含极高的历史、艺术和科学价值。然而，在自然与人为因素影响下，土遗址病害多发，劣化普遍，严重威胁土遗址的赋存安全。

"十一五"以来，我国干旱环境下土遗址保护与研究均取得了丰硕成果，其理论、技术、材料、装备和标准方面的创新突破，形成了干旱环境下土遗址保护的基础理论与技术体系。然而，高寒阴湿环境下土遗址保护研究工作却相对滞后，理论基础研究非常薄弱。作者围绕高寒阴湿环境下土遗址易损性评价理论、方法与实践开展长期研究，探索外部环境与夯土基体作用的机制，定量化表征土遗址受损程度，为后期土遗址的保护提供重要的基础支撑。这些研究和成果，对推动我国寒湿环境下土遗址的综合性保护，具有重要的理论意义和实践意义。

土遗址保护是世界性的难题，对其实施深入研究和有效保护，需要融合多学科的理论知识和研究方法，开展遗址布局、建造工艺、病害机理、保护材料与技术、保存状态评估等多维度研究内容。随着文物保护科技的不断发展，深入开展土遗址病害探测、原位诊断、病因剖析、防治结合、效果评价等关键技术研发，已成为国家文物科技创新战略的重要突破口。青海明长城遗址，是高寒阴湿特殊环境土遗址的典型代表。在高寒阴湿环境作用下，青海明长城遗址经历着病害发育、演变、持续劣化的进程。本研究结合赋存于河湟地区古丝绸之路重要通道的青海明长城遗址的保护，从基础理论和实践应用层面，创新性地推动高寒阴湿环境土遗址有效保护走向深入。

土遗址的劣化过程与外部环境作用和本体材料自身的工程性质密切相关，依据这条逻辑主线，研究外部因素、本体性质、病害类型、病害发展、易损性评价则是土遗址保护一个新的命题。基于土遗址病害发育内部关联、影响因素及演化特征，进而构建土遗址受损程度评估、预测模型，以期指导土遗址保护技术和管理措施的实施。由于高寒阴湿环境下土遗址保护和研究相对薄弱，其安全性评价研究也只处于初步阶段。

作者在该书的编写中，以青海明长城遗址典型区段作为研究对象，系统地介绍了河湟地区高寒阴湿环境特征、遗址构筑材料特性及建造工艺特点，阐释了实践遗址的建筑形制及布局特征、高寒阴湿环境下土遗址劣化机制，提出此类环境下土遗址病害链体系、土遗址历史损失率评估及易损性评价方法，通过土遗址损失率与易损性评价实践，对河湟地区高寒阴湿环境下土遗址在不同阶段因病害发育演化所受损的具体程度进行了定量化评估。该书涵盖土遗址保护的基本概念、基础知识及一些较新的理论研究方法，对土遗址保护研究方向的相关专业研究生以及从事土遗址保护领域的科技工作者有所帮助。

深入解读，不难发现该书逻辑清晰、聚焦准确、论述有据、落地实用，具有较高的学术价值，对寒湿环境土遗址的保护研究和实践具有较高的指导意义。该书主要聚焦以下内容：

（1）全面介绍了河湟地区地形地貌、气候特征、地层岩性、水文条件、地质构造、地震等环境特征，并提取遗址赋存环境中的关键因子，为土遗址病害发育特征及机理分析提供环境关键因素指标；深入分析裂隙、冲沟、坍塌、掏蚀、片状剥离等主要病害的内部相关性，阐明典型病害的主控因素，并综合构建高寒阴湿环境下土遗址病害链体系，阐释了土遗址病害发育成因及演化规律，为土遗址易损性评价模型的建立提供理论依据；

（2）系统梳理了河湟地区典型土遗址—青海明长城遗址的建筑形制及布局特征，以明长城夯土墙体、烽火台和堡这三类最为典型的建筑类型作为研究对象，厘清遗址的保存规模、形制特征、建筑技法及布局特点，并融合历史、军事、考古等信息，对青海明长城军事防御体系进行了深入剖析和量化解析，揭示了该体系在军事防御过程中的军力部署调度情况以及各类型建筑的协同防御机制，对明长城防御体系的研究内容做出重要补充；

（3）通过对分布在青海民和、乐都、平安、互助、门源、大通、湟中和贵德这八县区的明长城遗址夯土材料进行取样测试，系统研究了夯土材料的组构、物理、水理、力学、热学等工程性质，对明长城"因地制宜、就地取材"的建造原则进行了佐证，并对易损性评价模型中夯土工程材料特性部分提供了数据支撑；

（4）结合现场实时监测，厘清高寒阴湿环境影响作用下的土遗址劣化过程与机理，揭示了土遗址内部温度的时空变化及其对环境温度变化的响应规律；通过室内模拟实验的设计和实施，阐明了土遗址在降雪过程导致的冻融与盐渍耦合作用下的劣化过程与机理；基于以上对环境、盐渍等变量作用下土体的宏观、微观角度的分析，提出了介质运移及相变、颗粒破碎及重组等机制，为易损性评价理论的提出奠定研究基础；

（5）针对环境以及人类活动对遗址的破坏，创新性地提出了土遗址历史损失率指标，用以定量表征土遗址在历史演变进程中的整体受损程度，以此为基础对人口密度分布模型与损失率指标进行拟合分析，揭示人类活动对土遗址的破坏影响机制；综合考虑病害发育特征、环境影响因素、夯土工程性质以及建筑工艺特点，构建了土遗址易损性评价理论模型及预测模型，且进行了良好的工程实践，以上方法、理论与实践探究可为其他特殊环境下土遗址的安全性评价提供重要的模块示范作用。当然，本书提出的土遗址安全性评价理论、方法体系可否扩展应用在干旱与潮湿环境下土遗址保护实践，值得开展进一步的探索和验证。

作者谌文武教授及其团队，长期从事西北地区土遗址保护研究和工程实践，被誉为丝绸之路上的"文物保护工作者"。董文强博士及其团队，在土遗址表层风化机理研究、长城形制布局和保护材料研发方面逐步形成多学科交叉融合的特色。崔凯教授、杜昱民助理教授提出的土遗址保护相关理论方法对学科的发展做出了重要的学术贡献。这样一个长期奋战在岩土质文物保护一线的联合研究团队，将深入的基础研究和丰富的实践经验之花绽放出来，必将对广大文物保护工作者有所启发和获益，也一定能对我国土遗址保护的深入起到积极的推动作用。

铁付德

中国国家博物馆终身研究馆员，博士，国务院政府特殊津贴专家，国家科技进步奖评委，中国文物保护技术协会副理事长，"十三五"国家重点研发计划文物保护与利用专题任务总体专家组组长。西北工业大学讲席教授、博士生导师、考古探测与文物保护技术教育部重点实验室学术委员会主任。

2023.6.1

# 前　言

　　河湟地区既是古代丝绸之路的重要通道，也是当今"一带一路"倡议打造的战略支点。作为河湟文化的发祥地与核心区，河湟地区分布有诸多文化遗存，其中不乏大量的土遗址。这些珍贵的文化遗产蕴含了中华民族所特有的精神价值、思维方式和想象力，具有极高的历史价值、艺术价值、文化价值、社会价值和科学价值，体现了中华民族伟大的创造力和生命力。二十大报告中指出："繁荣发展文化事业和文化产业""加大文物和文化遗产保护力度，加强城乡建设中历史文化保护传承，建好用好国家文化公园。"科学保护土遗址对于传承中华民族优秀文化、增强社会凝聚力、坚定文化自信具有重要意义。

　　河湟地区地处青藏高原东北部与黄土高原接壤的农牧交错地带，该地区海拔较高，在建筑气候区划中属于严寒 B 区；作为青海省内多雨地区之一，河湟地区夏季降雨集中且强降水频次高，多暴雨、夜雨和连阴雨，而在冬季以降雪为主的降水过程造成气温低、空气湿度大、太阳辐射较低、蒸发量小。综上，河湟地区具有"高寒阴湿"的特殊环境特征。在特殊且复杂的气候条件控制下，处于露天环境下的土遗址发育有大量片状剥离、掏蚀、冲沟、裂隙与坍塌等典型病害，严重加速了河湟地区土遗址的消亡进程。《国家"十四五"文物保护和科技创新规划》指出要"重点突破石窟寺、土遗址和木结构建筑等文物病害探测、原位诊断、防治和保护工程质量评价关键技术"。"十一五"以来，针对我国干旱半干旱环境下土遗址病害机理及加固技术研发均取得了丰硕成果，逐步形成了土遗址保护科学基础理论框架和技术体系，并成功抢救了一大批濒危土遗址。然而，目前针对河湟地区特殊环境下土遗址的保护和研究工作存在严重不足，相应研究基础尤为薄弱。科学而精准地进行土遗址安全性评价是对其进行评级管理的重要前提和关键环节，也是制定保护措施轻重缓急的科学依据和行为指南。因此，开展土遗址安全性评价理论、方法与实践探究尤为重要。

　　在河湟地区的腹心地带，呈"拱形"环绕西宁地区分布的世界文化遗产——青海明长城遗址，是该地区保存最为完整、体量最为巨大、病害发育最为典型的土遗址代表，更是进行土遗址安全性评价理论、方法与实践探究的天然样本。历经数百年的自然侵蚀及人为破坏，青海明长城主体目前以夯土遗址的形式赋存。由夯土版筑构建而成的明长城遗址作为直接接受环境影响的特殊岩土体，在大气圈、水圈、生物圈和岩石圈漫长的相互作用进程中，其安全赋存受到温度、降雨、携沙风、盐渍化以及人类活动等因素的严重威胁，进而导致其正经历由病害的大量发育到快速消亡这一量变到质变的过程。由于青海明长城地处高寒、高海拔地区且地处一隅，其赋存环境和布防体系具有特殊性。因此，以青海明长城遗址典型区段作为研究对象，开展土遗址安全性评价理论、方法与实践探究，不仅能补充完善河湟地区土遗址科学研究体系，进而表征高寒阴湿特殊环境影响下土遗址病害的发生、演化规律和过程，而且对制定科学有效的保护对策以及开展系统规划工作具有重要的指导意义和应用价值。

对土遗址开展易损性评价是对其进行安全性评价的重要环节和关键阶段，可进一步揭示其在自然及人为破坏作用下的损伤或破坏程度，为文化遗产科学管理及保护措施的制定提供指导。目前，国内学者主要基于病害发育特征而开展土遗址易损性评价相关研究，并结合现场监测、测试分析、数值计算等多种手段实现土遗址的易损性分析及评价，通过提出遗址病害评估及结构易损性分析相关模型，为土遗址因典型病害发育演化而造成破坏的科学评级奠定了良好的研究基础，成绩斐然。土遗址易损性评价研究主要聚焦在构建包含地质灾害对遗址的影响以及遗址本体病害两个层次的病害评估体系，即灾害评估和病害评估，其评估方法主要包括区域危险性区划、危害范围及危害强度分区、发生概率及发展速度确定等。土遗址病害评估包括两方面：一是土遗址稳定性问题，其失稳主要包括崩塌、滑坡和洞室坍塌三种形式，其中坍塌是最常见的失稳模式；另一方面是土遗址表面风化。土遗址易损性评价程序应该包括：收集相关基础资料、现场调查病害并确定其主要影响因素、监测风化速度、定性评价土遗址病害程度、评估地质灾害对土遗址的影响、评估遗址稳定性以及确定遗址的危险程度并给出相关评估意见等方面。

土遗址易损性评价研究虽然取得了一些进展，但由于对特殊环境作用下土遗址不同形制发育的典型病害特征及机理认识不足，现阶段主要围绕掏蚀、冲沟、裂隙、坍塌等病害的发育演化规律建立相关模型进而开展遗址易损性评价研究，其科学性及精确度仍有待提升。接受国家文物局2013年文化遗产保护领域科学和技术研究课题资助，谌文武教授领导的土遗址保护团队承担了"青海省明长城赋存环境及病害发育特征研究"项目研究工作，基于近十几年来敦煌研究院、兰州大学文物保护研究中心对青海省境内的明长城遗址开展一系列抢险加固工程，以及兰州大学文物保护研究中心编制的《青海省明长城保护总体规划》等基础工作，研究团队对青海明长城遗址进行系统地现场调研、勘察、取样并通过室内试验测试夯土体材料特性，由此初步认识和理解了在自然因素和夯土体本身材料性质双重作用下土遗址病害的发育和演化问题；同时，进一步厘清土遗址的建筑形制及布局特征、构筑材料工程特性以及高寒阴湿环境特征，阐明环境与夯土构筑材料协同作用下典型病害的发育特征规律，进而实现土遗址损失率与易损性评价的科学实践，以期为河湟地区土遗址保护加固工作提供科学依据和理论基础，并逐步补充与丰富我国土遗址保护理论与实践体系。

本专著以青海明长城遗址典型区段作为研究对象，从以下七个方面全面研究了当前寒湿环境下土遗址安全性评价：

1. 高寒阴湿环境下土遗址病害链体系初探

在总结前人研究成果和大量现场调研的基础上，从地形地貌、气候特征、地层岩性、水文条件、地质构造、地震等方面详细阐述青海明长城遗址的赋存环境特点；探究裂隙、冲沟、坍塌、掏蚀、片状剥离等青海明长城遗址典型病害的发育特征，构建土遗址病害链体系以表征遗址病害发育及其演变的特征规律。

2. 基于病害链体系的土遗址易损性评价方法

在阐明土遗址易损性评价的研究意义并全面梳理土遗址量化评价研究进展的基础上，提出以土遗址线性损失率指标为中心的土遗址历史损失率评估方法，量化表征时间序列下青海明长城线性遗址的整体受损程度及其与人类活动的相关性；提出融合层次分析法与模糊数学理论、逼近理想解排序法的土遗址易损性评价方法，以及基于支持向量机和BP神经网络的易损性评价预测方法。

3. 实践典型遗址布局与形制特征

通过梳理青海明长城遗址研究现状、现存规模和价值评估，深入研究以烽火台和堡为代表的点状遗址建筑形制与布局特征，并探究以壕堑和明长城主线为核心的线性遗址建筑形制与布局特征，明确明长城遗址建筑布局特点和军事功能，并以此为研究基础进一步探究青海明长城军事防御体系。

4. 典型遗址构筑材料的工程特性研究

夯土是青海明长城遗址除山险、河险、山险墙以及壕堑等直接利用天然屏障构筑的防御设施外关、堡、烽燧、敌台和墙体等人工防御设施的主要构筑材料，针对青海明长城"因地制宜，就地取材"的建造特征，结合区内气候环境特征以及遗址建筑类型，通过取自分布 11 个县区典型遗址原状试样的系列测试来研究这类构筑材料的组构、物理、水理、力学及热学等工程特性。

5. 高寒阴湿环境下土遗址劣化机制初论

以研究区各县近 60a 的气候环境因子分析结果与典型遗址断面全年四季正常气象条件及降雨（雪）工况 24h 温湿度逐时监测结果为基础，结合 11 处典型遗址组构和含盐特征的测试结果，通过遗址重塑土给定条件下的干湿与盐渍、冻融与盐渍两种耦合环境下的加速劣化实验来阐释高寒阴湿典型环境下夯土劣化规律，初步揭示高寒阴湿环境下土遗址劣化机制。

6. 土遗址历史损失率评价实践

结合青海明长城遗址考古资料，利用线性损失率评价指标对线性遗址的保存状态进行整体评价，同时通过与各遗址所处村落的人口密度进行数据拟合分析，建立人口密度与线性损失率的数学量化模型，进一步揭示人类活动对明长城线性墙体的定量破坏影响；结合GIS 技术与主成分分析方法，实现土遗址损失率评价结果在 DEM 中的三维可视化，剖析致使遗址产生破坏的主控因素。

7. 土遗址易损性评价实践

结合遗址赋存环境、夯土工程性质以及遗址病害发育特征，运用模糊层次分析法、AHP-TOPSIS 等方法，对青海明长城典型遗址点开展易损性评价。通过与病害实际发育规模进行对比，确定更加适用于青海明长城遗址易损性评价的方法，并以此为基础运用机器学习方法对遗址易损性结果进行学习训练及预测，探寻将遗址定量化科学评估与机器学习方法高效相结合的保护研究思路。

# 目 录

序
前言

| 页码 | 章节 | 标题 |
|---|---|---|
| 1 | 第1章 | 高寒阴湿环境下土遗址病害链体系初探 |
| 1 | 1.1 | "高寒阴湿"环境特征分析 |
| 1 | 1.1.1 | 地形地貌 |
| 2 | 1.1.2 | 气候特征 |
| 4 | 1.1.3 | 地层岩性 |
| 5 | 1.1.4 | 水文条件 |
| 5 | 1.1.5 | 地质构造 |
| 6 | 1.1.6 | 地震 |
| 7 | 1.1.7 | 环境因素主成分分析 |
| 8 | 1.2 | 典型病害发育类型与特征 |
| 9 | 1.2.1 | 裂隙 |
| 9 | 1.2.2 | 冲沟 |
| 10 | 1.2.3 | 坍塌 |
| 10 | 1.2.4 | 掏蚀 |
| 11 | 1.2.5 | 片状剥离 |
| 12 | 1.2.6 | 典型病害相关性研究 |
| 18 | 1.3 | 基于典型病害发育特征的土遗址病害链体系构建 |
| 19 | 1.3.1 | 冲沟至坍塌演变单链 |
| 21 | 1.3.2 | 掏蚀至坍塌演变单链 |
| 23 | 1.3.3 | 土遗址病害链体系 |
| 28 | 第2章 | 基于病害链体系的土遗址易损性评价方法 |
| 28 | 2.1 | 土遗址易损性评价的意义 |
| 29 | 2.2 | 土遗址量化评价研究进展 |
| 30 | 2.3 | 历史损失率评估方法 |

| 32 | 2.4 易损性评价方法简述 |
|---|---|
| 33 | 2.4.1 层次分析法(AHP) |
| 34 | 2.4.2 模糊层次分析法(FAHP) |
| 35 | 2.4.3 层次分析法——逼近理想解排序法(AHP-TOPSIS) |
| 35 | 2.4.4 机器学习预测方法简述 |
| 39 | **第3章 实践典型遗址布局与形制特征** |
| 39 | 3.1 实践典型遗址——青海明长城保护现状 |
| 39 | 3.1.1 青海明长城研究现状 |
| 41 | 3.1.2 青海明长城保存规模 |
| 42 | 3.1.3 青海明长城价值评估 |
| 44 | 3.2 点状遗址建筑形制与布局特征 |
| 44 | 3.2.1 烽火台建筑形制与布局 |
| 53 | 3.2.2 堡建筑形制与布局 |
| 63 | 3.3 线性遗址建筑形制与布局特征 |
| 63 | 3.3.1 壕堑形制与布局 |
| 64 | 3.3.2 墙体形制与布局 |
| 66 | 3.4 青海明长城军事防御体系 |
| 67 | 3.4.1 军力可达域 |
| 69 | 3.4.2 青海明长城军事防御体系模型 |
| 72 | **第4章 典型遗址构筑材料的工程特性研究** |
| 72 | 4.1 物理性质研究 |
| 72 | 4.1.1 密度、含水量及相对密度 |
| 74 | 4.1.2 颗粒组成特征 |
| 75 | 4.1.3 孔隙分布特征 |
| 76 | 4.1.4 易溶盐类型及含量特征 |
| 77 | 4.2 水理性质研究 |
| 77 | 4.2.1 界限含水量 |
| 78 | 4.2.2 崩解特征 |
| 80 | 4.2.3 渗透特性 |
| 81 | 4.2.4 水-土特征 |
| 83 | 4.3 力学与热学性质研究 |
| 83 | 4.3.1 力学性质测试方法与仪器 |
| 84 | 4.3.2 力学性质测试结果 |
| 85 | 4.3.3 热学性质测试方法与仪器 |
| 86 | 4.3.4 热学性质测试结果 |

| 页码 | 章节 | 标题 |
|---|---|---|
| 88 | 第5章 | 高寒阴湿环境下土遗址劣化机制初论 |
| 88 | 5.1 | 土遗址环境实时监测 |
| 88 | 5.1.1 | 遗址点选取 |
| 90 | 5.1.2 | 监测方案 |
| 91 | 5.1.3 | 环境监测结果与分析 |
| 102 | 5.2 | 冻融与盐渍耦合作用劣化试验 |
| 102 | 5.2.1 | 劣化试验方法与设计 |
| 103 | 5.2.2 | 土体劣化的宏观表现 |
| 107 | 5.2.3 | 土体劣化的微观表现 |
| 112 | 5.3 | 冻融与盐渍耦合作用劣化机制 |
| 112 | 5.3.1 | 宏观性质与微观结构变化关联性分析 |
| 115 | 5.3.2 | 作用机制初步讨论 |
| 117 | 第6章 | 土遗址历史损失率评价实践 |
| 117 | 6.1 | 遗址点选取 |
| 117 | 6.2 | 土遗址整体破坏评价结果 |
| 117 | 6.2.1 | 土遗址历史损失率计算结果 |
| 129 | 6.2.2 | 村落人口密度计算结果 |
| 131 | 6.3 | 土遗址损失率与人口密度相关性研究 |
| 131 | 6.3.1 | 典型人口密度分布模型 |
| 131 | 6.3.2 | 土遗址损失率与人口密度模型数学建模 |
| 133 | 6.4 | 土遗址损失率结果表征与讨论 |
| 133 | 6.4.1 | 土遗址损失率在DEM中的三维可视化 |
| 135 | 6.4.2 | 土遗址破坏因素主成分分析 |
| 138 | 第7章 | 土遗址易损性评价实践 |
| 138 | 7.1 | 遗址点选取 |
| 139 | 7.2 | 易损性评价指标及权重确定 |
| 139 | 7.2.1 | 易损性评价递阶层次结构模型 |
| 140 | 7.2.2 | AHP计算权重 |
| 142 | 7.3 | 易损性评价 |
| 142 | 7.3.1 | 遗址破坏评价标准 |
| 145 | 7.3.2 | FAHP确定综合评价等级 |
| 148 | 7.3.3 | AHP-TOPSIS确定综合评价等级 |
| 151 | 7.3.4 | 评价结果对比及验证 |
| 155 | 7.4 | 易损性预测初探 |

| | | |
|---|---|---|
| 155 | 7.4.1 | 预测方法及流程 |
| 156 | 7.4.2 | 数据处理及预测结果 |
| 158 | 7.4.3 | 预测结果对比 |
| 159 | 7.4.4 | 易损性评价预测实例 |

163　参考文献

175　后记

# 第1章 高寒阴湿环境下土遗址病害链体系初探

## 1.1 "高寒阴湿"环境特征分析

河湟地区既是古代丝绸之路的重要通道,也是当今"一带一路"倡议打造的战略支点。作为河湟文化的发祥地与核心区,河湟地区分布有诸多文化遗存,其中不乏大量土遗址。科学保护土遗址对于传承中华民族优秀文化、增强社会凝聚力、坚定文化自信具有重要意义。河湟地区地处青藏高原东北部与黄土高原接壤的农牧交错地带,该地区海拔较高(2200~3000m),在建筑气候区划中属于严寒B区(年均气温0~4℃);作为青海省内多雨地区之一(年均降水量300~600mm),河湟地区夏季降雨集中(占全年58%~65%),且强降水频次高,多暴雨、夜雨和连阴雨,而在冬季以降雪为主的降水过程造成气温低、空气湿度大(年均相对湿度57%~69%)、太阳辐射较低、蒸发量小(冬季地表蒸发量3.8mm),综上,河湟地区具有"高寒阴湿"的特殊环境特征。在特殊且复杂的气候条件控制下,处于露天环境下的土遗址发育有大量片状剥离、掏蚀、冲沟、裂隙与坍塌等典型病害,严重地加速了河湟地区土遗址的消亡进程。

在河湟地区腹心地带,呈"拱形"环绕西宁地区分布的世界文化遗产——青海明长城遗址,是该地区保存最为完整、体量最为巨大、病害发育最为典型的土遗址代表,更是研究高寒阴湿环境下土遗址安全性评价理论、方法与实践初探的天然样本。厘清青海明长城遗址赋存环境特征是探究高寒阴湿特殊环境下土遗址病害发育机理的重要前提,更是构建土遗址病害链体系的研究基础。在总结前人研究成果和大量现场调研的基础上,本节从地形地貌、气候特征、地层岩性、水文条件、地质构造、地震等方面详细阐述青海明长城遗址的赋存环境特点,并利用主成分分析方法提取关键环境因素,为河湟地区土遗址病害发育特征与环境因素的关联性分析提供数据支撑。

### 1.1.1 地形地貌

青海省地处"世界屋脊",地势高耸。该省部分地区的海拔在3000m以上,地势西高东低、南北高中部低,山地与盆地相间排列。海拔在3000m以下的地区面积约111000km²,占全省面积15.9%;所处海拔3000~5000m的地区面积约有532000km²,占全省面积76.3%;海拔超过5000m的地区面积有54000km²,仅占全省面积的7.8%。青海省最高海拔为6851m,最低为1644m,全省东北和东部与秦岭山地和黄土高原相过渡,北部与河西走廊相望,西北部的阿尔金山与塔里木盆地相隔,南部接壤藏北高原,东北部的山地和高原盆地和四川盆地相接。

青海明长城遗址主要分布在青海省东部地区，除在贵德盆地及大通河谷地有零星的遗址分布外，大部分遗址在湟水和一些支流宽谷地带分布。明长城遗址本体及烽火台、堡等单体建筑依据地形地貌特点以及军事功能的不同，高低交错地分布在湟水河谷的高低阶地、中高山及低山丘陵地带。明长城线性主体主要分布在西宁—民和盆地周边，这符合盆地内部地势较低且适于人类居住的特点，而在盆地边缘建造长城来御敌体现了古人充分利用地形地貌特点设防的军事思想。根据明长城资源调查报告等资料，青海明长城遗址主要分布在中山山地以及低山丘陵，少数分布在河谷地区。青海明长城赋存区域绝大多数分布在海拔2500m以上，而长城东北侧主要借助天然地貌（山险），因而海拔较高（3000m以上）；长城东南侧海拔较低，在1500～2000m范围内。因此，青海明长城线性遗址的地形起伏较大，体现了明长城"因地形，用险制塞"的布局特征。

通过对比青海境内新城长城、水洞村长城、娘娘山长城遗址与明"九镇"所辖明长城的代表段的海拔数据可知，青海明长城遗址所处海拔位置最高，且远高于其余省（辖）区的明长城遗址（图1-1）。由此可见，其高海拔的地形特点势必带来气候等方面对明长城遗址的影响。

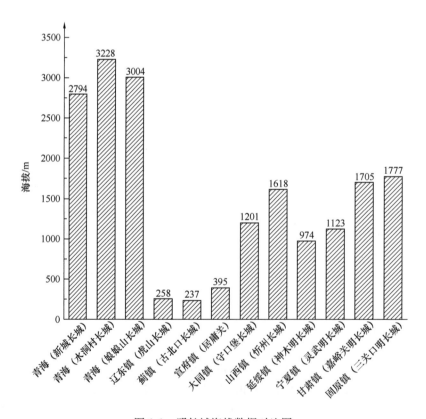

图1-1 明长城海拔数据对比图

### 1.1.2 气候特征

青海省位于青藏高原东北部，处于高海拔地区（平均海拔3000m以上），属于中纬度地区和高原大陆性气候。青海明长城遗址地处河湟谷地，受干冷空气的影响，其冬季气候比较寒冷且干燥，大风频发，而夏季受到暖湿气流的影响，以集中式降雨为主。

全省年平均气温-5.1~9℃，由于青海省植被稀少，成为全国日气温变化最大的地区之一，其年气温日较差为12~16℃，年较差为20~30℃；年降水量较少而且地域差异较大，大部分地区的年降水量在400mm以下，在5月中旬后进入雨季直至9月中旬结束，而这个时间段正是平均气温高于5℃的时期，因此青海省具有雨热同期的特点；青海省年均蒸发量为1143.3~3082.5mm；太阳辐射强且光照充足，年日照时数为2336~3341h，辐射总量为5860~7400MJ/m²；作为全国大风较多的地区之一，以青南高原西部为例其年平均大风日数达到100d，柴达木和河湟谷地年平均大风日数在25d左右，年平均风速为1.0~5.1m/s。

通过对比青海境内新城长城、水洞村长城和娘娘山长城遗址与明"九镇"所辖明长城的代表段分布地区的年平均气温，可知青海明长城遗址赋存环境的年平均气温为最低（图1-2）。结合图1-1和图1-2所示海拔与温度数据对比，分析得出青海明长城遗址所处分布区域海拔较高且终年气温较低，其赋存环境具有"高寒"的特点。

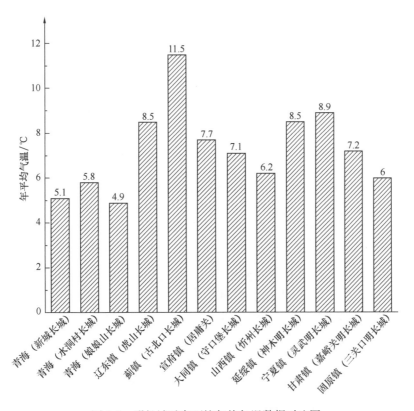

图1-2 明长城赋存环境年均气温数据对比图

表1-1列出"九镇"管辖相关省份境内长城代表段赋存环境中的年平均降雨量和平均风速，通过对比青海境内新城长城、水洞村长城以及娘娘山长城遗址相关气象数据，可以得出青海省年均降雨量相对适中，而年平均风速较"九边"地区为最低。"九边"地区明

长城赋存地区的年均降雨量差别较大，但是年平均风速多集中在3m/s左右，差别较小。

明长城遗址赋存地区气象数据对比　　　　　表1-1

| 明长城遗址 | 年平均降雨量/mm | 年平均风速/（m/s） |
| --- | --- | --- |
| 青海省（新城长城） | 334.0 | 1.3 |
| 青海省（水洞村长城） | 600.0 | 1.4 |
| 青海省（娘娘山长城） | 523.3 | 1.8 |
| 辽东镇（虎山长城） | 1000.0 | 3.4 |
| 蓟镇（古北口长城） | 678.8 | 3.0 |
| 宣府镇（居庸关） | 365.0 | 2.7 |
| 大同镇（守口堡长城） | 450.0 | 2.9 |
| 山西镇（忻州长城） | 466.5 | 4.1 |
| 延绥镇（神木明长城） | 486.5 | 2.5 |
| 宁夏镇（灵武明长城） | 230.7 | 3.1 |
| 甘肃镇（嘉峪关明长城） | 85.3 | 2.5 |
| 固原镇（三关口明长城） | 563.4 | 3.1 |

### 1.1.3　地层岩性

青海省处于青藏高原腹地，区域地质构造复杂，在每个地质发展历史阶段都存在其沉积史。太古庙、元古代、古生代及中生代等各个时期差异较明显，由于剧烈的造山运动造成地层变质、变形、变位，从而形成较为复杂的分布格局。从太古庙到新生代各时期地层发育和序列较完整，具有多类型沉积建造和不同时代海、陆相火山岩系和较为丰富的生物群，按地层空间分布和构造特点，青海省划分为3个地层区和16个地层分区（图1-3）：

（1）秦祁昆地层区：跨越青海北部，包含昆仑山东部、秦岭西部、祁连山，占全省面积50%，包括10个地层分区，以元古代地层构成基底，早古生代—中生代地层为主，新生代沉积盆地发育，该地层区为多旋回复合型造山带地层分布；

（2）巴颜喀拉—羌北地层区：主要位于青海南部，包含唐古拉山和巴颜喀拉山，有5个地层分区，以中元古代地层构成基底，晚古生代—中生代地层为主，是中生代卷入陆内造山及南部海域北部陆缘影响区；

（3）羌南—保山地层区：在青海省所占范围较小，有1个地层分区，由石炭纪地层和中元古代宁多组所组成，属藏滇地层区。

如图1-3所示，根据地层空间分布和构造特点，青海明长城遗址主要处于秦祁昆地层区，且大部分地处中祁连山分区，其余小部分遗址分布在南祁连山分区、拉脊山分区和北祁连山分区。

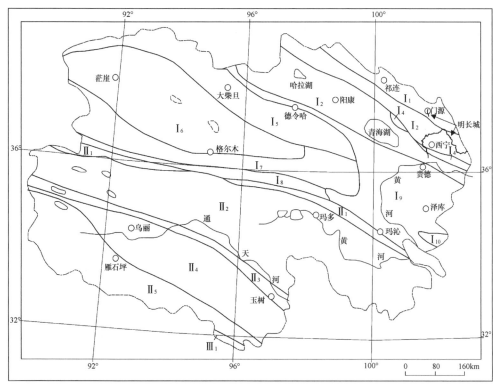

Ⅰ-秦祁昆地层区：
  Ⅰ₁-北祁连山分区  Ⅰ₂-中祁连山分区  Ⅰ₃-南祁连山分区  Ⅰ₄-拉脊山分区 Ⅰ₅-柴达木北缘分区 Ⅰ₆-柴达木盆地分区
  Ⅰ₇-柴达木南缘分区 Ⅰ₈-东昆仑山南坡分区 Ⅰ₉-宗隆—泽库分区 Ⅰ₁₀-西侧山分区
Ⅱ-巴颜喀拉—羌北地层区：
  Ⅱ₁-阿尼玛卿山分区  Ⅱ₂-巴颜喀拉山分区  Ⅱ₃-西金乌兰—玉树分区  Ⅱ₄-乌丽—杂多分区  Ⅱ₅-赤布张错—雁石坪分区
Ⅲ-羌南—保山地层区：
  Ⅲ₁-索县—左贡分区

图 1-3  青海省岩石地层区划图（张雪亭等，2007）

## 1.1.4 水文条件

受高原大陆性气候和地貌条件的影响，青海省具有广大内陆区和外流区的水文地理特点，其内陆区河网较为稀疏且径流贫乏，而外流区河网较密，径流相对较丰富。地表径流分布大致从东南向西北逐步减小。黄河、长江和澜沧江在青海省发源，属于外流水系；柴达木水系、青海湖水系、茶卡—沙珠玉水系、哈拉湖水系、河西走廊水系和可可西里水系属于青海省内发育的内陆水系。青海省河流的流域面积有 278 条超过 $500 km^2$、435 条超过 $300 km^2$，且有 217 条河流的流量超过 $0.5 m^3/s$。

青海明长城遗址所在地区的地表水系属于黄河流域，其常年性的河流包括湟水河、大通河等。遗址分布区的地下水资源较为丰富，主要基于降雨、河道入渗等补给方式。明长城遗址主要分布在河谷丘陵地区，其地下水位埋深较浅，以潜水为主要类型。

## 1.1.5 地质构造

青海省是全国新构造运动最活跃的省区，具有活动强度大、频度高的特点，构造形迹丰富多样。青海省位于青藏高原东北部，地处古欧亚大陆南缘，北部属华北板块南部大陆边缘区，南部在元古庙和古生代时期属华南板块北部大陆边缘区，中生代时华北和华南两个板块拼合。作为泛华夏陆块群的组成部分，青海省在地质历史上位于冈瓦纳与劳亚巨大陆间的过渡地带，从而决定了古生代—早中生代造山作用是以散布着众多陆块群的大陆边缘软碰撞。全省包括东昆南断裂北部的秦祁昆造山系和南部的（北）古特提斯造山系，前者往往被后者所覆盖并改造，是印度板块和欧亚板块相互碰撞进而在北部地区的具体表现。在长期构造演化过程中（多旋回、分阶段），被地幔热柱上升流和地幔冷柱下降流影响，同时在古亚洲洋、特提斯洋—古太平洋、印度洋二维平面共同作用下形成了包括青海省在内的中国非常复杂的地质构造和断裂系统，使地壳—上地幔流变学分层呈现为复杂的立交桥式和条状镶嵌式的结构形式。由于印度板块与亚欧板块发生碰撞作用，其境内发育有祁连加里东地槽褶皱系、东昆仑山华力西地槽褶皱系、巴颜喀拉印支地槽褶皱系、巴塘—结札印支地槽褶皱系和唐古拉燕山期地槽褶皱系等构造单元。作为青藏高原东北部的主要部分，青海地区的新构造运动较为显著，且其水平与垂直方向较为明显。

青海省发育的区域性断裂带多为板块、微板块的结合带和地壳拼接带，同时多属活动断裂带（伴随青藏高原隆起）。青海省境内的明长城遗址分布在青海省东部地区，其大地构造背景复杂而且新构造活动非常强烈。青海明长城遗址主要分布在青海省东部地区，该地区大地构造背景较复杂而且新构造活动较为强烈。明长城遗址主要分布在拉脊山断裂和托莱山南坡—冷龙岭断裂带之间，而这两条断裂是研究区内的一级断裂；作为青藏高原东北部的重要的断裂，拉脊山断裂是黄土高原和青藏高原的地貌分界线，该断裂由拉脊山北缘和南缘断裂两条向东北方向凸出的弧形断裂所组成，断裂带主要为一条晚更新世活动断裂，全新世期间活动性有所降低，但现在仍然具有一定活动性，此断裂带作为调节北北西向的热水—日月山右旋走滑断裂带和北西西向的西秦岭北缘左旋走滑断裂带间应力应变关系的构造转换带，存在中强地震发生的构造条件；相对拉脊山断裂，托莱山南坡—冷龙岭断裂带的相关研究较少，该断裂带倾向以 SW 倾为主，倾角为 40°～60°，它的活动性质以叠瓦式逆冲和左旋走滑为主。

### 1.1.6  地震

青海省活动断层与强震震中分布图

青海省地处青藏高原东北及中北部，自新生代以来，地壳运动非常强烈，属于新构造时期断块性质的强烈上升区，该地区地质构造规模较大且活动性强，在其境内分布有祁连山地震带、柴达木地震带、托索湖地震区、玉树地震带，相邻主要断裂带包括阿尔金断裂带、祁连山—河西走廊活动断裂系、昆仑山断裂系、巴彦喀拉断裂系、唐古拉山断裂系等。因此，青海是一个强震多发的省份，该省地震活动分布较广、强度较大、频度较高，在历史上曾多次发生 7 级以上甚至 8 级的大地震。

青海明长城遗址研究区内地震震中大多数分布在一级断块区边界与祁连山断块边界带之间。研究区内强震地震震中相比整个青海省较少，且震级多在 6～6.9 级的范围内。震级相对较高的震中主要分布在甘肃省境内，且震中数量明显多于青海省。青海省抗震设防烈度为 6～8 度，而明长城遗址赋存地区的抗震设防烈度为 7 度。青海地震动峰值加速度

# 第1章 高寒阴湿环境下土遗址病害链体系初探

范围为 (0.05~0.4)g，而明长城遗址赋存地区的地震动峰值加速度范围为 (0.1~0.15)g。其中，大部分遗址所处地区的地震动峰值加速度为 0.1g，极少部分遗址及支线所在地区的地震动峰值加速度为 0.15g。

表 1-2 对青海明长城遗址研究区历史上的地震情况进行了汇总。根据历史地震资料，该省最大地震烈度为 10 度（2011 年昆仑山口西 M8.1 地震）。

青海省明长城遗址各县地震历史情况统计　　　　　　表 1-2

| 县区 | 地震情况统计 |
|---|---|
| 贵德 | 1860 年，地震两次 |
|  | 1872 年 5 月，发生地震，黄河北岸山崩，尘土两日不散 |
|  | 1958 年 11 月，发生地震，房屋摇动，间隔数分钟后续震 |
|  | 1968 年 11 月 20 日，发生地震，房屋摇动，断垣残壁倒塌 |
| 互助 | 1963 年 12 月 26 日，4.7 级地震 |
|  | 1971 年 3 月 14 日，2.4 级地震 |
|  | 1978 年 2 月 28 日，1.8 级地震 |
|  | 1979 年 5 月 18 日，3.4 级地震 |
|  | 1979 年 5 月 26 日，1.2 级地震 |
|  | 1982 年 3 月 9 日，1.3 级地震 |
| 湟中 | 1966 年 3 月 14 日，3.3 级地震 |
|  | 1970 年 7 月 30 日，2.9 级地震 |
| 乐都 | 1590 年 7 月，5.0 级地震 |
|  | 1695 年 5 月 18 日，临汾盆地内发生 8 级地震，波及乐都 |
|  | 1709 年 10 月，宁夏中卫地区发生 7.8 级地震，波及乐都 |
|  | 1927 年 5 月 23 日，甘肃古浪发生 8.0 级地震，波及乐都 |
|  | 1959 年，发生轻微地震 |
|  | 1968 年，发生轻微地震 |
| 门源 | 1929 年，5.3 级地震 |
|  | 1963 年 1 月 15 日，4.7 级地震 |
|  | 1986 年 8 月 24 日，6.7 级地震 |
|  | 2016 年 1 月 21 日，6.4 级地震 |
| 西宁 | 1927 年 5 月 22 日，7.9 级地震 |

## 1.1.7 环境因素主成分分析

青海省地震动峰值加速度区划图

为进一步确定并提取青海明长城赋存环境中的关键因子，乐都、互助、大通、湟中、民和、平安、西宁及贵德 8 个县区年均降雨量、风速、温度、蒸发量、海拔以及近 10 年（2011—2021）地震次数等相关数据进行了统计汇总（表 1-3），并利用 Minitab 软件对以上 6 组数据进行主成分分析（PCA），进而明确青海明长城赋存环境主成分因素，为病害发育特征及机理分析提供环境关键因素指标。

青海明长城主要赋存县区的相关环境数据    表1-3

| 县区 | 降雨量/mm | 风速/(m/s) | 温度/℃ | 蒸发量/mm | 海拔/m | 地震次数/(次/10年) |
|---|---|---|---|---|---|---|
| 乐都 | 298.00 | 1.84 | 7.00 | 887.00 | 2000.00 | 722.00 |
| 互助 | 600.00 | 1.29 | 5.80 | 1198.30 | 2700.00 | 451.00 |
| 大通 | 520.00 | 1.67 | 4.90 | 1762.80 | 2720.00 | 184.00 |
| 湟中 | 334.00 | 1.61 | 5.10 | 900.00 | 2000.00 | 395.00 |
| 民和 | 347.00 | 1.63 | 9.00 | 1682.00 | 1800.00 | 144.00 |
| 平安 | 335.00 | 2.29 | 7.60 | 1836.30 | 2114.00 | 380.00 |
| 西宁 | 385.00 | 1.55 | 7.60 | 1676.80 | 2250.00 | 22.00 |
| 贵德 | 368.00 | 1.95 | 7.20 | 1980.00 | 2205.00 | 102.00 |

注：气象数据来自于青海省气象局，地震数据来源于国家地震科学数据中心（http：//data.earthquake.cn）。

分析结果如表1-4所示：第一个主分量占总方差的46.1%。与第一个主分量（PC1）最相关的变量是降雨（−0.542）、风速（0.421）、温度（0.471）和海拔（−0.526）。第一个主分量与降雨、海拔两个变量呈负相关，与风速和温度呈正相关，其中降雨和海拔两个变量与第一个主分量相关性较大。前三个主分量解释了92.8%的数据变异。因此，根据主成分分析结果确定降雨、风速、温度和海拔4个变量是青海明长城赋存环境分析中最为关键的因素，建议在土遗址病害特征分析研究中重点关注以上因素变量与病害发育指标的内在关联性。

主成分分析结果    表1-4

| 相关矩阵的特征分析 | | | | | | |
|---|---|---|---|---|---|---|
| 特征值 | 2.7675 | 1.9523 | 0.8460 | 0.3927 | 0.0371 | 0.0044 |
| 比率 | 0.461 | 0.325 | 0.141 | 0.065 | 0.006 | 0.001 |
| 累积 | 0.461 | 0.787 | 0.928 | 0.993 | 0.999 | 1.000 |
| 特征向量 | | | | | | |
| 变量 | PC1 | PC2 | PC3 | PC4 | PC5 | PC6 |
| 降雨量 | −0.542 | 0.232 | 0.003 | −0.416 | −0.600 | 0.346 |
| 风速 | 0.421 | 0.043 | −0.773 | −0.022 | −0.084 | 0.465 |
| 温度 | 0.471 | 0.184 | 0.377 | −0.708 | 0.250 | 0.195 |
| 蒸发量 | 0.164 | 0.667 | −0.240 | −0.095 | −0.200 | −0.649 |
| 海拔 | −0.526 | 0.239 | −0.323 | −0.194 | 0.723 | 0.038 |
| 地震次数 | −0.058 | −0.639 | −0.314 | −0.528 | −0.090 | −0.451 |

## 1.2 典型病害发育类型与特征

青海明长城遗址发育的典型病害包括裂隙、冲沟、坍塌、掏蚀、片状剥离等主要类型。为了探究以上各个病害的相互关系和直接影响各病害发育的具体因素，以分布于青海境内湟中、互助、贵德、大通、乐都、门源 6 县区内的 9 处典型明长城遗址点作为研究对象，结合遗址赋存环境、明长城建造工艺以及通过室内土工试验测得夯土体物理、水理、力学等性质，对以上遗址点发育病害进行现场勘察，最终通过对各个病害的表征指标和夯土工程特性数据、气象数据等进行线性拟合，确定各个典型病害之间的内部关系以及病害发育的影响因素，并构建冲沟至坍塌、掏蚀至坍塌等病害单链，进而综合建立土遗址病害链体系图，以表征遗址病害发育成因及其演变特征规律。

### 1.2.1 裂隙

青海明长城遗址发育的裂隙类型主要包括以下 3 种（图 1-4）：第一种为版筑缝裂隙，此类裂隙主要由明长城"夯土版筑"的建造工艺所造成，即建筑工人在夯筑过程中会预留一定的缝隙，这些缝隙随历史进程会逐步发育成裂隙病害，造成遗址不连续性进而威胁遗址本体稳定，对遗址的安全赋存具有严重危害；第二种为构造裂隙，此类裂隙是由于一些构造运动或者地震等作用造成的，例如节理就是这种类型；第三种为卸荷裂隙，该裂隙主要是由土遗址应力重分布进而造成土体变形而形成的裂隙。通过大量现场勘察，发现版筑缝裂隙是青海明长城遗址发育最为典型且严重的裂隙类型，因此，本章节重点对版筑缝裂隙这一主要的裂隙类型展开系统研究。

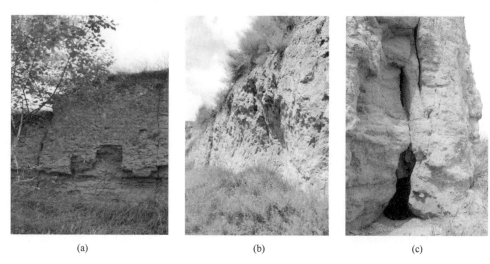

图 1-4 青海明长城遗址发育裂隙病害
(a) 版筑缝裂隙；(b) 构造裂隙；(c) 卸荷裂隙

### 1.2.2 冲沟

青海明长城遗址发育的冲沟主要有两种类型（图 1-5）：第一种是裂隙型冲沟，此类冲沟是由版筑缝裂隙进一步发育演变而形成的，具有规模及尺度较大的特点，经过大量现场勘察发现裂隙型冲沟是最主要且发育程度最严重的冲沟类型；第二种为径流型冲沟，此类冲沟主要是由于遗址顶部低洼区汇水冲刷崖面而造成的，与裂隙型冲沟相比其规模及尺度较小。在本章研究中所涉及的冲沟以裂隙型冲沟为主。

图 1-5　青海明长城遗址发育冲沟病害
（a）裂隙型冲沟；（b）径流型冲沟

### 1.2.3　坍塌

青海明长城遗址发育的坍塌（图 1-6）具有以下 3 种类型：第一种是由于雨水入渗造成遗址土体强度降低而引起变形，进而造成的坍塌；第二种是由于人为破坏而造成的坍塌，集中体现在当地村民以耕种或修路为目的直接挖掘遗址夯土，进而造成坍塌；第三种是由于裂隙、掏蚀、冲沟等病害进一步发育演变造成的坍塌，此类坍塌类型将在本章以数据相关性的角度详细展开论述。

### 1.2.4　掏蚀

图 1-6　青海明长城遗址发育坍塌病害

青海明长城遗址掏蚀病害（图 1-7）主要发育在墙体底部，按照其外营力不同可分为以下两种类型：第一种是风力掏蚀，即在携沙风对墙体的磨蚀作用下所引发的掏蚀病害；第二种是由洪水或降雨后的积水对墙体底部土体冲刷而造成的掏蚀病害。掏蚀病害的发育演化与盐渍劣化、风蚀损耗及集中式降雨等因素息息相关，该病害由于遗址土中不同盐分类型、含盐量、携沙风风速对遗址产生严重影响，风蚀劣化及盐渍损耗导致遗址形成空腔，进而发展成为此类典型病害；而集中式降雨这种在西北干旱地区夏季常见的降雨过程为遗址土盐渍劣化过程中的盐分运移提供动力，促使盐分富集，进而导致土体粗粒粉化和粒度均一化，致使土体抗风蚀能力持续降低，导致遗址掏蚀病害的发育。

图 1-7　青海明长城遗址发育掏蚀病害

## 1.2.5　片状剥离

在高寒阴湿特殊环境作用下，片状剥离病害正在土遗址表面以不断发生结皮→剥离→脱落的演化模式导致遗址往复渐进式的破坏，进而时刻威胁土遗址的安全赋存，成为青海明长城遗址发育最为普遍、危害最为严重的病害类型。通过大量现场调查及室内试验测试发现，片状剥离病害普遍具有由结皮层和疏松层组成的二元结构（图 1-8）依附于母墙之上。

图 1-8　青海明长城遗址发育片状剥离病害

**1. 结皮层**

土体结构较为致密，与下伏疏松层土体间明显相脱离并在后缘处有平行于墙面的裂隙发育。

**2. 疏松层**

土体结构较为松散，与下伏母墙土体的显著界限在于手触即呈粉状剥落，且在该层土体中发生了大量盐分聚集的现象。

片状剥离的发育演化是环境与遗址土体协同作用的结果,在高寒阴湿环境作用下河湟地区土遗址片状剥离具有整体厚度大、结皮层薄、疏松层厚,二元结构更为显著的发育特征。然而,由于片状剥离二元结构的特殊性及其形成原因的复杂性,目前学界对高寒阴湿特殊环境下片状剥离二元结构的形成机制缺乏本质认识,难以开展针对性的科学保护措施,成为制约河湟地区土遗址保护的关键瓶颈。

### 1.2.6 典型病害相关性研究

为了探究裂隙、冲沟、坍塌、掏蚀及片状剥离5种青海明长城遗址典型病害间的相互关系,依据《土遗址保护工程勘察规范》WW/T 0040—2012,遴选9处明长城遗址墙体发育的病害进行现场勘察,统计并进一步处理裂隙、冲沟、坍塌、掏蚀、片状剥离等病害相关指标数据,运用线性拟合得出判定系数(校正值),从而衡量各个病害之间的相互关系;同时,对以上病害之间相互关系做出一定的理论解释,最终得出典型病害之间的内部关系及演化规律。

**1. 遗址点选取**

为了系统研究明长城遗址夯土材料特性,根据以下原则选择青海明长城典型遗址点:

(1) 应考虑垂直气候对病害发育的影响,因此所选遗址点海拔应存在一定的差异;

青海省明长城遗址选点分布图

(2) 应考虑不同县区的气候典型性、病害发育完整性以及赋存环境的差异性,因此所选遗址点应该广泛分布在青海境内的不同县区;

(3) 所选遗址点发育的病害类型应具有完整性和典型性的特点;

(4) 与其他建筑材料相比,夯土受自然因素的影响较大,而青海省明长城遗址的主要建筑材料为夯土,经大量现场勘察发现夯土墙与堡发育的病害最为典型和完整,且主要以夯土材料作为主要建材,因此建议以这两种明长城类型建筑作为主要选点建筑类型。

综上,考虑到垂直海拔、横向分布、病害发育完整性和建筑材料等因素,最终遴选出分布在青海境内湟中、互助、贵德、大通、乐都、门源6县区境内的9处典型明长城遗址,其中包括6座堡和3段夯土墙体。表1-5列出以上9处遗址点的具体信息,包括遗址分布县区、名称、建筑类型以及海拔等相关情况;表1-6列出夯土取样点分布情况,即在以上9处遗址点相应坍塌处进行了系统取样,采样数量共16组,研究团队在室内系统测试了以上取样点夯土的物理、水理、力学等性质。

**青海明长城遗址选点** 表1-5

| 分布县区 | 遗址名称 | 建筑类型 | 海拔(m) |
|---|---|---|---|
| 互助 | 佛俑堡 | 堡 | 2503 |
| | 北庄古城堡 | 堡 | 2575 |
| 大通 | 娘娘山长城 | 夯土墙 | 2537 |
| 湟中 | 新城段墙体 | 夯土墙 | 2794 |
| 贵德 | 刘屯城墙 | 夯土墙 | 2289 |
| | 贵德古城 | 堡 | 2218 |

## 第1章 高寒阴湿环境下土遗址病害链体系初探

续表

| 分布县区 | 遗址名称 | 建筑类型 | 海拔（m） |
|---|---|---|---|
| 乐都 | 碾伯古城 | 堡 | 2004 |
| 门源 | 门源古城 | 堡 | 2874 |
| | 永安古城 | 堡 | 3139 |

**青海明长城遗址取样点信息表**　　　　表1-6

| 取样编号 | 取样位置 | 样品描述 |
|---|---|---|
| 001 | 佛佾堡坍塌处 | 夯土，土黄色，结构较为致密 |
| 002 | 北庄古城堡坍塌处 | 夯土，土黄色，结构较为致密 |
| 003 | 娘娘山长城162段墙体（阳面）坍塌处 | 夯土，土黄色，块状，土质均一 |
| 004 | 娘娘山长城132段墙体（阳面）坍塌处 | 夯土，土灰色，表面有红色，土质较为均一 |
| 005 | 新城段墙体附近坍塌处 | 夯土，褐色粉质黏土与黑色腐殖土互层，结构较为疏松 |
| 006 | 新城段墙体东立面底部坍塌处 | 夯土风化层，黄褐色 |
| 007 | 新城段墙体西立面底部坍塌处 | 夯土风化层，黄褐色 |
| 008 | 刘屯城墙4段墙体坍塌处 | 夯土，土黄色，块状，土质均一 |
| 009 | 贵德古城东墙附近坍塌处 | 夯土风化层，土黄色，土质均一，结构松散 |
| 010 | 贵德古城东墙内墙底部坍塌处 | 夯土风化层，土黄色，土质均一，结构松散 |
| 011 | 贵德古城东墙外墙底部坍塌处 | 夯土，土黄色，土质均一，结构松散 |
| 012 | 碾伯古城附近坍塌处 | 夯土，土黄色，块状，质地均一，土质较硬 |
| 013 | 碾伯古城北墙坍塌处 | 夯土，土黄色，土质均一，结构松散 |
| 014 | 门源古城西墙坍塌处 | 夯土，土体呈土黄色，稍湿 |
| 015 | 门源古城附近坍塌处 | 夯土，呈黑色，黏粒含量较大 |
| 016 | 永安古城东墙瓮城坍塌处 | 夯土，土体呈灰暗色，稍湿 |

### 2. 裂隙与冲沟

为了探究裂隙与冲沟之间的相互关系，统计以上明长城遗址点的裂隙迹长和冲沟沟长（大通县娘娘山132段、刘屯城墙4段、贵德古城东墙（内墙）裂隙发育不明显，故未计入统计数据中），并对病害数据进行平均化处理，将两组数据进行线性拟合从而得出这两种病害数据的判定系数（校正值），其具体数据如表1-7所示。

**青海明长城遗址点裂隙与冲沟数据**　　　　表1-7

| 分布县区 | 遗址点 | 裂隙平均迹长/m | 冲沟平均沟长/m |
|---|---|---|---|
| 互助 | 佛佾堡 | 2.900 | 1.613 |
| | 北庄古城堡 | 2.796 | 2.092 |
| 大通 | 娘娘山长城162段墙体（阳面） | 4.860 | 4.008 |
| | 娘娘山长城132段墙体（阳面） | — | 1.198 |
| 湟中 | 新城段墙体 | 2.480 | 1.613 |
| | 新城段墙体东立面 | 2.537 | 1.677 |
| | 新城段墙体西立面 | 2.521 | 1.477 |

续表

| 分布县区 | 遗址点 | 裂隙平均迹长/m | 冲沟平均沟长/m |
|---|---|---|---|
| 贵德 | 刘屯城墙 4 段墙体 | — | 7.148 |
| 贵德 | 贵德古城东墙 | 3.764 | 6.041 |
| 贵德 | 贵德古城东墙（内墙） | — | 6.870 |
| 贵德 | 贵德古城东墙（外墙） | 4.314 | 3.741 |
| 乐都 | 碾伯古城 | 4.900 | 4.756 |
| 乐都 | 碾伯古城北墙 | 6.150 | 5.095 |
| 门源 | 门源古城 | 5.890 | 5.309 |
| 门源 | 门源古城西墙 | 4.443 | 3.851 |
| 门源 | 门源古城东墙瓮城 | 2.516 | 3.030 |

在裂隙和冲沟病害勘察中，着重以版筑缝裂隙和裂隙型冲沟为主要勘察对象，统计得到明长城遗址点发育的版筑缝裂隙平均迹长和裂隙型冲沟的平均沟长，并将两组数据进行线性拟合并得出判定系数（校正值，图 1-9）。如图 1-9 所示，裂隙平均迹长和冲沟平均长度呈正相关，其校正判定系数 $Adj.R^2=0.6299$，从病害数据的角度证明了裂隙，特别是版筑缝裂隙的发育演变进一步导致裂隙型冲沟的发育。由于西北地区降雨主要以集中式为主，在强降雨过程中，裂隙为大气降水提供了良好的通道，进而容易在土遗址薄弱环节，即版筑缝位置形成一定的汇水面，雨水入渗到已发育的裂隙中，使裂隙张开度扩大，逐渐形成规模不同的冲沟，即裂隙型冲沟类型。由此可以得出，裂隙是导致冲沟发育的直接因素之一，而裂隙的发育主要受明长城建筑工艺所致。

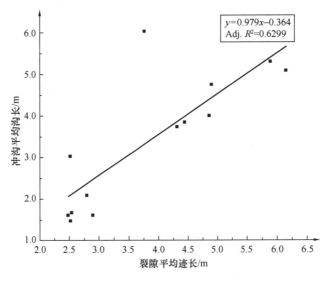

图 1-9 青海明长城遗址裂隙与冲沟相关性规律图

**3. 裂隙与坍塌**

为了探究裂隙与坍塌之间的相互关系，研究团队统计以上明长城遗址选点的裂隙迹长和坍塌面积（大通境内娘娘山长城 162 段、132 段墙体坍塌发育不是很严重，故未记入统计数据中），并对其进行平均化处理，为使其量纲一致，将坍塌面积数据进行开方，并将两组数据进行线性拟合以得出这两组病害数据的判定系数（校正值），其具体数据如表 1-8 所示。

青海明长城遗址点裂隙与坍塌数据　　　　表 1-8

| 分布县区 | 遗址点 | 裂隙平均迹长/m | 坍塌平均面积开方值/m |
|---|---|---|---|
| 互助 | 佛佾堡 | 2.900 | 2.272 |
| 互助 | 北庄古城堡 | 2.796 | 4.068 |
| 大通 | 娘娘山长城 162 段墙体（阳面） | 4.860 | — |
| 大通 | 娘娘山长城 132 段墙体（阳面） | — | — |
| 湟中 | 新城段墙体 | 2.480 | 1.875 |
| 湟中 | 新城段墙体东立面 | 2.537 | 2.168 |
| 湟中 | 新城段墙体西立面 | 2.521 | 1.715 |
| 贵德 | 刘屯城墙 4 段墙体 | — | 8.829 |
| 贵德 | 贵德古城东墙 | 3.764 | 5.560 |
| 贵德 | 贵德古城东墙（内墙） | — | 4.586 |
| 贵德 | 贵德古城东墙（外墙） | 4.314 | 6.508 |
| 乐都 | 碾伯古城 | 4.900 | 4.214 |
| 乐都 | 碾伯古城北墙 | 6.150 | 4.346 |
| 门源 | 门源古城 | 5.890 | 4.674 |
| 门源 | 门源古城西墙 | 4.443 | 3.221 |
| 门源 | 门源古城东墙瓮城 | 2.516 | 2.457 |

通过对裂隙的平均迹长与坍塌面积的开方值这两组数据进行线性拟合，得出两种病害的相关性。如图 1-10 所示，裂隙平均迹长与坍塌平均面积的开方值呈正相关，其校正判

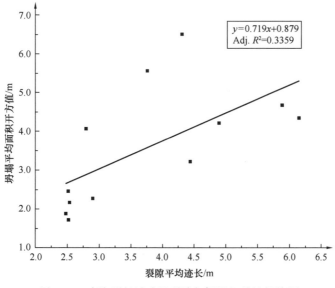

图 1-10　青海明长城遗址裂隙与坍塌相关性规律图

定系数 Adj.$R^2$=0.3359，证明了裂隙是引发坍塌的重要因素之一。首先，裂隙成为大气降水入渗遗址内部的通道，由于雨水在裂隙内的流动降低了裂隙两壁土体的力学强度，易引起裂隙两壁土体沿裂隙发生错动，进而引发坍塌；其次，裂隙造成遗址不连续，从而降低了遗址的整体稳定性，致使遗址抵御地震、大风等动荷载的能力降低；在长城破坏作用中，本研究涉及的裂隙类型主要包括纵向的版筑缝裂隙以及由夯层之间薄弱环节所致的横向裂隙。其中，横纵向裂隙组合会直接切割墙身，极易形成危险块体从而引发坍塌，加速遗址的破坏进程，关于两种裂隙对长城遗址的破坏差异性研究将在后续工作中开展。由以上数据及理论证实了裂隙与坍塌的正相关性。

**4. 掏蚀与坍塌**

为了探究掏蚀与坍塌之间的相互关系，研究团队统计以上明长城遗址点的掏蚀和坍塌深度（由于娘娘山长城 132 段墙体（阳面）和刘屯城墙 4 段墙体掏蚀发育不严重，故未计入统计数据中），并对其进行平均化处理，进而将两组数据进行线性拟合以得出这两组病害数据的判定系数（校正值），其具体数据如表 1-9 所示。

青海明长城遗址点掏蚀与坍塌数据　　　　　　　　　　　　　表 1-9

| 分布县区 | 遗址点 | 掏蚀平均深度/m | 坍塌平均深度/m |
| --- | --- | --- | --- |
| 互助 | 佛佾堡 | 0.346 | 0.441 |
|  | 北庄古城堡 | 0.265 | 0.611 |
| 大通 | 娘娘山长城 162 段墙体（阳面） | 0.173 | — |
|  | 娘娘山长城 132 段墙体（阳面） | — | — |
| 湟中 | 新城段墙体 | 0.323 | 0.385 |
|  | 新城段墙体东立面 | 0.238 | 0.405 |
|  | 新城段墙体西立面 | 0.357 | 0.347 |
| 贵德 | 刘屯城墙 4 段墙体 | — | — |
|  | 贵德古城东墙 | 0.398 | 1.170 |
|  | 贵德古城东墙（内墙） | 0.667 | 1.673 |
|  | 贵德古城东墙（外墙） | 0.389 | 1.022 |
| 乐都 | 碾伯古城 | 0.314 | 0.840 |
|  | 碾伯古城北墙 | 0.349 | 0.867 |
| 门源 | 门源古城 | 0.384 | 0.780 |
|  | 门源古城西墙 | 0.487 | 0.487 |
|  | 门源古城东墙瓮城 | 0.606 | 0.883 |

通过对掏蚀的平均深度与坍塌的平均深度这两组数据进行线性拟合，得出两种病害的相关性。图 1-11 所示，遗址发育的掏蚀与坍塌的平均深度呈正相关，且其校正判定系数 Adj.$R^2$=0.3715，证实了掏蚀与坍塌这两种病害的联系。掏蚀一般发生在遗址墙体中底部，造成遗址在底面形成了掏蚀凹进，致使墙体中上部悬空，而由于遗址夯层间的粘结力较小，在遗址墙体底部掏蚀发育的情况下，墙体中上部会进一步失稳，夯层易发生分层坠落破坏，从而引发坍塌；其次，当墙体底部形成凹进之后，遗址的整体抗倾覆能力降低，

从而加速了遗址的破坏进程。综上所述，由病害数据以及理论证实了掏蚀与坍塌的正相关性。

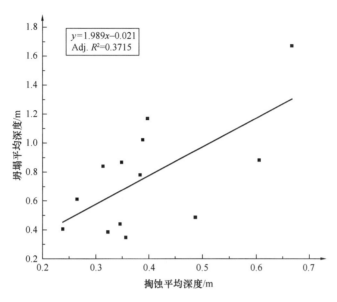

图 1-11 青海明长城遗址掏蚀与坍塌相关性规律图

**5. 冲沟与坍塌**

由以上研究可知裂隙可以进一步导致冲沟发育，而裂隙的交错组合会引发墙体夯层崩塌，在此研究冲沟与坍塌之间的相关性，通过统计以上明长城遗址点的冲沟沟长和坍塌面积，并对其进行平均化处理。为使其量纲一致，将坍塌面积数据进行开方。对冲沟平均沟长和坍塌平均面积的开方值这两组数据进行线性拟合以得出这两组病害数据的判定系数（校正值），其具体数据如表 1-10 所示。

青海明长城遗址点冲沟与坍塌数据　　　　　　表 1-10

| 分布县区 | 遗址点 | 冲沟平均沟长/m | 坍塌平均面积开方值/m |
|---|---|---|---|
| 互助 | 佛佺堡 | 1.613 | 2.272 |
|  | 北庄古城堡 | 2.092 | 4.068 |
| 大通 | 娘娘山长城 162 段墙体（阳面） | 4.008 | — |
|  | 娘娘山长城 132 段墙体（阳面） | 1.198 | — |
| 湟中 | 新城段墙体 | 1.613 | 1.875 |
|  | 新城段墙体东立面 | 1.677 | 2.168 |
|  | 新城段墙体西立面 | 1.477 | 1.715 |
| 贵德 | 刘屯城墙 4 段墙体 | 7.148 | 8.829 |
|  | 贵德古城东墙 | 6.041 | 5.560 |
|  | 贵德古城东墙（内墙） | 6.870 | 4.586 |
|  | 贵德古城东墙（外墙） | 3.741 | 6.508 |
| 乐都 | 碾伯古城 | 4.756 | 4.214 |
|  | 碾伯古城北墙 | 5.095 | 4.346 |

续表

| 分布县区 | 遗址点 | 冲沟平均沟长/m | 坍塌平均面积开方值/m |
|---|---|---|---|
| 门源 | 门源古城 | 5.309 | 4.674 |
| | 门源古城西墙 | 3.851 | 3.221 |
| | 门源古城东墙瓮城 | 3.030 | 2.457 |

通过对冲沟的平均沟长与坍塌的平均面积开方值这两组数据进行线性拟合，得出两种病害的相关性。如图1-12所示，冲沟的平均沟长与坍塌平均面积的开方值呈正比，其校正判定系数 Adj. $R^2=0.5908$。由此证明了冲沟是引发坍塌的重要因素之一，雨水在冲沟内流动会降低沟壁两侧土体的力学强度，这为坍塌的发育提供了内部发育条件，易引起冲沟两壁土体发生错动，从而进一步引发坍塌。由以上数据以及理论证实了冲沟与坍塌之间的正相关性。

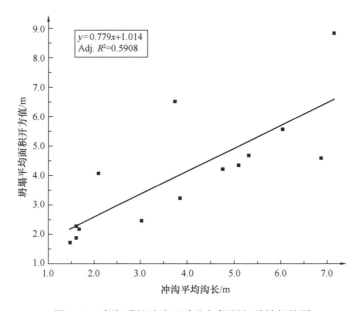

图1-12 青海明长城遗址冲沟与坍塌相关性规律图

## 1.3 基于典型病害发育特征的土遗址病害链体系构建

土遗址的病害发育与夯土工程性质和环境等因素紧密相关。为探究遗址典型病害与建筑材料即夯土工程特性及其气象环境等因素的关系，结合遗址赋存环境，以遗址遴选点夯土材料的物理、水理、力学性质等相关指标数据作为基础，同时从青海省气象局获取遗址赋存环境相应的风速与降雨等气象数据，通过进一步处理数据并与典型病害的衡量指标进行拟合分析，确定病害发育的具体影响因素。结合裂隙、冲沟、坍塌、掏蚀及片状剥离5种典型病害之间的相关性，综合构建土遗址病害链体系以表征遗址病害发育及演化特征规律，为土遗址安全性评价研究奠定工作基础。

## 1.3.1 冲沟至坍塌演变单链

**1. 冲沟影响因素**

土因为浸水而产生崩散解体的特性，称为崩解性。从宏观角度上看，土的崩解说明了土与水作用时的稳定程度，一般采用崩解速度来表征土的崩解性。通过开展崩解试验，从各组样品中选取一定质量，分别放在水中铁丝网上进行崩解，并对崩解过程进行监测描述，记录样品完全崩解所需的时间，最后得出各个试样的平均崩解速度。在此，对取样点的夯土崩解速度与其对应遗址墙体发育的冲沟平均沟头宽度进行线性拟合，旨在探究夯土冲沟病害与夯土崩解的相关性。同时，根据界限含水量试验结果，将夯土塑性指数、液限等相关数据与冲沟平均沟头宽度进行数据拟合，最终确定冲沟与夯土水理性质之间的相关性，其具体数据如表1-11所示。

青海明长城遗址点冲沟与夯土水理性质数据　　　　表1-11

| 取样编号 | 遗址点冲沟平均沟头宽度/m | 崩解速度/(g/min) | 塑性指数/% | 液限/% |
|---|---|---|---|---|
| 001 | 1.030 | 15.820 | 8.900 | 25.600 |
| 002 | 1.417 | 14.140 | 9.300 | 24.700 |
| 003 | 1.236 | 27.300 | 12.680 | 28.000 |
| 004 | 0.930 | 23.610 | 10.970 | 27.660 |
| 005 | 3.914 | 1.150 | 13.160 | 31.990 |
| 006 | 1.249 | — | — | — |
| 007 | 9.509 | — | — | — |
| 008 | 2.871 | 13.960 | 13.050 | 31.950 |
| 009 | 0.821 | — | 8.200 | 21.500 |
| 010 | 0.972 | 12.070 | 9.090 | 25.180 |
| 011 | 0.681 | — | 9.010 | 23.980 |
| 012 | 1.115 | 50.810 | 9.700 | 25.000 |
| 013 | 1.167 | — | 10.100 | 26.000 |
| 014 | 3.947 | 1.030 | — | — |
| 015 | 2.311 | — | 14.130 | 33.930 |
| 016 | 4.000 | 1.100 | 23.540 | 49.430 |

由于部分取样点属于同一个遗址点，因此在室内土工试验中有部分内容仅对同一遗址点的其中一个取样点的样品开展试验，例如005、006、007三处取样点均属新城段墙体，故从中仅测试其中一处取样点的水理性质，即005号取样点。通过数据线性拟合，得出冲沟与夯土水理性质之间的相关性。如图1-13(a)所示，青海省明长城遗址冲沟沟头平均宽度与夯土体崩解速度呈负相关，校正判定系数 Adj.$R^2$=0.4286。由于青海地区集中式降雨在遗址发育的裂隙处会形成汇水面，进而导致土体引发崩解，而沟头宽度是衡量冲沟发

育严重程度的重要指标之一，崩解速度越大则土体崩解越快，然而青海地区集中式降雨具有强度大、时长短等特点，即雨水可能并没有得到充足的时间将冲沟上部土体冲刷完成，因此，夯土崩解速度快意味着为冲沟发育提供的冲刷时间短，冲沟无法充分发育。如图 1-13(b) 所示，青海省明长城遗址冲沟沟头平均宽度与夯土塑性指数以及液限呈正相关，其校正判定系数分别为 Adj.$R^2$=0.6256、0.6747。土体塑性指数大，则可塑性强，成了冲沟发育的内在条件。在强降雨的条件下，土体崩解并逐步转为可塑状态，然后转为流动状态，在径流条件下或位于构造裂隙处的夯土体会被雨水冲刷从而进一步发育演变为冲沟；液限越大，表明土体在流动状态下的含水量越大，而含水越多会进一步破坏土体的内部结构，引发土体崩解，导致冲沟的进一步发育。

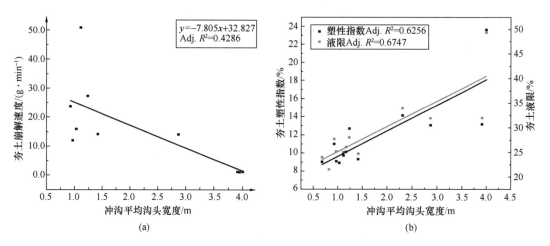

图 1-13　青海明长城遗址冲沟与夯土水理性质拟合结果
(a) 冲沟与夯土崩解速度相关性；(b) 冲沟与夯土塑性指数、液限相关性

### 2. 冲沟演变规律

冲沟的定义主要参考了《土遗址保护关键技术研究》中的病害分类部分。沟头宽度是衡量冲沟发育严重程度的主要指标，由以上数据拟合结果得出冲沟的发育和演化与夯土的水理性质存在直接关系。同时，结合 1.2.6 节冲沟与坍塌的相关关系，得出如图 1-14 所示的规律，即冲沟的发育与夯土水理性质包括崩解性、塑性指数、液限等因素有关，而冲沟的进一步发育会演变为坍塌。

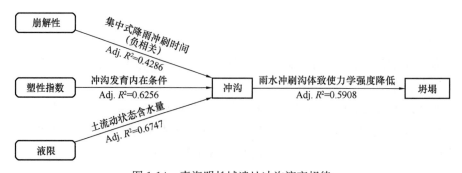

图 1-14　青海明长城遗址冲沟演变规律

## 1.3.2 掏蚀至坍塌演变单链

**1. 掏蚀影响因素**

掏蚀的发育受内外营力的共同作用，内营力主要为土体内部盐分的迁移作用，而外营力主要包括风力与降雨。根据以上理论基础，研究团队对 16 处取样点所处遗址发育的掏蚀病害进行现场勘察，并结合土样易溶盐含量测试结果，通过对各个取样点所在遗址发育掏蚀的平均深度与夯土中所含易溶盐总量、易溶盐中 $SO_4^{2-}$ 含量以及 $Cl^-$ 含量进行线性拟合，确定掏蚀与易溶盐含量之间的关系，具体数据如表 1-12 所示。

青海明长城遗址点掏蚀与易溶盐含量数据　　　表 1-12

| 取样编号 | 遗址点 | 掏蚀平均深度/m | 易溶盐含量/(mg/kg) | $SO_4^{2-}$含量/(mg/kg) | $Cl^-$含量/(mg/kg) |
|---|---|---|---|---|---|
| 001 | 佛佾堡 | 0.346 | 1160.000 | 564.000 | 105.000 |
| 002 | 北庄古城堡 | 0.265 | 1765.000 | 1126.000 | 18.000 |
| 003 | 娘娘山长城162段（阳面） | 0.800 | 8397.000 | 5132.000 | 522.000 |
| 006 | 新城段墙体东立面 | 0.238 | 437.000 | 98.000 | 18.000 |
| 007 | 新城段墙体西立面 | 0.357 | 458.000 | 127.000 | 18.000 |
| 010 | 贵德古城东墙（内墙） | 0.667 | 5988.000 | 3580.100 | 258.400 |
| 011 | 贵德古城东墙（外墙） | 0.389 | 2376.000 | 1209.000 | 228.000 |
| 012 | 碾伯古城 | 0.314 | 2073.000 | 1076.000 | 208.000 |
| 014 | 门源古城 | 0.384 | 723.000 | 278.000 | 21.000 |
| 016 | 永安古城东墙瓮城 | 0.606 | 4300.000 | 2662.000 | 205.000 |

通过线性拟合可知，遗址平均掏蚀深度与夯土中易溶盐总量、$SO_4^{2-}$ 含量、$Cl^-$ 含量存在正相关（图 1-15），其校正判定系数 Adj.$R^2$ = 0.8694、0.8638、0.6738。$Na_2SO_4$ 和 NaCl 是土遗址中最常见的盐分类型，通过线性拟合结果得出 $SO_4^{2-}$ 对掏蚀的影响程度相比

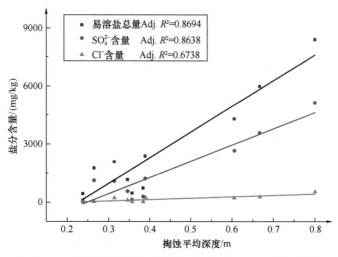

图 1-15　青海明长城遗址掏蚀与夯土易溶盐含量拟合结果

Cl⁻ 更大，即相比 NaCl，$Na_2SO_4$ 对土遗址掏蚀病害发育的影响更大。掏蚀的发生主要是由于土遗址夯土内部的易溶盐在水分作用下运移，同时不断发生溶解和结晶的过程，进而破坏土体结构。而 $Na_2SO_4$ 在吸水后会发生结晶形成 $Na_2SO_4 \cdot 10H_2O$，进而发生体积膨胀，当其失水后体积又会收缩成为 $Na_2SO_4$，这样反复溶解和结晶的过程会破坏土颗粒骨架，致使土体强度降低，结构松散，成为掏蚀发育的先决条件。NaCl 在湿度变化的环境下也同样会发生溶解和结晶，但是由于其没有结晶水的得失，故对遗址土的破坏作用相对 $Na_2SO_4$ 较小。而在盐分破坏情况下，一旦有风、雨等外营力的作用，遗址土体更易被搬运带走，从而引发掏蚀病害。

为进一步研究掏蚀与风、雨等外营力的关系，研究团队从青海省气象局收集到青海境内贵德、门源、互助、湟中、乐都、大通 6 县区 1951—2006 年风速与降雨量基础气象资料，通过统计以上 6 县区的多年最大风速平均值以及月最大日降雨量频数最大值，并对各县所涉及的遗址掏蚀病害进行现场勘察，统计得出分布在各县区的遗址发育掏蚀的最大深度平均值和平均深度，并与气象数据进行线性拟合，得出外营力与掏蚀之间的相关性，具体数据如表 1-13 所示。

**青海明长城遗址点掏蚀与气象数据**　　　　　　　　　　　表 1-13

| 县区 | 掏蚀平均深度/m | 掏蚀最大深度平均值/m | 年平均最大风速/(m/s) | 月最大日降雨量频数最大值/mm |
|---|---|---|---|---|
| 贵德 | 0.246 | 0.413 | 8.473 | 0.300 |
| 门源 | 0.493 | 0.950 | 11.385 | 1.500 |
| 互助 | 0.389 | 0.863 | 10.244 | 1.500 |
| 湟中 | 0.304 | 0.640 | 8.637 | 0.600 |
| 乐都 | 0.294 | 0.600 | 10.733 | 0.200 |
| 大通 | 0.293 | 0.523 | 8.836 | 0.400 |

经过数据拟合，掏蚀平均深度与遗址分布县区的年均最大风速呈正相关（图 1-16a），校正判定系数 Adj. $R^2 = 0.5138$，即随着最大风速平均值的增大，掏蚀深度更大。明长城

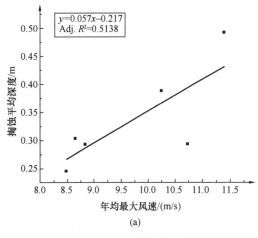
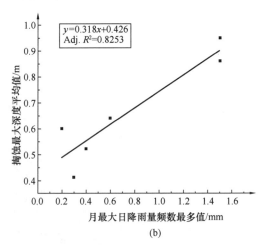

图 1-16　青海明长城遗址掏蚀与气象数据拟合结果
(a) 掏蚀与风速数据相关性；(b) 掏蚀与降雨数据相关性

遗址所处的青海地区具有"携沙风",即风中携带有沙粒。随着风速的增大,蠕动沙粒的数量会增多,进而撞击以夯土材料为主的遗址墙体并与之发生磨蚀作用,加剧了掏蚀的发育;青海省明长城遗址掏蚀最大深度的平均值与月最大日降雨量频数最多值也呈正相关(图 1-16b),校正判定系数 Adj.$R^2$=0.8253。青海省以集中式降雨为主,年降雨量少、降雨集中、历时短且降雨强度高,这些特征决定了降雨量对墙体掏蚀的影响较大。雨滴在下落过程中会直接击打遗址墙体,使土体中的较大团体分开,造成土体强度降低,同时雨水为易溶盐在土体运移和聚集提供动力,促使盐分发生劣化效应,再加上携沙风对盐渍带土具有磨蚀作用,会进一步加剧掏蚀病害的发育。因此,掏蚀病害的发育是遗址土体中的易溶盐分以及风、雨等内外营力综合作用下的结果。

**2. 掏蚀演变规律**

结合 1.2.6 节掏蚀与坍塌之间的相关性规律,可以得出掏蚀的发育及演变规律(图 1-17),即掏蚀的影响因素由易溶盐、风、降雨等内外营力组成:易溶盐的迁移作用作为内营力破坏遗址土体结构,同时与携沙风的磨蚀作用和雨滴的击打作用等外营力综合作用在墙体上,造成墙体中下部逐步形成空腔凹进从而发育为掏蚀,而掏蚀的产生致使墙体中上部悬空导致失稳,进而会引发坍塌。

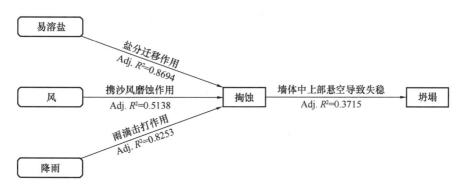

图 1-17 青海明长城遗址掏蚀演变规律

### 1.3.3 土遗址病害链体系

**1. 片状剥离影响因素**

为探究片状剥离与夯土颗粒组成之间的关系,对以上典型遗址点发育的片状剥离进行现场勘察,获取片状剥离发育厚度,并结合取样点夯土颗粒组成测试结果,对各个取样点所处遗址发育的片状剥离平均厚度与夯土黏粒含量百分比进行线性拟合,得出两者之间的关系,其具体数据如表 1-14 所示。

青海明长城遗址点片状剥离与夯土黏粒含量比例数据　　　　表 1-14

| 取样编号 | 遗址点 | 片状剥离平均厚度/cm | 夯土黏粒含量比例/% |
|---|---|---|---|
| 001 | 佛佋堡 | 2.50 | 14.20 |
| 002 | 北庄古城堡 | 3.90 | 14.50 |

续表

| 取样编号 | 遗址点 | 片状剥离平均厚度/cm | 夯土黏粒含量比例/% |
|---|---|---|---|
| 003 | 娘娘山长城162段墙体（阳面） | 3.00 | 15.78 |
| 004 | 娘娘山长城132段 | 3.10 | 16.87 |
| 005 | 新城段墙体 | 3.80 | 14.82 |
| 008 | 刘屯城墙4段墙体 | 1.00 | 40.44 |
| 009 | 贵德古城东墙 | 1.57 | |
| 010 | 贵德古城东墙（内墙） | 1.71 | 35.44 |
| 011 | 贵德古城东墙（外墙） | 1.48 | |
| 012 | 碾伯古城 | 3.43 | 15.50 |
| 014 | 门源古城 | 2.43 | 15.59 |
| 016 | 永安古城东墙瓮城 | 3.32 | 13.83 |

通过线性拟合结果可知，遗址片状剥离平均厚度与夯土黏粒含量比例存在负相关性（图1-18），校正判定系数 Adj. $R^2=0.7864$。夯土黏粒含量比例越大，则其内聚力越强，黏粒矿物亲水性越强，其扩散层结合水膜越厚，越不容易发生剥落。经过野外现场勘察发现墙体表面剥离大多为粉粒剥落，黏粒由于其内聚力相对较大而依附在墙身不易发生剥落。这便解释了片状剥离厚度与夯土黏粒含量比例呈负相关的规律。

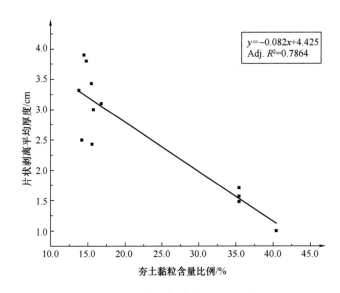

图1-18 青海明长城遗址片状剥离与夯土黏粒含量比例拟合结果

**2. 坍塌影响因素**

为了探究夯土体力学性质与坍塌之间的相关性，对以上遗址点坍塌发育情况进行现场勘察，获取坍塌平均深度数据，并结合取样点夯土抗压试验结果，探究夯土抗压强度与坍塌的相关性，其坍塌深度与力学指标数据如表1-15所示。

青海明长城遗址点坍塌与夯土抗压强度数据  表 1-15

| 取样编号 | 遗址点 | 遗址点坍塌平均深度/m | 夯土抗压强度/MPa |
|---|---|---|---|
| 001 | 佛佾堡 | 0.441 | 0.350 |
| 002 | 北庄古城堡 | 0.611 | 0.590 |
| 004 | 娘娘山长城 132 段 | 0.360 | 1.190 |
| 005 | 新城段墙体 | 0.385 | 0.900 |
| 008 | 刘屯城墙 4 段墙体 | 0.200 | 4.520 |
| 011 | 贵德古城东墙（外墙） | 1.022 | 0.230 |
| 012 | 碾伯古城 | 0.840 | 0.480 |
| 015 | 门源古城西墙 | 0.487 | 1.460 |
| 016 | 永安古城东墙瓮城 | 0.883 | 0.800 |

通过对遗址点坍塌平均深度与夯土抗压强度两组数据进行拟合分析（图 1-19），得出青海明长城遗址发育的坍塌平均深度与夯土抗压强度呈负相关，其校正判定系数 Adj.$R^2$＝0.3219。夯土体抗压强度越大则其所能承受的最大压力就越大，越不易产生坍塌。而坍塌深度是衡量坍塌发育严重程度的主要指标之一，在此可以得出青海明长城遗址发育的坍塌与夯土的抗压强度存在负相关。

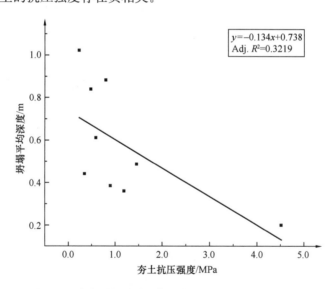

图 1-19 青海明长城遗址坍塌与夯土抗压强度拟合结果

综合 1.2.6 节裂隙、掏蚀和冲沟 3 种典型病害与坍塌之间的相关性，探究坍塌病害的演变规律。如图 1-20 所示，版筑缝裂隙在自然因素等作用下会逐步演变为裂隙型冲沟；纵向裂隙与夯层横向裂缝会组合切割墙身致使其逐步失稳，从而引发坍塌病害；墙体底部掏蚀凹进使墙体中上部悬空、失去支撑，从而造成坍塌；冲沟致使沟体周边土体的力学强度降低，易引起冲沟两壁土体发生错动，从而进一步引发坍塌。因此，坍塌可以视为是裂隙、冲沟和掏蚀 3 种典型病害发育和演变的结果，故可以认为坍塌是遗址最为重要的病害类型，其进一步发育与演变的结果是土遗址的消亡。研究团队用同样的方法对片状剥离的

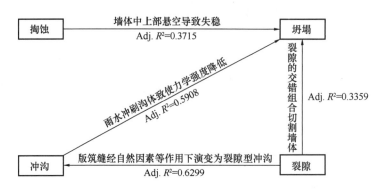

图 1-20 青海明长城遗址典型病害相互关系示意图

平均厚度与裂隙、冲沟、掏蚀及坍塌等病害的特征值进行拟合，然而并未得到比较明显的相关性，从而也初步得出片状剥离的发育与其余 4 种病害之间的联系较弱。

综合图 1-20 构建的青海明长城遗址典型病害相互关系图，以及夯土力学性质与坍塌病害的相关性，确定坍塌病害的演变规律。如图 1-21 所示：掏蚀、冲沟及裂隙 3 种典型病害的发育会进一步引发坍塌，而夯土的抗压强度较低，成了坍塌发生的先决条件。因此，从病害发育演变的角度证实掏蚀、冲沟、裂隙是坍塌发育的影响因素，而从夯土工程特性的角度来看，抗压强度低决定了遗址抵抗外力能力较差，成为坍塌发育的内在条件。

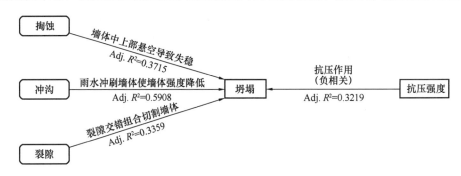

图 1-21 青海明长城遗址坍塌演变规律图

**3. 裂隙影响因素**

研究团队利用同样的方法对裂隙特征值与夯土工程特性指标以及赋存环境气象数据进行拟合，并未找到裂隙与夯土工程特性及气象等因素存在直接联系。本研究所勘察的大多数裂隙以版筑缝裂隙类型为主，这种裂缝是由明长城独特的"夯土版筑"建造工艺所造成：即工人在明长城建造过程中会在版与版间预留一定缝隙，一版的长度通常为 4m 左右。若建筑长度较大，则由多版衔接构筑，版与版之间自然会存留版筑缝，经过漫长的历史进程，版筑缝进一步发育形成裂隙病害。由此可以确定，裂隙的发育与明长城"夯土版筑"的建造工艺存在直接联系。

**4. 土遗址病害链体系**

综合以上对裂隙、冲沟、坍塌、掏蚀和片状剥离 5 种典型病害相关性的讨论以及对以上各个病害发育影响因素的探究，研究团队在此构建青海明长城遗址病害链体系以表征青海明长城遗址典型病害的发育及演变规律。

如图1-22所示，掏蚀、冲沟、裂隙和坍塌4种病害联系紧密：裂隙进一步发育导致冲沟，而掏蚀、冲沟、裂隙等病害的发育演变结果最终会引发坍塌，进而威胁土遗址稳定性，然而片状剥离与冲沟、掏蚀、坍塌和裂隙4种病害关系较弱，同时不会直接威胁遗址的稳定，所以认为坍塌是5种典型病害中最严重的病害类型，其进一步发育演变的结局是土遗址的消亡。

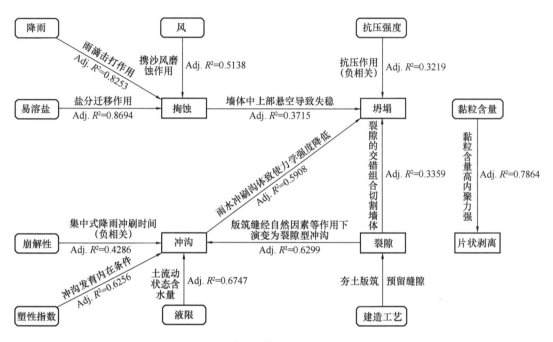

图1-22 青海明长城遗址病害链体系

由青海明长城遗址病害链体系可以得出，片状剥离、冲沟、掏蚀、坍塌、裂隙5种典型病害的发育与夯土工程性质、明长城建造工艺以及环境等因素关系密切：夯土作为青海明长城最主要的建筑材料，其工程性质与病害发育紧密联系。夯土的液限、可塑性、崩解性成为冲沟发育的内部因素；易溶盐迁移破坏土颗粒骨架，进而在外营力（风、雨等因素）作用下形成掏蚀；夯土的抗压强度较弱成为坍塌发育的先决条件；夯土中，黏粒含量较高意味着土颗粒间的内聚力较强，土体不易剥落形成片状剥离。作为外营力，降雨和携沙风等因素与掏蚀的发育存在直接关系，主要由于雨滴对土体的击打作用以及携沙风对夯土的磨蚀作用加之盐分迁移造成了土体强度降低、破坏，最终引发掏蚀病害。明长城"夯土版筑"的建造工艺即工人在明长城建造过程中预留版筑缝，这种缝隙历经岁月变迁会逐步发育为裂隙病害。

青海明长城遗址病害链体系主要包括典型病害内部关系以及夯土工程性质、气象、建造工艺等病害发育影响因素两方面内容。通过研究不同病害之间的作用关系及各个单因素对不同病害的影响程度可以最终确定多因素作用下遗址的易损性评价指标，进而为深入探究明长城遗址的安全性评价理论、方法与实践体系提供理论支撑。

# 第2章 基于病害链体系的土遗址易损性评价方法

## 2.1 土遗址易损性评价的意义

易损性（vulnerability）是指暴露在自然或人为因素作用下事物所受到的伤害程度，反映了事物在特定条件下的脆弱性。文物的易损性概念来源于土壤学和土木工程，于20世纪90年代引入到文化遗产的保护领域。对土遗址开展易损性评价是对其进行风险评价的重要一环，可进一步揭示其在自然及人为破坏作用下的损伤或破坏程度，为遗址科学管理及保护措施的制定提供指导。同时，科学而精准地进行土遗址易损性评价是对其进行评级管理的重要前提和关键环节，也是制定保护措施轻重缓急的科学依据和行为指南。

风险这一术语与易损性定义较为相近，是对存在两个或者两者以上结果的不确定性的一种度量。20世纪70年代，首次将"风险"概念引入滑坡领域。国外有很多学者提出不同的风险计算方法：Blaikie提出，风险为危险性（hazard）与易损性（vulnerability）之和；Shook提出，风险为危险性（hazard）与易损性（vulnerability）的乘积；Devin等认为，风险应为易损性（vulnerability）与敏感性（susceptibility）相除；Fell提出，风险计算应为概率（probability）与易损性（vulnerability）的乘积；Smith认为，风险为概率（probability）和损失（loss）的乘积；联合国救灾组织（UNDRO）定义了自然灾害风险为危险性（hazard）、承灾体（elements at risk）和易损性（vulnerability）三者的乘积；Varnes提出风险为危险性（hazard）、易损性（vulnerability）和数量（amount）三者的乘积；Einstein、Westen、世界环境与发展委员会（WCED）等同样给出了关于风险的不同计算方法。

由以上可知，尽管不同专家学者提出的风险计算方法具有一定差异性，但确定的是易损性评价是自然灾害风险评价的重要一环，揭示了承灾体的损伤或者破坏程度。而对土遗址进行易损性评价，可以系统、全面地建立遗址评价体系，运用科学方法得出定量化的评估结果，从而获取遗址保存现状，为后续遗址保护工作的开展提供指导性建议，同时为遗址科学规划工作的进行提供重要的参考价值。

近年来，研究团队针对河湟地区代表性土遗址—青海明长城遗址典型病害发育特征系统构建了病害链体系模型，以阐明典型病害发育及演变的宏观规律，并以此为基础探究土遗址易损性评价方法并开展应用实践，旨在为土遗址的科学、有效管理提供重要的理论指导。然而，由于对高寒阴湿环境下土遗址病害发育机制认识有待深入，现阶段主要围绕掏蚀、冲沟、裂隙、坍塌等病害的发育演化规律构建相关模型进而开展遗址易损性评价研究，其科学性及精确度仍有待提升，目前河湟地区土遗址易损性评价研究尚处于初步探索阶段。因此，从国家层面上，面向古丝绸之路南路沿线的濒危土遗址科学性和预防性保护紧迫的理论和实际需求，通过研究高寒阴湿环境下典型土遗址易损性评价，将为河湟地区土遗址保护管理工作提供决策建议，进而推动"一带一路"沿线历史文化遗产的认知、保护与传承工作，对增强文化自信和促进文化传播具有重要实践意义；从学科发展层面上，通过提出高寒阴湿环境下土遗址易损性评价方法并构建相关模型，将为土遗址后序的加固保护工作提供理论依据，并为特殊环境下土遗址典型病害的量化精准评估提供模块示范，进而对全面推动土遗址病害发育量化评估体系的研究进程具有重要意义。

## 2.2 土遗址量化评价研究进展

目前，土遗址病害评估包括地质灾害对遗址的影响以及遗址本体病害两个层次，即灾害评估和病害评估。地质灾害往往会造成土遗址的毁灭性破坏，因此对可能影响土遗址安全的地质灾害进行评估具有一定必要性，所以一些地质灾害评估方法可以应用在土遗址灾害评估中。其评估方法主要包括区域危险性区划、危害范围及危害强度分区、发生概率及发展速度确定等。土遗址病害评估包括两方面：一种是土遗址表面风化，另一种是土遗址稳定性问题，其失稳主要包括崩塌、滑坡及洞室坍塌三种形式，其中坍塌是最常见的失稳模式。

风化是指在外界环境影响下，遗址表层土颗粒间原有结合力逐渐减弱，致使土颗粒间距增大，结构变疏松，进而导致遗址表层出现不可逆的破坏现象。土遗址风化分为表层风化和遗址土体劣化两种类型。国外研究学者多以"weathering"表示表层风化，而用"deterioration"和"degradation"指代整体劣化。遗址表面风化应该在充分收集已有的遗址价值、建筑形制、考古资料、保护历史、赋存环境等相关资料的基础之上，对遗址保存现状、遗址土的工程特性、病害类型、赋存环境等方面进行详细调查，并作出一定现场监测，最终作出定性与定量两个方面的评估。为了表示土遗址风化程度，引入风化率的概念用来定量评估土遗址病害。根据遗址保存特点，布设一定数量观测点，通过观测一个气候年内的遗址变化，进而测得遗址的风化速度，而风化速度和遗址保存程度之间的比率，即为风化率。由此可知，土遗址风化评估参数包括风化速度、遗址保存程度及价值系数权重三个方面。目前，关于遗址保存程度分类和价值系数权重方面还没有统一标准，而土遗址表面风化的评估方法主要采用定性与定量相结合的方法，现代综合评价方法包括层次分析法、模糊综合判定法、数据包络分析法、灰色关联、人工神经网络评价等方法。

针对土遗址稳定性问题，国内学者主要基于病害发育特征而开展易损性相关评价研究：姚雪等通过引入灰色关联分析法对陕北明长城单体建筑进行病害程度量化评价，建立土遗址病害程度量化分级数学模型以确定遗址危险程度，为后期遗址易损性评价工作的开展提供基础。雷宏等引入 AHP-DEA 分析方法对嘉峪关长城墩台的病害发育的危险性进行了评估，评价结果与现场勘查具有一致性，该研究方法在土遗址危险性评价方面具有一定的实践性。李桐林等应用增量动力分析法（IDA）对交河故城塔林区金刚宝座式塔土遗址在地震作用下进行易损性分析，计算得出该遗址抗震能力，从而为土遗址抗震保护工作提供理论指导。国外学者主要利用先进技术及手段获取遗址关键结构破坏信息，进而对其易损性进行分析与评估：Karanikoloudis 等结合现场监测、声波测试、数值分析等手段，对秘鲁 Kuño Tambo 教堂遗址进行结构评估及地震易损性评价，通过获取遗址现有结构损伤信息为遗址后续保护修复工作提供参考。Campiani 等利用地理空间方法通过收集多时相数据（环境信息、遗址定量易损性评价结果、遗址表面状态变化等）对土遗址保存状态进行综合评价，为土遗址预防性保护工作奠定研究基础，并为相关管理人员判定遗址是否需要紧要维护提供科学依据。Richards 等应用植被和泥沙运移模型（ViSTA-HD）对我国西北干旱地区锁阳城遗址进行百年时间尺度的病害风险（包含空间易损性）评价，进一步揭示干旱过程、风蚀、雨蚀等自然因素与土遗址劣化过程的长期互馈机制，进而为决策者迅速且高效地制定土遗址相关保护措施提供有效借鉴。Misseri 等应用极限分析运动学方法对木质元素加固后的土遗址进行地震易损性评价，通过分析不同砌体材料模型中影响水平响应作用的最大几何和力学参数，提出应用传统材料加固土遗址的可靠评价模型，为土遗址地震易损性研究提供新的研究思路。

尽管已有诸多学者开展了土遗址易损性评价方面的相关研究工作，但实际上在具体进行遗址评估的过程中需要累积大量的观测数据以定量分析病害发育程度，然后应用一些定量化的评价方法对遗址受损程度进行合理判定，然而关于评价指标的权重系数的分配与确定仍处于探索阶段而有待于深入研究，同时土遗址的量化评价研究更多针对干旱、半干旱环境下的土遗址开展病害量化评估工作。由此可见，针对土遗址易损性评价的研究进展仍然处于初步探索阶段，特别对于河湟地区高寒阴湿特殊环境下土遗址针对典型病害区块而构建易损性评价模型尚且缺乏深入探究，因此，针对遗址因自然、人为因素受到破坏的严重程度而进行科学、精准的定量化评估工作，对土遗址的科学保护及分级管理具有重要的研究意义。

## 2.3　历史损失率评估方法

目前，国内外学者针对土遗址因自然及人为因素而造成破坏的量化程度开展相关评估研究工作，成绩斐然。然而，目前仍然缺乏一个统一指标用以表征土遗址在历史进程中的整体受损程度，特别是针对长城这种典型线性土遗址的易损性缺乏定量化研究，同时有关人类活动对土遗址的破坏影响缺少定量化研究。针对线性土遗址在历史进程中整体受损程度，本研究以系统科学为指导，以考古学、环境学和工程地质等学科理论为基础，基于青海明长城遗址相关考古资料，综合提出土遗址线性损失率这一量化指标，用以定量化评价河湟地区线性土遗址在历史进程中的整体损失率，为揭示人类活动对土遗址的破坏机制奠定重要研究基础。

**1. 土遗址线性损失率指标**

长城作为中华民族精神的象征、规模庞大的军事防御体系、世界上体量和规模最大的线性文化遗产之一，其以线型分布模式横跨河北、北京、天津、山西、陕西、甘肃、内蒙古、黑龙江、吉林、辽宁、山东、河南、青海、宁夏、新疆共 15 个省、自治区、直辖市。明长城是中国历史上规模最大、体系最完备且保存状况最完善的长城工程，展现了我国古代在军事防御体系建设方面的最高成就,其总长度达到 8851.8km。迄今为止,有大量的长城墙体在历经数百年的历史进程中消失殆尽,因此,量化表征这些消失段落墙体的长度是评估长城遗址保存状态极其重要的工作阶段。

本研究以青海明长城防御体系中的堡遗址为研究对象,提出土遗址线性损失率指标:堡遗址的线性周长($CL$)包含了东、西、南、北四面墙体部分,残存墙体长度($RL$)为长城残存墙体段落的总长度。长城遗址的线性周长数据主要参考《青海省明长城资源调查报告》以及长城考古资料,根据相关资料绘制的堡遗址平面图,可进一步提取相关墙体数据。2007—2009 年,青海省文物管理局和青海省测绘局全面组织开展调查青海明长城遗址,厘清了青海明长城资源分布及其保存规模,并提供了相关长城考古资料。基于此,如式(2-1)所示,本研究提出土遗址线性损失率指标($L\text{-}ASR$),用以量化表征长城墙体消失段落长度与整体周长的比率,结合线性周长($CL$)与残存墙体长度($RL$)等指标从线性角度揭示了土遗址的整体受损程度。

$$L\text{-}ASR = 1 - RL/CL \qquad (2\text{-}1)$$

式中 $RL/CL$——墙体残存率($RLR$)。

通过调研青海明长城相关考古资料及资源调查报告,提取堡遗址平面图并在 AutoCAD 软件中进行重新绘制,进一步提取墙体线性周长($CL$)与残存墙体长度($RL$)等数据,以青海明长城体系中的城背后 1 号堡为例,如图 2-1 所示,堡遗址边长分别为 123m、86m,其东、南、西、北墙残存长度分别为 2.5m、62.1m、38.1m、46.7m,线性周长

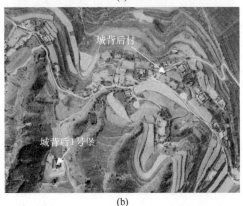
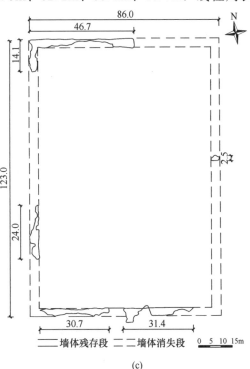

图 2-1 青海明长城城背后 1 号堡
(a)正视图;(b)卫星图(来源于谷歌地球);(c)平面图

（$CL$）与残存墙体长度（$RL$）分别为418m、149.4m，由此可以计算得出该遗址的墙体残存率（$RLR$）和线性损失率为35.74%和64.26%。

**2. 人口密度指标**

大多数长城遗址都处于某个村落或者附近区域。基于青海明长城考古基础资料，研究团队系统获取2008年青海明长城堡遗址所处或其附近的各村落人口居住数量，利用水经注万能地图下载器（Rivermap X3）获得以上各村落人口居住面积，进一步计算各村落人口密度（$PD$），并对各村落夯土墙体损失率与人口密度进行拟合分析，从宏观角度分析人类活动对夯土墙体的破坏影响。

$$PD=PN/RA \qquad (2-2)$$

式中 $PN$——居住在村落的人口数量；

$RA$——该村落的面积。

**3. 线性遗址破坏等级标准划分**

基于土遗址损失率指标数值，对遗址的保存状态进行分级评价。鉴于目前土遗址保护领域没有统一的划分标准，在此依据岩石质量指标（$RQD$）分类标准，将青海明长城遗址保存状态划分为很好（E）（0~10%）、好（G）（10%~25%）、一般（F）（25%~50%）、坏（P）（50%~75%）和很坏（VP）（75%~100%）5个等级，以定量表征线性遗址的破坏状态。依据土遗址线性损失率指标及整体破坏分级标准，本研究将在第6章对青海明长城46座堡遗址进行损失率评价实践，并对遗址所在村落人口密度与损失率指标进行拟合分析，从宏观角度揭示人类活动对土遗址墙体的破坏机制。

## 2.4 易损性评价方法简述

目前，比较常见的易损性评价方法主要包括模糊综合评价、多因子复合函数法、核算承灾体价值法、物元综合评价法、BP神经网络、多准则决策评价及基于历史记录评价法等。表2-1详细介绍了以上评价方法的概念及其对应的优缺点。

易损性评价方法介绍　　　　表2-1

| 评价方法 | 解释 | 优缺点 |
|---|---|---|
| 模糊综合评价法 | 运用模糊数学原理，从多因素评判事物隶属度等级状况而进行的综合评判方法 | 一定程度上减少了人为因素及不确定因素的影响，且适应性强、提供信息较为丰富，但是人的主观性太强，同时各评价因素之间的相关性所造成评价信息重复的问题不能解决 |
| 多因子复合函数法 | 造成承灾体受损的因素有很多，应先对各种承灾体分类，找出代表性的承灾体和最大的影响因子，再对各个指标因子进行赋值计算，得出易损度 | 可以根据不同致灾环境及承灾体进行指标优化，模型可以应用在多个地区，但对人口、财产等指标选取问题上具有很大的主观性，对于灾害的密度数据收集难度较大 |

续表

| 评价方法 | 解释 | 优缺点 |
|---|---|---|
| 核算承灾体价值法 | 划分承灾体类型、提取其分布基本属性并核算承灾体的灾前价值,以此为评价值进行易损性评价 | 将承灾体转化为货币价值,以此为基础进行易损性评价,但是该方法认为承灾体在地质灾害发生时完全被破坏,而没有考虑到其破坏程度、概率等问题,而且也忽略了人口易损性,因此具有一定的局限性 |
| 物元综合评价法 | 基于物元要素特点构建模型,结合可拓学与灾害学,以解决事物的矛盾问题 | 较客观地反映了承灾体的易损度,且方便应用计算机进行规范化处理,但是该方法主观性较高,而且推广应用具有一定局限性 |
| BP神经网络 | 根据误差反向传播的算法训练样本,从而对未来进行分析预测,该方法是人工神经网络中最常用的方法 | 预测精度高、收敛速度快且有很好的适应能力,然而对样本数据的质量具有较高要求,在实际应用中操作性不高 |
| 多准则决策评价 | 将系统分为目标层和指标层,通过隶属关系建立目标层与指标层的关系,根据客观和理论模型计算权重,得出目标层结果,最终进行易损性评价 | 结合定性和定量的方法,将复杂问题转化为多层次单目标的决策问题,运用数学模型计算得出评价结果,原理简单且条理清晰,但是该方法中决策者主观意识对权重影响较大 |
| 基于历史记录评价法 | 根据地质灾害的历史记录,统计灾害资料,最终确定影响因子 | 计算结果基于相关管理部门给出的灾害数据,结果较为客观、可靠,然而这些数据分散在各个单位,所以相关资料系统性较差 |

由表2-1可知,不同的易损性评价方法具有不同的优缺点,因此在特定地区进行易损性评价时应该因地制宜地选择比较合适的评价方法,以达到评价结果与实际情况较为相符。在此,着重介绍本研究中应用到的一些评价方法,主要涉及层次分析法(AHP)、模糊层次分析法(FAHP)及AHP-TOPSIS。

## 2.4.1 层次分析法(AHP)

层次分析法(Analytic Hierarchy Process)简称AHP,是由匹兹堡大学Saaty教授提出的一种灵活、简便且非常实用的多准则决策方法(MCDM)。该方法通过建立递阶层次结构模型使目标分解为多层次,然后在此基础上进行定性、定量评价,进而使复杂问题变得条理化、层次化,是应用网络系统理论和多目标综合评价方法的一种层次权重决策的分析方法。

总体来讲,该方法所建立的层次模型主要包括目标层(Goal Layer)、准则层(Criteria Layer)和指标层(Index Layer)三部分:目标层位于层次模型最顶端,一般指分析问题的预定目标;准则层包括为实现目标而涉及的所有中间环节;指标层包含了该层次模型所有基本的评价因素,通过建立判断矩阵,进而可以计算各个评价因素的权重。

目前,由于层次分析法简单易懂且可以有效处理多层次的定性、定量数据,被广泛应用在建筑工程、风险评价、地质环境评估、群体决策等领域。然而，决策者可能为了减小问题复杂性或由于工作上的需要而简化策略，致使带有偏见的判断，从而造成评价结果存在一定的不准确性和主观性。这是该方法的主要缺点。

### 2.4.2 模糊层次分析法（FAHP）

为了克服传统层次分析法中过于主观性的缺点，Zadeh 引入模糊数学理论与层次分析法相结合形成模糊层次分析法（FAHP），从而构建决策者偏好的不确定性，以达到更灵活的判断和决策效果。FAHP 既保持了层次分析法简洁、高效的优点，同时该方法所给出的层级结构便于分解和成对比较，可以降低不一致性并生成优先级向量，反映了应用近似信息和不确定性进行决策的人类思想。

目前，众多学者对 FAHP 进行了改进和应用：Laarhoven 等首次提出将模糊逻辑原理应用在层次分析法的研究中并引入三角模糊数，Buckley 引入梯形模糊数来表示决策者在各准则下的备选方案评价，Chang 利用三角形模糊数进行成对比较处理，并利用程度分析法对两两比较的综合程度值进行分析，进而对 FAHP 进行了改进，Deng 提出了一种简单、直观地处理定性多准则分析问题的模糊方法，Zhu 等证明了三角模糊数的基本理论并改进了三角模糊数大小比较公式。同时，FAHP 被成功应用在多个领域中，包括政府资助工程选项、环境影响评估、滑坡风险评价等方面。在文物保护领域，FAHP 已经广泛运用在敦煌莫高窟崖体潜在危岩体风险评估、广元千佛崖摩崖造像病害量化评估以及大足石刻风化程度评估等研究方面，而在土遗址保护领域，将 FAHP 引入土遗址易损性评价的研究问题中将具有一定的应用前景。Zadeh 等提出模糊关系理论，又称模糊集理论，该理论是对普通集理论的延伸。在普通集理论中，一个元素只有 0 值或 1 值，含义为属于或不属于一个集。但是，在模糊集理论值中，用隶属度来表述元素属于某集合的模糊关系，范围在 0～1 的区间。隶属度以数值方式量化了隶属关系信息的不确定性，因此，模糊集可以认为是包含了不同隶属度元素的集合。

FAHP 与 AHP 的基本思想基本相同，但是存在以下两点区别：

（1）判断矩阵不同：AHP 的判断矩阵是通过元素两两比较而得到的，但是 FAHP 的判断矩阵主要通过元素两两比较进而建立模糊判断矩阵；

（2）各元素求相对权重的方法不同：AHP 根据特征值法计算各因素权重，而 FAHP 通常通过三角模糊函数确定隶属度、构建模糊集，进而计算各元素权重。

FAHP 具有很多优点，具体包括：

（1）结合了模糊数学理论，因此具有数学表示不确定性和模糊性的优点，为处理许多带有固有的不精确性的问题提供了形式化的工具；

（2）通过建立模糊判断矩阵，能更加精准地处理模糊的评价对象并描述决策过程，更加科学、合理地做出贴近实际的量化评价。

但是，FAHP 也存在一些缺点，譬如以模糊语言表达的输入数据依赖专家经验，从而使指标权重的主观性太强。

## 2.4.3 层次分析法——逼近理想解排序法（AHP-TOPSIS）

TOPSIS（Technique for Order Preference by Similarity to Ideal Solution）即逼近理想解排序法，是由 Hwang 等提出的一种多准则决策方法。该方法主要根据评价对象与理想解的接近程度进行排序，进而对现有对象进行相对优劣的评判。理想解（ideal solution）主要包括正理想解（positive ideal solution）和负理想解（negative ideal solution），代表了各个指标值都为评判对象中的最优或最劣值。如果评判对象最接近正理想解又同时离负理想解最远，则最好，否则为最差。评价过程中，TOPSIS 法同时考虑了评价对象与正负理想解的距离，通常用欧氏距离（Euclidean separation distance）表示，以贴进度（the relative closeness）为依据对评价对象进行排序。鉴于 TOPSIS 法具有能快速遴选出最优方案且没有标准和评判对象数量限制等优点，被广泛应用在众多领域中，如柔性制作中的夹具选择、先进制造系统中的金融投资问题、公司间的财务比较等。

AHP-TOPSIS 结合 AHP 与 TOPSIS 两种方法，能同时达到 AHP 计算权重和 TOPSIS 对评判对象进行排序的目的，该方法兼顾了 AHP 和 TOPSIS 的优点。AHP-TOPSIS 计算得出各个影响因素的权重，在此基础之上构建判断矩阵，并确定了贴进度和评判对象的排序，最终得出接近于最优结果的协商结果。作为一种在多属性决策环境下进行决策的高效 MCDM 方法，AHP-TOPSIS 在管理学、热学、采矿科学、居住区易损性评价、交通工程等多个领域得到了广泛应用。

总体而言，AHP 可以充分利用专家意见计算权重，但是存在一定主观性，TOPSIS 法根据数据本身进行运算，具有一定的客观性，但是不能反映决策者的偏好；而 AHP-TOPSIS 能够很好地将两种方法相结合，使这两种方法的优势互补，将主观与客观评价相互结合，进而使评价结果更准确。

## 2.4.4 机器学习预测方法简述

机器学习（Machine Learning）来源于统计学和人工智能领域，是现今数据分析领域中的热点和重要研究方向之一。机器学习主要研究如何应用计算机使用数据来模仿人类学习行为，从而获得新的知识和经验来解决给定的问题。机器学习的研究进展将对诸如机器人、计算机辅助设计、智能数据库以及基于知识的咨询系统等计算机应用领域产生深远影响。因此，应用机器学习对给定的数据样本进行训练，以此为根据获得输入与输出间的关系，并对未知的输出做出较为准确的预测，这便是机器学习的目的。

当前，机器学习一般分为监督学习（Supervised Learning）、无监督学习（Unsupervised Learning）、半监督学习（Semi-supervised Learning）、增强学习（Reinforcement Learning）和迁移学习（Transduction Learning）五大类：

（1）监督学习：输入数据会预先分配标签，再通过训练数据建立模型，从而进行预测。当输入数据为连续变量时，被视为回归问题，而当输入数据为离散变量时则为分类问题。

（2）无监督学习：是一种自学习的分类方式，输入数据未分配标签，从而挖掘未知数据之间的关系。常用的无监督学习形式为聚类分析，即根据数据集本身性质将样例分为若干簇，相似数据样例被分在同一簇里。聚类方法主要包括 K 均值聚类、层次聚类、自组织映射等。

（3）半监督学习：输入数据包含两部分，即同时使用有分配标签的数据集和未被分配标签的数据集，从而进行预测的方法，该方法介于监督学习和无监督学习之间。

（4）增强学习：通过观察周边环境来学习，每个动作都会对环境产生影响，而环境也会相应给出反馈进而对学习行为有所指导。

（5）迁移学习：类似于监督学习，但是并不构建相应的函数，而是基于已经训练好的模型参数迁移至新模型中进行预测的方法。

过去 20 年，机器学习得到了快速的发展，从试验室初步探究到广泛应用在多个商业领域中，目前已经成为一种高效的预测方法。通过设计一些算法，机器学习使计算机对样本数据进行训练学习，从而进行预测。常用的机器学习算法包括线性回归模型、logistic 回归模型、决策树、随机森林、支持向量机、人工神经网络、概率图模型等。研究团队主要应用支持向量机和 BP 神经网络两种算法对青海明长城遗址易损性评价数据进行训练、预测，因此重点对这两种算法进行介绍。

**1. 支持向量机**

支持向量机（Support Vector Machine），英文简称为 SVM。该方法由 Vapnik 提出，是基于在线性可分条件下寻找最优分类超平面（Optimal Separating Hyperplane）的机器学习方法。由于其对线性不可分以及高维数据集高效的处理效率，被广泛应用在复杂分类和回归问题中。SVM 被视为是一种按监督学习的方式对数据进行二元分类的广义线性分类器，旨在在空间的两类可分样本中寻找最大边界（Margin），从而将两类数据正确分开，提供最大边界的线即为最优分类线，推广到高维空间即为最优超平面（Optimum Hyperplane），而位于最大边界上的样本即为支持向量机。图 2-2 即为线性可分条件下支持向量机的图示情况。

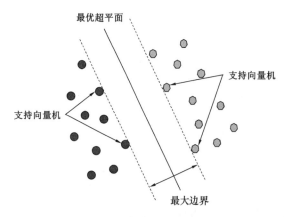

图 2-2 线性可分条件下的支持向量机

但是，在很多情况下数据不是线性可分的，即非线性可分数据。在这种情况下，引入核函数（kernel function）将输入向量映射到一个高维特征空间，在此空间内构建一个最优超平面来分类（图 2-3）。

由此可以看出，SVM 的核心思想是寻求最优超平面，将数据进行分类。SVM 是具有坚实理论基础的小样本学习方法，通过核函数能实现由原始输入空间到高维空间的非线性映射，目前成为一种高效的预测方法，并被广泛应用于生物细胞、风险预测、气象预测等多个领域。然而，该方法在核函数的选择以及相关参数优化等方面仍然存在一定问题。研究团队应

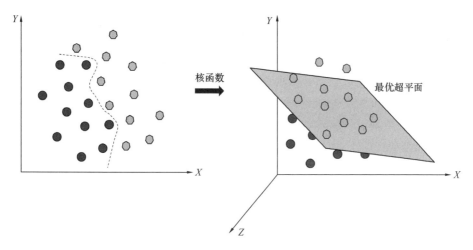

图 2-3　非线性可分条件下的支持向量机

用 SVM 对青海明长城遗址易损性进行预测，旨在探寻一种高效、准确的预测模型，进而对遗址后续保护工作提供新的研究思路。

**2. BP 神经网络**

人工神经网络（Artificial Neural Network），简称 ANN，是处理非线性预测问题的高效工具。该方法所建立的数学模型包含的处理单元称为神经元，与人类的神经活动相类似（图 2-4），每个神经元模型（图 2-5）包含输入（类似树突）、输出（类似轴突）和决定是否激发神经元的数学函数（类似细胞核），即激励函数（Activation Function），每个神经元间的连接代表了通过该连接信号的权重。ANN 通过处理输入数据、调整内部神经元间连接关系，从而达到处理信息的目的。由于其对数据的容错能力及适应性较强，ANN 被广泛应用在众多领域。

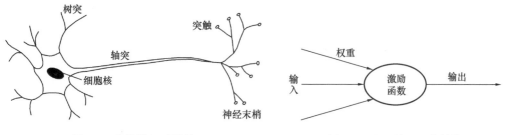

图 2-4　人类神经元结构　　　　　图 2-5　人工神经网络结构

BP 神经网络（Back Propagation Neural Network）是目前应用最广泛的人工神经网络类型之一，它是根据误差逆向传播算法训练的多层前馈神经网络。BP 神经网络通过梯度下降法来不断地调整网络权重和阈值，使误差达到最小。该模型结构通常包括 3 层：输入层、隐藏层和输出层。其学习过程包括信息正向传播和误差反向传播两个过程：输入层负责接收和分发外界输入，进而传递给隐藏层，隐藏层捕捉到输入与输出之间的非线性关系，最终将信息传递至输出层，这就完成了一次正向传播过程；而当实际的输入与期望不符的时候，则进入反向传播阶段，根据误差梯度下降的方法修正各层的权值，直至误差减小到可以接受的程度或完成预先设好的学习次数，这便完成了整个学习过程。

  现如今，由于BP神经网络具有建模简洁、能高效地从样本中提取有用信息、输出准确率较高等优点，已经得到了广泛应用。该方法可以经过训练自动获取知识，不需要假设输入和输出变量相关的函数形式，对非线性问题能有效地建模，目前已经被成功应用在力学预测、股市预测、公路交通流量预测、气象预测、灾害评估等多个领域。然而，BP神经网络仍然存在一些缺点，譬如在训练样本较少的情况下其准确率较低，且具有收敛速度较低、易于收敛到局部极小值等问题。本研究应用SVM和BP神经网络两种机器学习方法，对青海明长城遗址易损性数据进行训练、预测，经过对比，遴选出更加适用于高寒阴湿环境下土遗址易损性预测的机器学习方法。

# 第3章 实践典型遗址布局与形制特征

## 3.1 实践典型遗址——青海明长城保护现状

长城是中国古代在不同时期为抵御塞北游牧民族侵扰而建造的军事防御工程,其东西绵延上万华里,所以又被称为万里长城。在长城构筑历史中,明长城是规模最大且体系最为完善的长城工程,被视为长城的代表。1961年3月4日,长城被国务院列为第一批全国重点文物保护单位;1987年12月,联合国教科文组织将长城列入世界文化遗产名录。青海明长城遗址作为青海省境内土遗址的代表,是万里长城的重要组成部分,也是一笔重要的历史文化遗产。它凝聚了中华民族的勤劳与智慧,是青海地区一座历史的丰碑,更是人类文明的骄傲。

青海明长城遗址分布在青海省东部地区,其独处一隅形成较为独立的防御体系。该地区处于青藏高原、黄土高原和内蒙古高原的交汇地带,其地质环境、地形地貌、气候及生态环境复杂且脆弱,具有气温年、日较差大,降雨量虽少但集中,蒸发量大,多大风、沙尘暴等典型特征;而主要以夯土材料构建而成的明长城遗址作为直接接受环境作用的特殊岩土体,在生物圈、水圈、大气圈和岩石圈相互作用的漫长过程中,它的安全和稳定受到温度、降雨、风、盐渍化等自然侵蚀和人类破坏等因素的严重威胁。这也造成了明长城遗址正经历由裂隙、冲沟、掏蚀、片状剥离、坍塌等典型病害的大量发育到快速消亡这一量变到质变的过程。由于青海明长城具有特殊的赋存环境和布防体系,探索归纳青海明长城遗址布局与形制特征,不仅能补充完善该地区明长城科学研究体系,而且对遗址开展安全性评价体系研究提供了理论依据和数据支持,进而对遗址后续制定和实施科学、有效的保护措施具有重要的参考价值和指导意义。

### 3.1.1 青海明长城研究现状

青海明长城作为世界文化遗产——中国万里长城的重要组成部分,具有极高的历史、艺术、文化、社会和科学价值。谈及明长城,"东起山海关、西至嘉峪关"的说法众人皆知,然而青海境内明长城的赋存却鲜有人知。为抵御西海蒙古侵扰,青海明长城始建于明嘉靖二十五年,后经过隆庆元年、六年,万历元年、二十四年多次进行大规模的修筑最终初步建成从北、西、南三面构成拱卫形状环绕明代西宁卫为主体的军事防御工程。苏铣记载明代西宁卫周边的明长城全长"四万四千五百零七丈,计二百四十七里零九十四步"。然而,由于相关文献资料的缺失,加之考古调查受到很多因素的制约,青海明长城的研究和宣传相对滞后,这也造成了世人对青海省境内明长城认识的不足,甚至曾经在学界存在青海境内是否有明长城遗址这一争议。

2006年，国家文物局和国家测绘局启动了明长城资源调查工作，涉及十几个省、自治区、直辖市境内的明长城遗址，然而青海省尚未被包括在首期公布名单内；2007年，青海省文化厅申请将青海省纳入全国长城资源调查范围之内，受到了国家文物局的重视；2008年，青海省文物管理局和青海省测绘局全面组织开展调查青海明长城遗址，经过3年艰苦细致的工作，查明青海明长城资源分布在乐都、互助、大通、湟中、湟源、民和、化隆、门源、贵德、平安和西宁11个县区，全长363.44km。

通过细致的调查工作查明青海境内明长城遗址的具体规模、分布、走向、结构以及保存状况，推翻以往"青海没有长城"的错误认识，科学地建立了青海明长城完整的一手资料，为后续长城保护政策制定、保护规划编制、保护方案实施等工作奠定了坚实基础；同时，确立了青海明长城是中国万里长城的重要组成部分这一历史事实，对于完善明长城系统研究具有重要的现实意义。

由于对青海省境内明长城的调查工作开展较晚，且缺少完整的历史资料，迄今为止，相较于其他地区的明长城遗址，青海明长城遗址的相关研究工作相对较少，且多集中在其赋存环境、病害特征、保护规划、建筑特点及军事防御体系等方面：蒲天彪依据青海省明长城遗址调查资料，同时结合遗址赋存环境（气候环境、地质环境、水文环境等）特征和明长城保存现状，分析了青海明长城遗址的病害类型、成因以及危害，最后简要提出明长城遗址的保护对策应坚持科学保护规划、长期维护管理和科学技术保护3方面的有机统一；苏娜以气象学理论为基础并应用现场勘察监测、室内模拟实验及数值模拟等手段对青海境内大通、互助、门源和湟中4县明长城遗址在不同气候环境条件下的病害发育特征进行研究，揭示了风场（风速、风向、持续时间）与明长城遗址掏蚀量之间的定量关系；刘建军等从建筑学的角度系统分析了明长城甘肃镇防御体系的结构特征和空间分布，并结合历史资料和现状考察，从整体角度研究了西宁卫明长城及其军事聚落，揭示了青海明长城因针对"西海蒙古"侵略而单独构筑，从而具有相对于甘肃镇明长城而独处一隅、自成体系的空间分布特征，这对后续进一步开展青海明长城建筑特征及军事体系研究工作具有一定的理论基础和指导意义；李宇业通过搜集相关文献资料并实地调查，系统地阐释和讨论了青海省明长城的地理环境、修筑历史、具体分布、防御设施及体系，并进一步解释了青海明长城防御体系对青海当地所产生的经济、文化、民族和生态等方面的深刻影响，为丰富明长城的系统研究，拓展青海地方民族学、历史学等领域的研究具有一定意义。

与此同时，一些学者对青海省境内各县区明长城的不同类型建筑也做出一些研究工作：闫璘对青海省大通县和平安县境内的烽火台类型、建筑形制以及军事功能进行总结，并对明代西宁卫峡榨的数量、类型、结构、修筑背景等方面做出阐释，揭示了烽火台和峡榨在古代战防过程中所承担重要的军事功能，为青海明长城军事防御体系及明代战防思想的后续研究奠定一定基础；陈荣对青海省大通县境内的"明边墙"，即明长城的修筑时间、后期维护等历史情况进行了简单介绍；戴鹏飞等依托青海湟中县明长城遗址保护工程，针对遗址各典型病害提出裂隙注浆、土坯砌补、锚杆加固、回填注浆等一系列工程措施，对夯土类明长城遗址的加固研究具有一定参考价值。

经大量现场勘察发现，青海明长城遗址大多以夯土材料为主构建而成，而该材料极易受到环境因素等方面的影响而产生劣化，致使土遗址建筑逐渐发生由病害发育到消亡这一量变到质变的过程。目前，大部分土遗址已经消失殆尽，而历经近500年风雨侵蚀遗存下来的青海明长城遗址也正处于濒危状态，因此针对青海明长城遗址的保护研究工作具有十分重要的现实意义。鉴于此，按照国家文物局和青海省文化厅的指示精神，受青海省文物管理局和各地方文物部门的委托，敦煌研究院、兰州大学文物保护中心于2009年起对青海省境内的明长城遗址开展抢险加固工程的初步勘察工作；2009年9月，敦煌研究院和兰州大学文物保护中心联合对青海省湟中县境内4处明长城遗址及大通县境内4座敌台、1处烽燧及1处列障和4.7km墙体进行抢险加固工程的现场勘察；2010年10月，敦煌研究院和兰州大学文物保护中心对湟中县境内6处烽燧、1处关堡及2段墙体进行现场勘察；2011年6月，敦煌研究院、兰州大学文物保护研究中心联合对青海省互助县境内1段墙体、2处关堡及门源县境内2段墙体、3处关堡全面开展了勘察工作；2012年3月，敦煌研究院、兰州大学文物保护研究中心联合对青海省互助县境内1段墙体、4处关堡进行现场勘察工作；2013年2月，敦煌研究院、兰州大学文物保护研究中心联合对青海省互助县境内1段墙体、2处关堡及贵德县境内1座古城、3座烽火台和1段城墙开展勘察工作；2013年7月，兰州大学文物保护中心对乐都县境内1座古城、3座堡及3处烽燧进行现场勘察工作；2013年12月，兰州大学文物保护中心对湟中县境内17处烽燧进行现场勘察；2015年1月，兰州大学文物保护中心对大通县境内3段墙体、2处烽燧及1处敌台进行全面勘察工作。这一系列针对青海明长城不同县区、不同类型建筑的遗址所开展的现场勘察工作为后续明长城修缮设计提供准确的基础资料，同时为进一步制定科学、有效的保护措施奠定了工作基础。

2016年，恰逢《长城保护条例》实施10周年，为贯彻落实《长城保护条例》中关于"长城保护总体规划制度"的要求和"整体保护、分段管理"的规定，构建科学、合理、可行的长城保护规划体系，兰州大学文物保护中心依据国家有关文物保护的各项法律法规，特此编制《青海省明长城保护总体规划》，内容涵盖青海省明长城概况、青海省明长城遗产价值研究、现状评估、管理规划、本体保护规划、环境保护规划、价值阐释规划、遗产研究规划等方面，对青海明长城遗址科学保护和有效管理具有指导意义。

总体来说，关于青海明长城遗址的相关研究工作起步较晚，且研究内容不够深入，围绕青海明长城遗址各类型建筑的形制特征、建筑布局及对其病害发育特征和易损性评估等方面，仍需要开展具有针对性的系统研究工作。因此，该地区明长城科学研究体系需要进一步补充和完善。

### 3.1.2 青海明长城保存规模

青海省明长城遗址分布图

青海明长城遗址主要包括墙体、烽火台、敌台、关、堡和壕堑六种主要类型。其中，青海明长城墙体及壕堑总长度为363km，由主线和支线所组成：长城主线是由墙体（夯土墙、石墙、山险墙、山险、河险）和壕堑所组成的长达331.83km的连续防御主体。作为长城主干，青海省明长城主线由东端乐都县芦花乡转化湾村壕堑1段起始，途径冰沟向西北延伸，跨越乐都、互助、大通、湟中及湟源 5 县区，直至拉脊山，蜿蜒分布在青海省东部；青海省境内还存在长达 31.61km 的支线，该支线包含了一些各自独立且不连续的墙体及壕堑，分布在乐都、互助、大通、湟中、民和、化隆、贵德及门源 8 县区。支线的墙体和壕堑彼此未形成衔接，与主线远近不一。同时，青海明长城遗址所涉及的单体建筑包含烽火台 116 座、敌台 4 座、关 4 座及堡 46 座。

### 3.1.3 青海明长城价值评估

青海境内的明长城遗址是万里长城的重要组成部分，对青海明长城遗址开展系统研究工作对于探索青海，乃至我国西部历史文化、环境演化及人地关系等方面的研究具有重要意义。而对于青海明长城遗址文物本体而言，其自身具有极高的历史价值、艺术价值、文化价值、社会价值和科学价值。

**1. 历史价值**

青海明长城的建筑目的主要是为抵御游牧于青海湖地区一带的蒙古卜儿孩部、土默特部、俺答汗部属等对明西宁卫周边的侵扰，所以在西宁卫城北、西、南侧修筑拱形的长城防卫体系，形成了明代西宁卫城重要的外围防御工事。青海明长城即是在这样的历史背景下产生的。作为明朝当时一项重要的军事工程，青海明长城不仅反映了当时明政府对待外族侵略的战和思想，同时也反映了当时的民族观念，见证了明代北方边疆的防御制度，集中反映了统治阶级对外关系的态度和军事思想。

从分布位置上看，青海明长城地处明"九边"甘肃镇的东南侧，形成了围绕西宁卫城较为完整的军事防御体系。由于青海境内的明长城独处一隅，缺少与其他防区之间的联系，学界曾对青海有无长城存在争议，然而从中国明长城整体布局来看，青海明长城主线东侧与甘肃镇明长城相汇合，应属于万里长城向西延伸至嘉峪关中的支线之一，所以青海明长城是万里长城的重要组成部分。青海明长城所形成的严密军事防御体系在抵御外敌入侵和巩固西北边防方面，发挥了重要、积极的作用。

针对青海明长城遗址形制及布局研究工作将进一步揭示明朝军事防御工程的建筑工艺、技法以及军事防御体系的构成特点，同时也为明朝政治、经济、文化、民族、艺术等方面的研究工作提供了珍贵的历史资料。

**2. 艺术价值**

青海明长城遗址主线墙体长达 300 多公里，在其沿线周边又遗存有大量长城单体建筑遗址，组成了珍贵的长城艺术宝库。在历史进程中，有很多以长城为主题的艺术作品产生，而这些作品形象地展现了长城磅礴的气势、宏伟的规模和高深的工程水平。从审美的角度来看，青海明长城给世人一种雄壮和阳刚的感受，其独有的气质令人震撼。

青海明长城包含主线墙体、烽火台、敌台、堡、壕堑等多种类型建筑，这些形式多样的线性及单体建筑揭示了长城建筑艺术的完整性，体现了古代能工巧匠建筑技法的高超水平。其雄伟的气势之美和精湛的建筑艺术记录着中华民族的成长与壮大。作为人类历史上规模最大的军事建筑，明长城遗址的布局巧妙地利用天然屏障进行御敌，譬如山险、河险及挖凿山险墙，展现了自然与人工相结合的独特建筑特色，其不同建筑类型的选址和走向反映了我国古代高超的军事战略思想。在军事防御过程中，各个类型建筑承担着不同的军事功能，其相互配合且高效地进行主动进攻、传输军令、监测敌军、输送补给等多项任务，反映了古代军事战略布局的科学性和实践性。

长城遗址本身蕴含着中华民族丰富的艺术内涵，除了科学的建筑布局以外，明长城同样作为艺术灵感，为世人带来不少雕饰、绘画、诗词歌赋、戏曲说唱等民间艺术作品，丰富了中华民族的文化底蕴，因此长城本身就是先辈留给我们的一笔珍贵的艺术财富。

**3. 文化价值**

从历史背景来看，长城是农耕民族为抵御游牧民族修筑而成的，其分布地区既是我国干旱区与半干旱区的分界线，又是农牧交错地带。长城以南的黄河中下游地区形成以农业为主的华夏民族，其经济文化较为领先；长城以北则是以畜牧业为主的游牧民族。所以长城的修筑标志着农业和畜牧业两大经济和文化类型相互交错、遗存和促进的关系。由此可知，长城见证着中华文明的发展历程，研究明长城遗址分布地区将对农牧文明的变迁与文化交流具有重要的意义。同时，拓展长城研究领域将进一步揭示中国民族发展与长城的内在关系并反映长城南北间民族关系的发展规律，这对民族学及中国民族关系等学科的研究发展具有重要的促进作用。

中国是一个由多民族组成的国家，而中华文明是多个民族在漫长的历史进程中孕育、发展和繁荣起来的。在古代，北方游牧民族由于自身的生活、生产及文化需求，需要与中原农业文明相联系以求共同发展，然而一些少数的游牧贵族不断发动战争给双方带来了巨大的损失甚至灾难。长城的修建成功地抵御了北方入侵之敌，促使长城南北两方人民实现一种有序且和平的来往，这也带来了长城沿线贸易的兴盛。因此，长城在一定意义上促进了农耕文明与游牧民族两种文化的融合。

由于青海省属于多民族与多宗教汇合的地区，深入研究其境内的明长城遗址并探究在青海地区所体现的特有长城文化将对挖掘青海省地区民族文化、地区文化以及宗教文化多样性等研究具有重要价值和意义。

**4. 社会价值**

长城凝结着古代劳动人民的勤劳与智慧，蕴含了中华文明灿烂悠久的文化内涵。长城与中华民族的命运紧密联系在一起，代表着团结统一的爱国精神、自强不息的民族精神以及和平包容的时代精神，长城所体现的强大精神力量早已融入中华民族的血脉之中，因此，弘扬并传承长城精神具有重要的社会意义。

尽管长城随岁月洗礼早已失去其原有的军事防御功能，然而它对于世人仍具有重要的教育意义。如今，长城成为爱国教育及教学实践等各类教育基地，是中小学生接受爱国主义和中国优秀传统文化的重要学习内容，长城主题夏令营也成为长城周边学校开展课外学习的重要基地。同时，作为主要的世界文化遗产，全社会掀起了保护长城的热潮，长城沿线的省自治区相继成立了各类长城保护组织，这在凝聚社会力量并引领民众积极参与长城保护等方面具有重要的促进作用。因此，长城的保护工作应将科学研究工作与提升公众意识有机地结合起来，以不断地推动长城保护事业的可持续发展。

青海明长城遗址是青海境内主要的文化遗产，它突出的教育意义和社会价值在于具有通过展现文物见证历史和发扬传统的独特功能,这对提升当地民众的长城保护意识具有重要的教育意义,同时对促进青海地区的经济发展及文化传播,特别是对当地文物保护事业的发展具有极大的促进作用,对青海当地社会凝聚力的产生及和谐社会的建设方面具有深远的影响。

**5. 科学价值**

由于青海明长城系统调查工作开展较晚,且青海境内明长城是否归属于万里长城体系也曾在学界存在一定的争议,因此有关青海明长城的科学研究工作相对较少且不够深入。青海明长城是一个较为完整的军事防御工程,因其独有的地理位置,明代西宁卫长城自成一隅,形成较为完整的防御体系。因其军事地位与"九边"地区相比具有特殊性,对其深入开展布局与形制特征研究将对丰富和扩展明长城研究内容具有重要的研究意义,同时对揭示我国古代军事防御思想以及军事建筑布局战略等方面具有重要的研究价值。

青海明长城布局及夯土特性研究体现了明长城"因地形、用险制塞"的设防原则以及"因地制宜、就地取材"的建造原则,对研究明朝军事防御建筑的建造方法及工艺具有重要的科学价值,同时对揭示明朝当时的建筑工艺水平、战防军事思想等方面具有重要的借鉴作用。与此同时,对青海明长城建筑布局展开系统研究将对明朝西宁卫地区的军事聚落设置、军力分配、军情讯息传输以及军事制度等相关研究具有重要的科学价值,并将进一步印证我国古代军事防御思想及长城战略布局的合理性和科学性,对丰富与补充该地区的明长城科学研究体系内容具有重要意义。

## 3.2 点状遗址建筑形制与布局特征

青海明长城点状遗址主要由烽火台、堡、关、敌台等单体建筑所构成,所涉及单体建筑包含烽火台 116 座、敌台 4 座、关 4 座及堡 46 座。由于敌台及关等遗址毁损较为严重,本节主要针对烽火台、堡等明长城遗址的形制类型及分布情况进行详细归纳总结,系统且详细地研究其建筑形制和布局特征,为进一步探究青海明长城军事防御体系奠定重要研究基础。

### 3.2.1 烽火台建筑形制与布局

烽火台又称烽燧,俗称烽堠、烟墩。作为长城的重要组成部分,烽传系统在军事信息的传递方面具有极其重要的作用,而烽火台正是烽传系统的组成要素,因此对烽火台的布局展开系统研究是明长城防御体系探究工作的前提和必要。在古代,烽火台是监测敌军入侵的高台式建筑;敌军一旦出现,守军会迅速点燃烽火台来传递重要军情,这样敌军入侵的信息就会依次由一个个烽火台以最快的速度进行传播。烽火台经常在白天施烟而在夜晚点火,在防御过程中,烽火台与明长城墙体紧密结合起到军事预警和防御的功能,而烽火台多修建在高山处以便监测敌情。自嘉靖至隆庆年间共记载有 101 座烽火台修筑在西宁卫中心的东、东北、西、南和北侧,与西宁卫周边的长城、堡寨形成严密的防御体系。《边政考》记载了驻守在烽火台上的士兵不仅在作战时承担报警和施援的任务,而且在平常仍然需要高度戒备,时刻守瞭军情。青海省境内现存的 116 座烽火台台体与围墙、环壕、小燧等具有不同的组合情况,形成了点状及线状分布的特点,在明长城军事防御过程中承担军情传输任务。

**1. 建筑形制**

根据烽火台的台体与围墙、环壕、小燧等不同的组合情况，可按照建筑形制特点将青海境内的烽火台划分为以下6种类型：台体单一型（图3-1a）、台体与环壕组合型（图3-1b）、台体与围墙组合型（图3-1c）、台体与围墙和壕沟组合型（图3-1d）、台体与小燧组

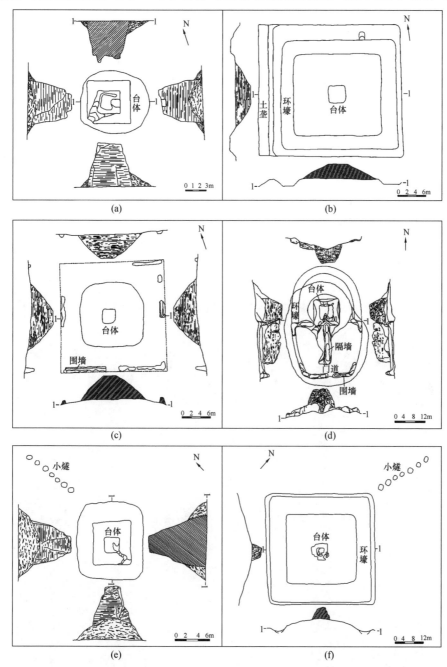

图3-1 青海明长城烽火台形制类型
(a) 台体单一型；(b) 台体与环壕组合型；(c) 台体与围墙组合型；(d) 台体与围墙和壕沟组合型；
(e) 台体与小燧组合型；(f) 台体与小燧和环壕组合型

合型（图 3-1e）、台体与小燧和环壕组合型（图 3-1f）。

针对以上烽火台形制特点，研究团队统计各烽火台类型的具体数量，得出各烽火台类型所占比例，如图 3-2 所示：台体单一型是青海省境内烽火台主要的建筑形制类型，所占比例为 75%；其余 5 种烽火台建筑类型所占比例总和约为 25%，其中台体与小燧、环壕组合型烽火台所占比例最小，仅有 0.86%。

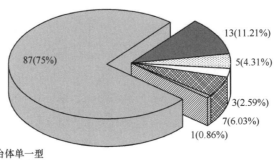

图 3-2　青海省明长城烽火台不同形制类型比例图

### 2. 分布特征

青海省境内 70 座烽火台以线状形式分布（图 3-3），组成了 12 条烽燧线，具体包括黄

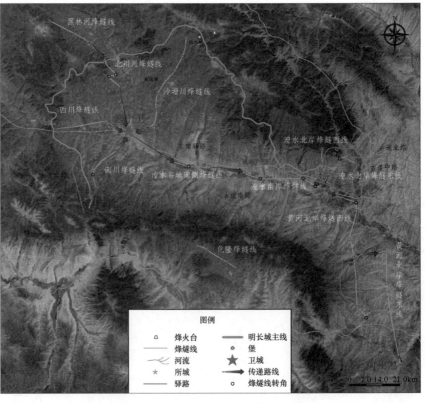

图 3-3　青海省明长城烽燧线分布图

河北岸烽燧东线、湟水北岸烽燧西线、沙塘川烽燧线、黑河林烽燧线、北川河烽燧线、南川烽燧线、湟水北岸烽燧东线、西川烽燧线、湟水谷地南侧烽燧线、黄河北岸烽燧西线、湟水南岸烽燧线和化隆烽燧线。表3-1 具体列出了这12条烽燧线沿线所分布的所有烽火台的名称、烽燧线沿线各烽火台距起始点烽火台的水平距离，以及各个烽火台的具体高程等相关信息。这12条烽燧线成为青海明长城军事防御体系中烽传系统的主要组成部分，承担着明长城防御体系中军情传递的主要任务。

**青海明长城烽燧线信息表** 表 3-1

| 烽燧线 | 烽火台 | 烽火台水平距离/km | 烽火台高程/m |
| --- | --- | --- | --- |
| 黄河北岸烽燧东线 | 马家川烽火台 | 0.00 | 2441.00 |
| | 后坪烽火台 | 0.82 | 2408.00 |
| 湟水北岸烽燧西线 | 胜利村烽火台 | 0.00 | 2717.00 |
| | 墩湾村烽火台 | 2.00 | 2598.00 |
| | 白崖坪村烽火台 | 7.00 | 2350.00 |
| | 晁马家村1号烽火台 | 9.00 | 2212.00 |
| | 晁马家村2号烽火台 | 9.46 | 2168.00 |
| 沙塘川烽燧线 | 黑庄村烽火台 | 0.00 | 3455.00 |
| | 山城村烽火台 | 4.00 | 2997.00 |
| | 七塔尔村烽火台 | 8.00 | 2911.00 |
| | 红嘴烽火台 | 14.10 | 2614.00 |
| | 双树烽火台 | 26.68 | 2566.00 |
| | 总寨村烽火台 | 34.22 | 2558.00 |
| | 水湾村烽火台 | 39.22 | 2373.00 |
| 黑河林烽燧线 | 宽多洛烽火台 | 0.00 | 2732.00 |
| | 下毛伯胜烽火台 | 11.95 | 2726.00 |
| | 石庄烽火台 | 17.95 | 2707.00 |
| 北川河烽燧线 | 上关烽火台 | 0.00 | 2631.00 |
| | 放马沟烽火台 | 0.21 | 2573.00 |
| | 平乐2号烽火台 | 2.71 | 2573.00 |
| | 平乐1号烽火台 | 3.51 | 2690.00 |
| | 长宁2号烽火台 | 7.61 | 2436.00 |
| | 长宁1号烽火台 | 9.21 | 2368.00 |
| 南川烽燧线 | 水草沟烽火台 | 0.00 | 2878.00 |
| | 加牙1号烽火台 | 2.14 | 2768.00 |
| | 加牙2号烽火台 | 4.60 | 2759.00 |
| | 陈家滩1号烽火台 | 5.54 | 2691.00 |
| | 陈家滩2号烽火台 | 6.50 | 2758.00 |
| | 谢家寨烽火台 | 17.62 | 2717.00 |
| | 元堡子烽火台 | 21.62 | 2615.00 |

续表

| 烽燧线 | 烽火台 | 烽火台水平距离/km | 烽火台高程/m |
|---|---|---|---|
| 湟水北岸烽燧东线 | 转花湾村烽火台 | 0.00 | 2463.00 |
| | 那家庄烽火台 | 3.92 | 2519.00 |
| | 孟家湾1号烽火台 | 5.39 | 2525.00 |
| | 孟家湾2号烽火台 | 7.15 | 2378.00 |
| | 马厂岭烽火台 | 10.83 | 2328.00 |
| | 羊肠子沟烽火台 | 12.83 | 2023.00 |
| 西川烽燧线 | 扎麻隆烽火台 | 0.00 | 2675.00 |
| | 多四烽火台 | 5.04 | 2708.00 |
| | 三其烽火台 | 20.20 | 2563.00 |
| 湟水谷地南侧烽燧线 | 上红庄烽火台 | 0.00 | 2217.00 |
| | 柳湾烽火台 | 3.70 | 2146.00 |
| | 石家营烽火台 | 6.70 | 2157.00 |
| | 东村烽火台 | 14.39 | 2098.00 |
| 黄河北岸烽燧西线 | 胡拉海烽火台 | 0.00 | 2131.00 |
| | 小山子烽火台 | 3.00 | 2063.00 |
| | 小垣烽火台 | 9.00 | 1889.00 |
| | 果园烽火台 | 12.00 | 2115.00 |
| | 下胡家烽火台 | 23.76 | 2429.00 |
| | 马家山烽火台 | 28.76 | 2422.00 |
| | 东湾烽火台 | 35.35 | 2581.00 |
| | 朱家岭烽火台 | 46.41 | 2405.00 |
| | 胡李家烽火台 | 51.91 | 1974.00 |
| | 苏家窑子烽火台 | 54.91 | 2094.00 |
| 湟水南岸烽燧线 | 深沟村烽火台 | 0.00 | 2200.00 |
| | 城南墩烽火台 | 7.06 | 2540.00 |
| | 店子村1号烽火台 | 25.59 | 1997.00 |
| | 店子村2号烽火台 | 25.99 | 1977.00 |
| | 芦草沟4号烽火台 | 34.81 | 2390.00 |
| | 芦草沟3号烽火台 | 35.44 | 2393.00 |
| | 芦草沟1号烽火台 | 36.76 | 2310.00 |
| | 芦草沟2号烽火台 | 36.89 | 2303.00 |
| 化隆烽燧线 | 下吾具烽火台 | 0.00 | 2839.00 |
| | 香里胡拉烽火台 | 4.30 | 3010.00 |
| | 二塘烽火台 | 5.56 | 2960.00 |
| | 公布昂烽火台 | 14.72 | 2871.00 |
| | 尕麻甫烽火台 | 18.37 | 2903.00 |

为了进一步研究上述烽燧线特征,结合烽火台分布位置、建筑形制及军事功能等特点,对烽燧线上分布的烽火台的高程与军情传递方向之间的关系做出探究。经研究发现,青海境内明长城烽燧线沿线的烽火台高程有如下三种情况:

(1) 有4条烽燧线（黄河北岸烽燧东线、湟水北岸烽燧西线、沙塘川烽燧线和黑林河烽燧线）上分布的烽火台高程沿军情传递线路逐渐降低（图3-4）:

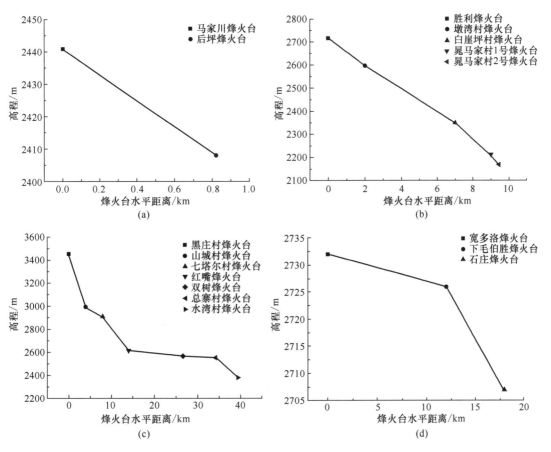

图 3-4 烽火台高程特征第一种情况

(a) 黄河北岸烽燧东线；(b) 湟水北岸烽燧西线；(c) 沙塘川烽燧线；(d) 黑林河烽燧线

黄河北岸烽燧东线（图3-4a）位于青海省东部,将军情沿马家川烽火台与后坪烽火台向南传至甘肃省境内川城烽火台进而传至河州卫,此烽燧线与黄河北岸烽燧西线相邻,通过此条烽燧线,甘肃境内的河州卫可以直接接收黄河以北（青海境内）的军事信息,由此可以推断此条烽燧线是西宁卫和河州卫两个军事中心的军情传递桥梁。此烽燧线上的川城烽火台和段岭烽火台地处甘肃境内,不属于青海省,其具体海拔不详。该烽燧线在青海省境内分布的马家川烽火台、后坪烽火台高程随军情传递方向逐步降低,见图3-4（a）。

湟水北岸烽燧西线（图3-4b）走向基本沿古道北路而行,其中胜利村烽火台、墩湾村烽火台分布于长城主线外侧,可直接监测敌军动向,获取长城外侧敌军情报,由此可知此烽燧线可通过这两座烽火台将长城外部军情传至长城内侧,沿该烽燧线分布的各处烽火台高程随军情传递方向逐渐降低,见图3-4（b）。

沙塘川烽燧线（图3-3）从北面柏木峡峡口起，将峡内信息传至威远营，再从威远营将军情传至西宁卫，由此可知此烽燧线是连接柏木峡、威远营以及西宁卫的重要信息通道。沿此烽燧线分布的各处烽火台高程逐渐降低，见图3-4（c）。

黑林河烽燧线（图3-3）位于长城外侧，其烽燧线上的烽火台形制复杂，均非台体单一型。其中，宽多洛烽火台建筑形制为台体与环壕组合型，下毛伯胜烽火台为台体与环壕组合型，石庄烽火台为台体与环壕、围墙组合型。这样的形制组合目的在于加强烽燧的防御，由于此条烽燧线设于长城主线外，其特殊位置意味着所面临的军事压力较其他烽燧线更大，因此这样的形制组合与其特殊的军事意义相吻合。黑林河烽燧线将主线外侧的军情传至长城，进而连接北川河烽燧线从而将军情传至西宁卫，在此烽燧线上分布的各处烽火台高程随军情传递方向而逐渐降低，见图3-4（d）。

（2）有5条烽燧线（北川河烽燧线、南川烽燧线、湟水北岸烽燧东线、西川烽燧线和湟水谷地南侧烽燧线）沿线虽有若干座烽火台高程不满足逐步下降，但从整体来看，其沿线分布的烽火台高程是呈下降趋势的。其高程不满足逐步下降趋势的烽火台大多处于烽燧线转角附近（图3-3），在此推测烽燧线转角可能造成视觉盲点，而在转角处附近设置烽火台更有利于监测烽燧线转角两侧敌情：

北川河烽燧线（图3-3）位于长城主线内侧，沿北川河分布。在该烽燧线上，平乐1号烽火台与2号烽火台处出现转角，其高程随军情传递方向未满足下降趋势。平乐1号、2号烽火台分别位于北川河两岸，所以笔者推测这样分布可能是为满足烽燧线连接北川河两岸的军事需要。由图3-3所示，该烽燧线可以视为由两部分组成，第一部分由上关烽火台、放马沟烽火台和平乐2号烽火台组成，第二部分由平乐1号烽火台、长宁2号烽火台和长宁1号烽火台组成，烽燧线两部分沿线分布的烽火台高程均随军情传递方向呈下降趋势分布，而第一部分的下降趋势没有第二部分明显，见图3-5（a）。

南川烽燧线位于长城主线内侧，沿古道南路走向而行，陈家滩1号烽火台高程在整个7座烽火台传递过程中高程发生突变，见图3-5（b），从而使整个烽燧线沿线高程不满足逐步下降的趋势，而此烽燧线走向出现转角处恰好位于陈家滩1号烽火台（图3-3）。此烽燧线可以看作由两部分组成，第一部分由水草沟烽火台、加牙1号烽火台、加牙2号烽火台和陈家滩1号烽火台组成，第二部分由陈家滩2号烽火台、谢家寨烽火台和元堡子烽火台组成，两部分烽火台高程沿烽燧线是逐步下降的。由图3-3可以看出，第一部分和第二部分均呈直线分布，在这两部分的转角处即陈家滩2号、陈家滩1号烽火台处发生了高程的突变，此规律与北川河烽燧线相类似。

湟水北岸烽燧东线（图3-3）有两座烽火台（转化湾村烽火台、那家庄烽火台）位于长城主线外侧，与黑林河烽燧线沿线分布的烽火台具有相似规律，其形制分别为台体与围墙组合型和台体与围墙和壕沟组合型，旨在加强军事防御。其军事功能与湟水北岸烽燧西线类似，可通过主线外侧的两座烽火台将长城外部军情传至长城内侧。纵观该烽燧线，尽管那家庄烽火台和孟家湾村1号烽火台高程局部升高，但整体依然呈由高到低的趋势，见图3-5（c）。除此而外，此烽燧线在那家庄和孟家湾村烽火台出现转角（图3-3），而这两座烽火台高程发生了突变，即满足"高程在转角处发生突变"的规律。其走向基本沿古道

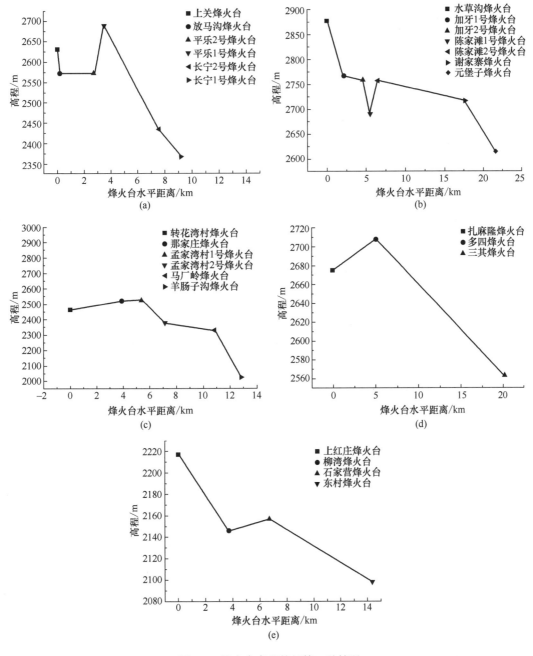

图 3-5 烽火台高程特征第二种情况

(a) 北川河烽燧线；(b) 南川烽燧线；(c) 湟水北岸烽燧东线；(d) 西川烽燧线；(e) 湟水谷地南侧烽燧线

中路而行。

西川烽燧线（图 3-3）仅有 3 座烽火台，多四烽火台比扎麻隆烽火台高程略高，但从整体来看，其烽火台高程依然呈递减趋势，见图 3-5（d）。除此而外，此烽燧线沿古道南路走向而行，该古道是西宁通往贵德的必经之路。

湟水谷地南侧烽燧线（图 3-3）沿东南驿路和湟水而行，其高程随信息传递路线整体呈下降趋势，见图3-5（e）。而由图3-3可知，此烽燧线在石家营烽火台附近出现转角，其高程突变增高，同样满足了"在转角处高程发生突变"的规律。

（3）有3条烽燧线（黄河北岸烽燧西线、湟水南岸烽燧线和化隆烽燧线）的烽火台高程并未呈下降趋势，其高程与走向趋势未呈现明显规律：

黄河北岸烽燧西线（图3-3）走向基本沿东南驿路而行，连接黄河和湟水两条重要水系。由图3-3所示，此烽燧线北侧在小垣烽火台处出现转角，同时南侧的胡李家烽火台也出现了转角；而从图3-6（a）可以得知，这两处烽火台高程为此烽燧线最低点，这也印证了之前所得出"在转角处高程发生突变"的规律。而位于此烽燧线中部的4座烽火台高程较高，笔者在此推测这样的设置是为了更便于监测该烽燧线两侧的敌情。

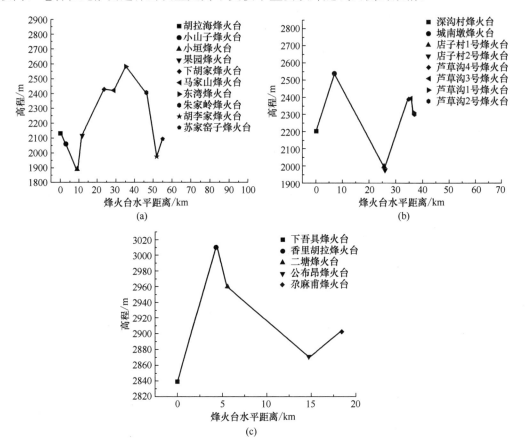

图3-6 烽火台高程特征第三种情况

(a) 黄河北岸烽燧西线；(b) 湟水南岸烽燧线；(c) 化隆烽燧线

湟水南岸烽燧线（图3-3）走向沿湟水和东南驿路而行，其高程并未呈下降趋势，见图3-6（b），然而看似无规律的高程分布同样满足"在转角处高程发生突变"的规律：此烽燧线有3处转角，即出现在芦草沟3、4号、店子村1、2号烽火台以及城南墩烽火台附近；而由图3-6（b）可以得出，其高程突变处恰好为地处烽燧线转角处的这5座烽火台。由图3-3所示，化隆烽燧线所处位置相对西宁卫、河州卫等卫城较远，根据相关资料记载，该烽燧线的传递讯息方向为沿东南向西北方向传递。经分析，其走向与高程没有十分明显的规律（图3-6c）。该烽燧线与其他烽燧线的联系不是非常紧密，其地理位置附近也没有重要的水系、驿路或堡分布，在此推测该烽燧线可能不属于明代西宁卫军事防御体系。因此，在后续有关青海明长城军事防御体系研究中，着重考虑除化隆烽燧线以外的11条烽燧线作为烽传系统的主要组成部分。

除论述以上组成12条烽燧线的烽火台之外，青海明长城体系中共有46座烽火台未组成烽燧线，而呈点状零星分布（图3-7），此类烽火台大部分零星分布在长城主线的内侧及堡周边，而少部分烽火台分布在长城主线外侧，其整体未呈现典型且明显的分布特征。他们多分布在长城峡榨、闇门及堡附近。

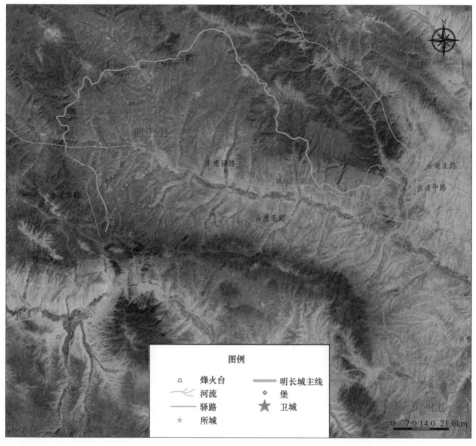

图3-7　青海省明长城烽火台点状分布

## 3.2.2　堡建筑形制与布局

明朝实行"都、司、卫、所"的行政制度，将长城划分为九个防区，即"九边"，包括辽东、蓟州、宣府、大同、山西、延绥、宁夏、固原及甘肃镇，同时对于各个等级的明长城堡寨实施"镇、路、卫、所、堡"的防御体系等级，按照等级及规模的大小，堡自上而下可以分为镇城、路城、卫城、所城、堡城（包括关城）。图3-8具体阐释了这种防御等级制度：从行政等级来看，西宁卫属于甘肃镇，而甘肃镇由庄浪、大靖、凉州、甘州和肃州 5 路组成。明朝政府在青海省修筑长城的目的主要是为了保卫西宁卫，进而抵御松山和西海蒙古的入侵。青海明长城分布在甘肃镇东南侧，形成了环绕西宁卫而相对独立的军事防御体系，从行政级别上看西宁卫明长城并不隶属于 5 路，而与 5 路存在并行的关系，这也说明了西宁行政的特殊性和独立性。

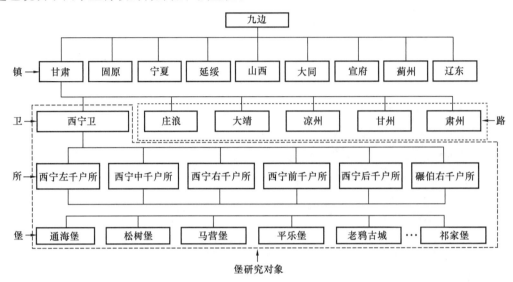

图 3-8　明长城堡分级图

**1. 建筑形制**

青海明长城遗址现存有 46 座堡，包括 1 座卫城（西宁古城，又称西宁卫），2 座所城（碾伯古城和贵德古城）和 43 座堡城，分布在乐都、互助、大通、湟中、西宁、民和、贵德及平安等县区，表 3-2 列出 46 座堡的具体信息情况。其中，有 12 座堡受到严重损毁，仅有局部墙体残存，其具体形状已经很难辨认，其余 34 座堡的平面形状基本清晰，按照不同的形状特点，可以分成长方形平面（图 3-9a）、正方形平面（图 3-9b）、梯形平面（图 3-9c）、三角形平面（图 3-9d）和不规则形平面（图 3-9e）五种类型。

青海明长城堡信息表　　　　　　　　　　　　　　表 3-2

| 序号 | 堡名称 | 等级 | 序号 | 堡名称 | 等级 |
|---|---|---|---|---|---|
| 1 | 城背后 1 号堡 | 堡城 | 12 | 祁家堡 | 堡城 |
| 2 | 城背后 2 号堡 | 堡城 | 13 | 迭尔沟堡 | 堡城 |
| 3 | 那家庄堡 | 堡城 | 14 | 老鸦古城 | 堡城 |
| 4 | 孟家湾堡 | 堡城 | 15 | 碾伯古城 | 所城 |
| 5 | 碾木沟堡 | 堡城 | 16 | 袁家庄堡 | 堡城 |
| 6 | 碾线沟堡 | 堡城 | 17 | 马营堡 | 堡城 |
| 7 | 脑庄堡 | 堡城 | 18 | 北庄古城堡 | 堡城 |
| 8 | 寺磨庄 1 号堡 | 堡城 | 19 | 师家堡 | 堡城 |
| 9 | 寺磨庄 2 号堡 | 堡城 | 20 | 新添堡 | 堡城 |
| 10 | 上衙门堡 | 堡城 | 21 | 白崖堡 | 堡城 |
| 11 | 联星堡 | 堡城 | 22 | 大通苑堡 | 堡城 |

续表

| 序号 | 堡名称 | 等级 | 序号 | 堡名称 | 等级 |
|---|---|---|---|---|---|
| 23 | 陈家台堡 | 堡城 | 35 | 新城堡 | 堡城 |
| 24 | 下马圈堡 | 堡城 | 36 | 元山尔堡 | 堡城 |
| 25 | 威远堡 | 堡城 | 37 | 董家湾堡 | 堡城 |
| 26 | 庙沟堡 | 堡城 | 38 | 徐家寨堡 | 堡城 |
| 27 | 新城 | 堡城 | 39 | 通海堡 | 堡城 |
| 28 | 平乐堡 | 堡城 | 40 | 松树堡 | 堡城 |
| 29 | 古城 | 堡城 | 41 | 古鄯古城 | 堡城 |
| 30 | 阳坡台堡 | 堡城 | 42 | 白沈堡 | 堡城 |
| 31 | 上新庄堡 | 堡城 | 43 | 中村堡 | 堡城 |
| 32 | 伯什营堡 | 堡城 | 44 | 总寨堡 | 堡城 |
| 33 | 老幼堡 | 堡城 | 45 | 西宁古城 | 卫城 |
| 34 | 贾尔藏堡 | 堡城 | 46 | 贵德古城 | 所城 |

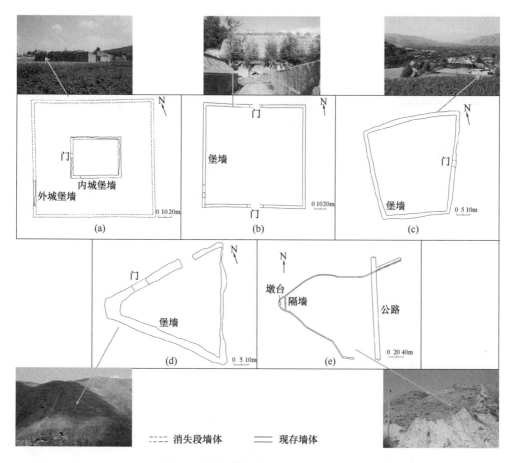

图 3-9　青海明长城堡平面形状分类图

每种平面形状类型所占比例如图 3-10 所示：长方形是最主要的平面形状类型，有 14 座堡的平面形状为长方形，占堡总数的 30%。三角形是比例最小的形状类型，具有三角形平面形状的堡有 2 座，仅占到 4%。其余三种平面类型共占总数的 40%，分别为正方形平面形状的堡有 9 座，占比为 20%；不规则形平面形状的堡有 5 座，占比为 11%；梯形平面形状的堡有 4 座，占总数的 9%。

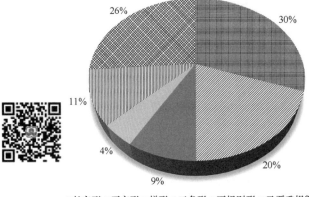

图 3-10 青海省境内堡不同平面形状比例图

根据现场调查发现，青海境内堡具有一些特殊的建筑形制，包括墙体、城门、瓮城、城楼、角楼、马面、外城及护城壕：城门（图 3-11a）是堡通往外界的重要通道，大多数堡具有 1 处城门且朝东方向，然而西宁古城具有朝东、西、南、北方向 4 个城门，新城和通海堡具有两个城门；为了加强防御，在城门外侧设有瓮城（图 3-11a），城门以上设有城楼（图 3-11b），堡四角设有角楼（图 3-11c），紧贴墙体结构设有马面（图 3-11d）；一些堡的外侧还建有外城（图 3-11e）及护城壕（图 3-11f），这与长城主线随墙壕具有相似的功能，即加强军事防御。

图 3-11 青海明长城堡建筑形制

基于堡的具体形制分类，表 3-3 列出青海明长城 46 座堡的建筑信息，具体包括堡的平面形状、建筑形制、墙体残余长度、墙体最大高度以及周长等基本信息，为综合推测堡的军事功能分类研究提供了重要的数据支撑。

青海明长城堡建筑信息表  表3-3

| 堡序号 | 平面形状 | 建筑形制 | 墙体残余长度/m | 墙体最大高度/m | 周长/m |
|---|---|---|---|---|---|
| 1 | 长方形 | 墙体，马面1座，城门1处，瓮城1座 | 418.0 | 6.8 | 388.0 |
| 2 | — | 墙体，城门1处 | 22.5 | 4.1 | 68.0 |
| 3 | 正方形 | 墙体，城门1处 | 240.5 | 5.4 | 400.0 |
| 4 | 长方形 | 墙体及175.0m长的护城壕 | 82.2 | 2.0 | 82.0 |
| 5 | 正方形 | 墙体，城门1处及57.6m长的护城壕 | 59.2 | 2.0 | 56.0 |
| 6 | 三角形 | 墙体，城门1处 | 294.0 | 5.6 | 294.0 |
| 7 | 长方形 | 墙体 | 188.0 | 3.6 | 188.0 |
| 8 | 不规则形 | 墙体 | 18.0 | 5.6 | 134.0 |
| 9 | 长方形 | 墙体 | 72.0 | 3.6 | 108.0 |
| 10 | 正方形 | 墙体 | 21.0 | 2.2 | 180.0 |
| 11 | — | 墙体 | 47.5 | 4.7 | 182.0 |
| 12 | — | 墙体 | 7.0 | 4.0 | 220.0 |
| 13 | — | 墙体 | 35.0 | 6.1 | 240.0 |
| 14 | — | 墙体 | 9.8 | 3.7 | 315.0 |
| 15 | — | 墙体，角楼2座，马面2座 | 454.0 | 16.0 | 1572.0 |
| 16 | 长方形 | 墙体，马面1座及50.0m长的护城壕 | 68.0 | 5.0 | 542.0 |
| 17 | 三角形 | 墙体及192.0m长的护城壕 | 271.0 | 3.8 | 275.0 |
| 18 | 梯形 | 墙体，城门1座 | 279.0 | 5.0 | 267.0 |
| 19 | 长方形 | 墙体，马面1座 | 275.5 | 4.7 | 340.0 |
| 20 | 正方形 | 墙体，马面2座，角楼4座，瓮城1座 | 669.4 | 7.2 | 681.0 |
| 21 | 长方形 | 墙体，外城1座 | 248.0 | 5.2 | 298.0 |
| 22 | 不规则形 | 墙体，角楼1座 | 238.0 | 5.7 | 238.0 |
| 23 | 长方形 | 墙体 | 81.0 | 4.5 | 245.0 |
| 24 | 梯形 | 墙体，城门1处，角楼4座，马面4座 | 457.0 | 5.4 | 457.0 |
| 25 | 长方形 | 墙体，城门1处，瓮城1座 | 591.0 | 5.8 | 818.0 |
| 26 | 长方形 | 墙体，马面2座 | 218.0 | 6.5 | 218.0 |
| 27 | — | 墙体，马面1座 | 165.0 | 6.0 | 724.0 |
| 28 | 不规则形 | 墙体，马面2座 | 170.6 | 4.5 | 166.0 |
| 29 | — | 墙体，马面1座 | 153.0 | 6.0 | 952.0 |
| 30 | 长方形 | 墙体 | 3.7 | 1.8 | 80.0 |
| 31 | — | 墙体，角楼2座 | 7.1 | 1.5 | 66.0 |
| 32 | 正方形 | 墙体，马面2座，城门1处 | 104.0 | 2.8 | 104.0 |
| 33 | 长方形 | 墙体，瓮城1座，城楼1座 | 188.0 | 6.2 | 446.0 |
| 34 | 梯形 | 墙体，城门1处 | 261.7 | 5.5 | 355.0 |
| 35 | 正方形 | 墙体，城门2处 | 752.0 | 5.8 | 752.0 |

续表

| 堡序号 | 平面形状 | 建筑形制 | 墙体残余长度/m | 墙体最大高度/m | 周长/m |
|---|---|---|---|---|---|
| 36 | 梯形 | 墙体，城门1处，马面1座，外城1座 | 148.0 | 3.7 | 148.0 |
| 37 | 不规则形 | 墙体，城门1处 | 275.5 | 4.7 | 324.0 |
| 38 | 长方形 | 墙体，角楼1座 | 127.3 | 5.5 | 1320.0 |
| 39 | — | 墙体 | 7.0 | 1.2 | 1100.0 |
| 40 | 不规则形 | 墙体，城门1处，城楼1座 | 538.0 | 8.5 | 1093.0 |
| 41 | 长方形 | 墙体，城门4处，城楼1座，马面6座，瓮城1座 | 239.0 | 7.0 | 1006.0 |
| 42 | — | 墙体 | 283.0 | 8.0 | 500.0 |
| 43 | — | 墙体 | 22.0 | 3.5 | — |
| 44 | 正方形 | 墙体，城门1处，城楼1座 | 52.9 | 4.6 | 856.0 |
| 45 | 长方形 | 墙体，城门4处，瓮城1座 | 341.0 | 12.0 | 4500.0 |
| 46 | 正方形 | 墙体，角楼4座，马面16座 | 916.0 | 11.0 | 2040.0 |

**2. 功能分类**

根据堡不同的军事功能，可将其分为7种类型：卫城、所城、驿城、驻军堡寨、土司衙门或居所、牧马苑、民堡。在此，根据相关文献记载和堡的建筑形制、分布位置及周长等因素，可以综合得出46座堡相应的军事功能。为简洁计，后面将以表3-3中所列序号来指代相应的堡。

（1）卫城：西宁卫（45号堡）是研究域内唯一的卫城，也是青海明长城军事防御体系的核心，其周长为4600m，是青海境内规模最大的堡。

（2）所城：碾伯古城（15号堡）和贵德古城（46号堡）为所城，其中碾伯古城属西宁卫管辖，贵德古城属于河州卫，然而贵德古城与西宁卫具有十分紧密的联系：从交通方面，它是西宁卫通往河州卫的重要节点；从军事角度，贵德古城是西宁卫明长城体系在南侧防线的屏障。所城的周长范围为1572～2040m。

（3）驿城：驿路系统通过派遣专员沿驿路传递重要文书和信息，是明朝重要的交通方式。驿城就是专门为这种递送信息方式而设置的堡。青海境内的驿城包括1号、3号、14号、41号和43号堡，同时西宁卫和碾伯古城也具有驿城的功能。驿城周长范围为315～1006m。

（4）驻军堡寨：以驻守军队为主的堡寨，其分类如图3-12所示。根据规模大小，驻军堡寨可分为两大类：级别高、规模大的称作军城，级别低、规模小的称作军堡。根据驻军种类，军堡可以进一步分为两类：第一类为马营，功能为驻扎骑兵（明朝主要兵种之一）；第二类是以防守为主而建造的军堡，这种堡主要修建在长城主线附近、军事要冲及山谷等地。

根据相关历史文献资料及青海省文物局考古资料得出25号、27号、38号、39号及43号堡属于军城，他们的周长范围为724～1320m，其整体规模远大于军堡。在这5个堡中，43号堡由于毁损极为严重而且缺少相关文献记载，其具体周长数据缺失。

对军堡而言，2号、8号、11号、13号及17号堡属于马营，4号、5号、6号及9号堡属于以防守为主的军堡。在这46座堡中，4号、5号、16号和17号具有护城壕（表3-3），而护城壕的功能主要是加强军事防御。由于4号、5号和17号堡均为军堡，因此从建筑形制方面，可以初步推测16号同样属于军堡。为进一步证明16号堡的军事功能，在《西宁卫志》所记录的马营中未找到16号堡，因此可以判断16号堡不属于马营。除此而外，16号堡修筑位置在虎狼沟附近，属于军事要地，这样的分布位置符合以防守为主的军堡修筑原则。综合考虑以上因素，推测16号堡应属于以防守为主的军堡。由此可以得出马营的周长范围为68~275.2m，以防守为主的军堡周长范围为55.6~542m。

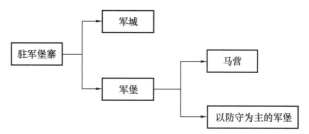

图3-12 青海明长城驻军堡寨分类图

（5）土司衙门或居所：由于多个少数民族汇集在明代西宁卫地区，明朝政府在此推行土司制度。该制度结合了部落酋长制和封建官僚制度，土司即为承担领导军队和管理当地人民职责的官职。在青海省境内，7号、10号、12号、21号及23号堡属于土司衙门或居所，其周长范围为180~298m。

（6）牧马苑：马是一种主要骑乘工具和重要的战备资源。在明朝，牧马已经成为一项基本国策。为了实行这项政策，明朝在青海境内的优质牧区专设一些堡来饲养马匹，这些堡称为牧马苑监。在西宁卫设有四监和十六苑，依据青海省文物局相关资料，22号堡为目前仅存的牧马苑，其周长为238m。

（7）民堡：民堡是由当地居民为防匪患而建造的堡，随着后期数量的增多，明朝政府将民堡也纳入明长城防御体系之中来抵御敌军。20号和24号堡属于民堡，其周长范围为457~681.4m。

综上所述，在青海46座堡中，有29座堡的功能可以通过查阅相关资料获得。而对于其余17座堡，由于其修建历史过长且缺少相关文献，很难直接获取其具体功能的相关信息。然而，通过现场勘察，这些堡的周长数据、建筑形制及分布位置等信息已经获取，因此，结合已知29座堡的功能信息、建筑特点及分布位置，根据具有不同军事功能的堡的周长阈值来尝试推测其余17座堡的具体功能分类。由于所有的卫城、所城、驿城、马营、土司衙门或居所，以及牧马苑已经在相关文献中有所记载，然而这17座堡的名称以及位置在这些文献中无法对应，因此可以推测这17座堡不属于这几种类型，而有可能属于军城、以防守为主的军堡或者民堡。各类型堡的相应周长范围如图3-13所示。

军城、以防守为主的军堡、民堡的周长范围分别为724~1320m，55.6~542m和457~681.4m。29号、35号、40号及44号堡的周长分别为952m、752m、1093m和856m，正好在军城的周长范围内（724~1320m）。此外，这4座堡分布在河谷地，而已知的5座军城所处位置也同样是河谷地。基于周长和分布位置等因素，推测这4座堡为军城。16号

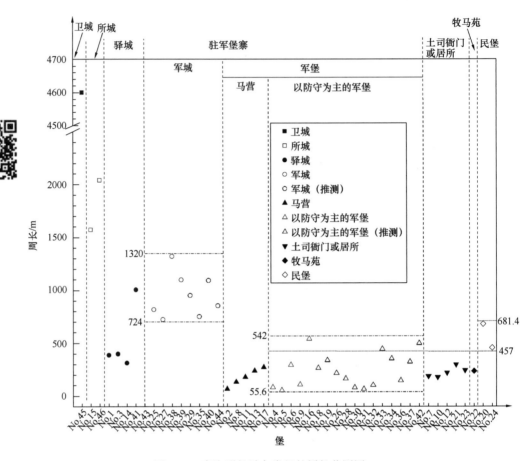

图 3-13 青海明长城各类堡的周长范围图

堡已经被推测为是以防守为主的军堡。如图 3-13 所示，其余 12 座堡（18 号、19 号、26 号、28 号、30 号、31 号、32 号、33 号、34 号、36 号、37 号和 42 号）的周长在以防守为主的军堡范围内（55.6～542m），然而 33 号和 42 号堡同样在民堡的周长范围内。为判断这两座堡的具体类型，对其建筑形制和已知的两座民堡（20 号和 24 号）进行比较：根据表 3-3 可知，20 号和 24 号堡具有角楼和马面，但是 33 号和 42 号堡没有这两种形制，因此，推测这 12 座堡均为以防守为主的军堡。至此，得出青海明长城 46 座堡的具体所属分类。

### 3. 分布特征

军事聚落是明长城防御体系的核心，青海明长城以堡为核心的军事聚落紧密环绕西宁卫，其空间呈半圆＋辐射状分布，如图 3-14 所示。以堡为核心的军事聚落包含了 46 座堡，5 个方向（北川、西川、南川、威远以及城东）和设置在军事要地的 13 片防区（南川、石灰沟、沙塘川、哈拉直沟、平戎驿、引胜沟、冰沟、老鸦城、上川口、下川口、上三川、下三川、乩迭沟）。各个等级的堡以西宁卫为中心，且依托半弧状的明长城主线呈现辐射状分布。

通过查阅相关文献，部分堡、军事聚落方向及防区的驻兵数量可以得到，如表 3-4 所示。

# 第3章 实践典型遗址布局与形制特征

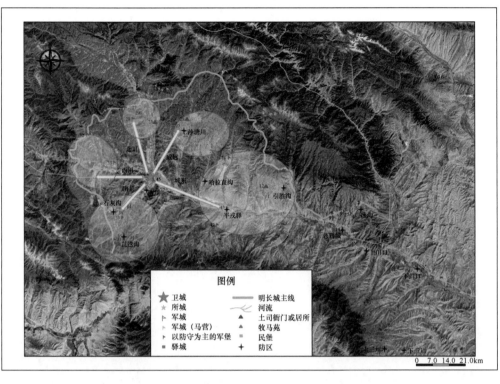

图 3-14 青海明长城堡军事聚落空间分布图

**青海明长城堡驻兵数量统计表**　　　　　　　　　表 3-4

| 军事聚落 | 名称 | 守将等级 | 驻兵数量/人 |
|---|---|---|---|
| 堡 | 西宁卫（45号） | 参将 | 3152 |
| | 通海堡（39号） | 游击将军 | 1656 |
| | 中村堡（43号） | 防守 | 141 |
| | 城背后1号堡（1号） | 防守 | 104 |
| | 老鸦古城（14号） | 防守 | 221 |
| | 碾伯古城（15号） | 游击将军 | 1442 |
| | 古鄯古城（41号） | 守备 | 1040 |
| | 祁家堡（12号） | 土司 | 500 |
| 军事聚落方向 | 北川 | 守备 | 908 |
| | 南川 | 防守 | 206 |
| 防区 | 石灰沟 | 防守 | 152 |
| | 沙塘川 | 防守 | 361 |
| | 哈拉直沟 | 防守 | 80 |
| | 平戎驿 | 防守 | 141 |
| | 引胜沟 | 防守 | 66 |
| | 下川口 | 指挥佥事 | 410 |
| | 乩迭沟 | 防守 | 200 |

然而，由于缺少文献及史料记载，很难直接获取西宁卫防御体系的详细驻兵情况，鉴于此，依据表 3-4 列出的堡、聚落方向及防区驻兵情况并应用线性内插的方法绘制得出青海明长城整体兵力分布云图。如图 3-15 所示，最多的兵力围绕西宁卫主要集中在长城主线内侧的北、西和南方，这样的布局与蒙古敌军入侵方向相一致；当西海和松山蒙古刚兴起的时候，主要入侵西宁卫的北部和沙塘川等地，在后期，西海蒙古又在西宁卫的南侧和西侧发动进攻，而青海明长城的修建顺序也是先在西宁卫北修筑，再往南侧，后往西侧修筑。因此，青海明长城的军力分布和敌军入侵路线以及长城修筑顺序具有一致性，这也体现了明长城军事防御体系的战略布局特点。同时，相比较而言在长城的东北侧部署的兵力较少，这是因为青海明长城东北侧主要以山险为主。其更多地凭借自然屏障来御敌，这也体现了明长城"因地形、用险制塞"的修筑原则。

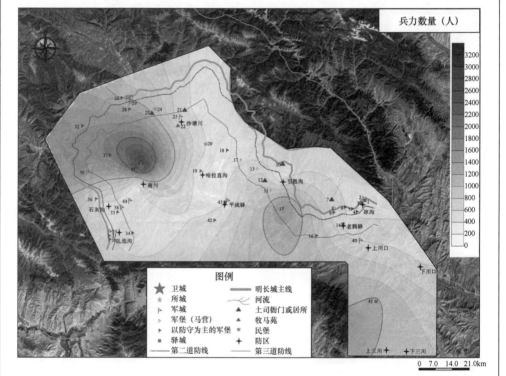

图 3-15　青海明长城兵力布局及三道防线分布图

为了进一步研究堡在明长城军事聚落中所发挥的具体作用，参考甘肃镇明长城防线的划分办法，根据堡与明长城主线的距离远近可以构建出三道防线，从而将青海明长城主线以内划分出三个防守区域：如图 3-15 所示，第一道防线为明长城主线，即抵御敌军入侵前线；第一道防线与第二道防线之间的区域为第一防守区域，处于第一防守区域中的堡距离长城主线 2km 以内；第二道防线与第三道防线之间的区域为第二防守区域，在第二防守区域内的堡距离长城主线 4~10km；第三防守区域为第三道防线以内的区域，在此区域内的堡距离主线 10~40km。

## 3.3 线性遗址建筑形制与布局特征

青海明长城线性遗址由墙体及壕堑两种主要类型所组成,墙体类型包括夯土墙、石墙、山险墙、山险、河险等,墙体与壕堑共同组成了明长城主线作为防御体系的主体要素。本节针对明长城遗址壕堑以及墙体的建筑形制及分布特征,进行详细的归纳总结。

### 3.3.1 壕堑形制与布局

青海省明长城主线所属壕堑总长约 122.89km,支线所属壕堑总长约 8.61km,长城主线壕堑分布在乐都、互助、大通和湟中四县,支线壕堑分布在乐都、互助和大通三县。表 3-5 列出壕堑的详细规模和分布情况。

青海省明长城壕堑分布情况　　　表 3-5

| 地点 | 壕堑长度/km | | | | |
| --- | --- | --- | --- | --- | --- |
| | 乐都 | 互助 | 大通 | 湟中 | 总计 |
| 主线 | 59.69 | 0.49 | 2.66 | 60.04 | 122.89 |
| 支线 | 5.64 | 0.79 | 2.19 | — | 8.61 |

**1. 建筑形制**

根据壕堑整体剖面形状,可分为 L 形(图 3-16a)和 U 形(图 3-16b)两种壕堑类型:L 形壕堑沿山势的走向发展,一般在山体的高处开挖,直至形成陡壁达到一定宽度后再向下开挖,土堆到一侧形成土垄;U 形壕堑多从地面由上向下挖土形成沟,土堆到两侧形成土垄。这两种壕堑均为上宽下窄,不存在明显夯筑的痕迹。

(a)　　　　　　　　　　　　(b)

图 3-16　青海明长城壕堑
(a) L 形壕堑(水磨沟壕堑);(b) U 形壕堑(赵家庄壕堑)

**2. 分布特征**

壕堑与墙体的组合方式存在两种类型:第一种为壕堑与墙体相连接(图 3-17a),共同组成一道军事防线,这种类型的壕堑属于长城本体;第二种壕堑设在长城墙体的外侧(图 3-17b),与墙体并行以加强军事防御,这类壕堑并不属于长城本体,而属于明长城的防御措施。

图 3-17 青海明长城壕堑与墙体连接形式

（a）老营山壕堑与老营庄长城连接处；（b）元数尔壕堑与明长城墙体并行

### 3.3.2 墙体形制与布局

**1. 建筑形制**

青海明长城墙体类型包括夯土墙（图 3-18a）、石墙（图 3-18b）、山险墙（图 3-18c）、山险（图 3-18d）及河险（图 3-18e）等，本节详细梳理以上类型墙体的现存规模与分布特征。

由于大通段明长城为青海省境内保存较好且具有代表性的明长城遗址，研究团队通过查阅文献，找到大通境内墙体类型的部分名称、规模及体量的相关记载：夯土墙即文献中所称的"边墙"、水险即文献中所称的"水关"、山险为"山崖"、山险墙为"斩山崖"。该文献记载了明长城主线大通段中夯土墙、山险和河险的原始总长为13732.96m，通过转换明代度量单位即1m约为0.3228丈，计算得出夯土墙原始尺寸，即其底宽4.65m、顶宽2.17m、高4.65m，山险墙高6.20m。表 3-6 列出青海明长城主线墙体分布在各县区的具体规模，根据遗址现存规模可得夯土墙是青海省明长城墙体中规模较大（仅次于山险）且具有代表性的墙体类型。

青海省明长城遗址主线墙体分布情况　　　　　　　表 3-6

| 县区 | 长度/m | | | | | |
| --- | --- | --- | --- | --- | --- | --- |
| | 总体长度 | 夯土墙 | 石墙 | 山险墙 | 山险 | 河险 |
| 乐都 | 15643.4 | 344.4 | — | — | 15299.0 | — |
| 互助 | 69073.6 | 8472.6 | — | 1478.0 | 59123.0 | — |
| 大通 | 41377.0 | 10132.0 | 35.0 | 1215.0 | 29302.0 | 693.0 |
| 湟中 | 43765.3 | 15469.3 | 428.0 | — | 27490.0 | 378.0 |
| 湟源 | 1412.0 | 362.0 | — | — | 1050.0 | — |
| 合计 | 171271.3 | 34780.3 | 463.0 | 2693.0 | 132264.0 | 1071.0 |

**2. 分布特征**

青海明长城由1条主线和多条支线组成，由于缺少相关资料同时支线重要程度相对较小，在此着重研究主线在军事防御体系中的作用。1509年，蒙古亦不剌和卜儿孩等部入

图 3-18 青海明长城墙体类型
(a) 夯土墙；(b) 石墙；(c) 山险墙；(d) 山险；(e) 河险

侵青海湖等地区，从此之后蒙古各部族相互争斗、扩展领地，致使该地区陷入战火之中。自 1512 年蒙古入侵西宁北川至 1541 年进攻碾伯，西宁卫南、北、西三川经历了长达 30 年由"西海蒙古"所带来的外患时期，因此，在西宁卫周边特别是在北川、西川、南川等地加强防御成为当时明朝政府的重中之重。按照时任三镇军务杨一清的意见，明政府下令在西宁卫周边修筑"边墙"、烽燧及相关城池，青海明长城即在这样的历史背景下修建而成。青海明长城主线分布主要以西宁卫为中心，呈拱形环绕在西宁卫城周边，根据明长城主线高程数据，绘制得出青海明长城主线分布图（图 3-19）：明长城主线东北侧与西北侧海拔较高，而西南侧与东南侧较低。与西宁卫城和明长城主线内侧区域相对比，明长城主线的整体海拔相对较高，这从海拔位置的角度印证了青海明长城"因地形，用险制塞"的布局特点。

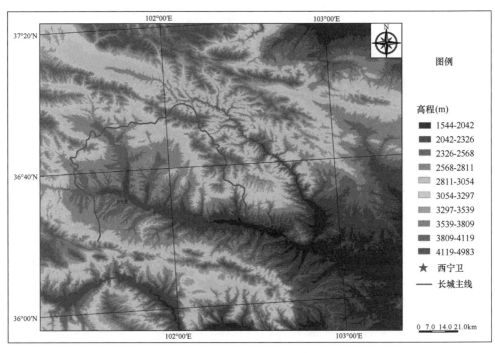

图 3-19 青海明长城主线分布图

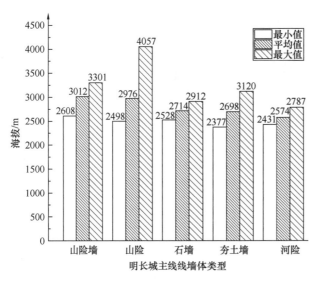

图 3-20 青海明长城主线墙体类型海拔对比图

为进一步分析主线墙体各个类型的海拔分布特点，研究团队收集青海明长城主线所有的夯土墙、石墙、山险墙、山险及河险的相关海拔数据，并对数据进行了汇总处理，得出 5 种墙体类型的最低、平均及最高海拔值，其结果如图 3-20 所示：山险墙所处位置的平均海拔最高，其次是山险，而夯土墙作为青海明长城中规模较大的墙体类型，其平均海拔略低于石墙。在五种墙体类型中，河险所处平均海拔最低。而山险的最高海拔值（4057m）为五种墙体类型中的最大值，夯土墙的最低海拔值（2377m）为这五种墙体类型中的最小值。

## 3.4 青海明长城军事防御体系

结合明长城烽火台、堡、主线墙体等点状及线状遗址的建筑形制特点和布局特征，根据可达域概念得出堡中驻兵抵达长城主线的时空数据，从时间和空间的角度分析得出青海明长城军力整体部署和防御特点，进而构建明长城防御体系模型，以揭示中国古代军事思想及长城布局的科学性和实用性。

### 3.4.1 军力可达域

以可达域作为研究对象，从时间和空间角度分析堡中驻兵相对长城主线的军力部署及调度情况，具体包括堡与长城主线的距离以及驻兵抵达长城主线所需要的时间。根据堡所处具体位置可以得出堡与长城主线的距离（表3-7）；长城以内，驻兵以步兵和骑兵两种兵种为主，通过查阅文献得到步兵和骑兵的行军速度分别为1.67km/h和20km/h，因而可以计算得出青海明长城驻兵抵达长城主线的具体时间，如表3-7所示。

青海明长城军力可达域信息表　　　　　　表3-7

| 防守区域 | 堡寨序列号 | 与长城主线距离/km | 步兵时间/min | 骑兵时间/min |
| --- | --- | --- | --- | --- |
| 第一防守区域 | 1 | 0.80 | 28.70 | 2.40 |
|  | 2 | 0.04 | 1.40 | 0.10 |
|  | 3 | 0.20 | 7.20 | 0.60 |
|  | 4 | 0.14 | 5.20 | 0.40 |
|  | 5 | 0.09 | 3.30 | 0.30 |
|  | 6 | 0.26 | 9.30 | 0.80 |
|  | 8 | 0.20 | 7.20 | 0.60 |
|  | 9 | 1.90 | 68.30 | 5.70 |
|  | 10 | 1.10 | 39.50 | 3.30 |
|  | 26 | 0.80 | 28.70 | 2.40 |
|  | 27 | 1.83 | 65.80 | 5.50 |
|  | 30 | 0.04 | 1.50 | 0.10 |
|  | 31 | 0.09 | 3.20 | 0.30 |
|  | 32 | 0.98 | 35.20 | 2.90 |
|  | 35 | 0.15 | 5.40 | 0.50 |
|  | 36 | 1.51 | 54.30 | 4.50 |
| 第二防守区域 | 7 | 4.42 | 2.70 | 0.20 |
|  | 11 | 10.07 | 6.00 | 0.50 |
|  | 12 | 8.85 | 5.30 | 0.40 |
|  | 13 | 6.12 | 3.70 | 0.30 |
|  | 14 | 6.99 | 4.20 | 0.40 |
|  | 15 | 5.01 | 3.00 | 0.30 |
|  | 16 | 9.49 | 5.70 | 0.50 |
|  | 17 | 9.91 | 5.90 | 0.50 |
|  | 21 | 10.51 | 6.30 | 0.50 |

续表

| 防守区域 | 堡寨序列号 | 与长城主线距离/km | 步兵时间/min | 骑兵时间/min |
| --- | --- | --- | --- | --- |
| 第二防守区域 | 23 | 10.08 | 6.00 | 0.50 |
| | 24 | 7.34 | 4.40 | 0.40 |
| | 28 | 6.50 | 3.90 | 0.30 |
| | 29 | 4.28 | 2.60 | 0.20 |
| | 33 | 6.20 | 3.70 | 0.30 |
| | 34 | 9.90 | 5.90 | 0.50 |
| | 38 | 8.45 | 5.10 | 0.40 |
| | 39 | 6.37 | 3.80 | 0.30 |
| 第三防守区域 | 18 | 15.38 | 9.20 | 0.80 |
| | 19 | 27.30 | 16.40 | 1.40 |
| | 20 | 22.55 | 13.50 | 1.10 |
| | 22 | 15.05 | 9.00 | 0.80 |
| | 25 | 11.85 | 7.10 | 0.60 |
| | 37 | 14.79 | 8.90 | 0.70 |
| | 40 | 13.00 | 7.80 | 0.70 |
| | 41 | 38.40 | 23.00 | 1.90 |
| | 42 | 33.34 | 20.00 | 1.70 |
| | 43 | 24.67 | 14.80 | 1.20 |
| | 44 | 12.36 | 7.40 | 0.60 |
| | 45 | 22.71 | 13.60 | 1.10 |
| | 46 | 38.04 | 22.80 | 1.90 |

进而得出每一个防守区域内堡的平均周长和驻兵抵达主线的时长，如表3-8所示，第一、第二和第三防守区域内堡的平均周长分别为237.61m、521.95m和1063.62m，反映了距离长城主线越远，堡规模越大、功能越复杂的特点；在第一防守区域，有超过80%的堡属于驻军堡寨，主要功能为驻扎军队；第二防守区域内具有更多种类的堡，其功能更加复杂，例如作驿城、土司衙门、牧马苑等。由图3-15可知，15号堡（所城）正好位于第二防守区域内，负责长城东南侧的防御任务；第三防守区域中的堡功能则更加多样和复杂化，最具代表性的是西宁卫，它不仅是军事防御体系的核心和枢纽，而且还具有驻兵、驿站以及向下级堡寨下发指令等功能。总体来讲，越靠近长城主线的堡以部署军队、防御及主动攻击为主，而距离长城主线越远的堡需要向前线提供军力和物资支援，其功能更加多样化。

从表3-8所列出的时间域可知，当敌军入侵的时候，驻扎在第一防守区域的步兵最快可以在2min内抵达长城主线，骑兵甚至在7s左右到达战场开展战斗，在此防守区域的所有军队大概需要1h可以全部到达前线御敌；第二防守区域的步兵和骑兵抵达前线的平均时长分别为4.6h和0.4h；在第三防守区域，步兵所需最大调度时间为23h，而骑兵为

1.9h，这也意味着青海明长城防御体系内的所有军队可在 1d 内完成全部调度去抵御敌军。通过军力可达域揭示了明长城防御体系的军事思想和战略布局特点。

青海明长城堡寨平均周长及行军速度　　　　　　表 3-8

| 防守区域 | 堡寨数量 | 堡平均周长/m | 步兵行军时长 | | | 骑兵行军时长 | | |
|---|---|---|---|---|---|---|---|---|
| | | | 最大 | 最小 | 平均 | 最大 | 最小 | 平均 |
| 第一 | 16 | 237.61 | 68.30min | 1.40min | 22.80min | 5.70min | 0.10min | 1.90min |
| 第二 | 17 | 521.95 | 6.30h | 2.60h | 4.60h | 0.50h | 0.20h | 0.40h |
| 第三 | 13 | 1063.62 | 23.00h | 7.10h | 13.30h | 1.90h | 0.60h | 1.10h |

### 3.4.2 青海明长城军事防御体系模型

长城主线和堡是明长城军事防御体系中两大主要元素，明长城军事聚落正好准确地表征了这两种元素并表明了堡的军事功能和三大防守区域的军力部署情况。然而，为了完整地研究明长城军事防御体系，需要同时考虑烽传系统和驿路系统，因为这两者同样是明长城防御体系的重要组成部分。

烽火台作为长城防御体系中的重要单体建筑，承担着传递军情的任务。在 3.2.1 节已经详细阐述青海明长城 12 条烽燧线的具体分布特点，由烽火台所构成的烽燧线组成了青海明长城军事防御体系中的烽传系统；驿路系统由驿路组成，是一种复杂的信息系统，承担着信使递送重要文件、运送外国使节及连接驿城等任务。如图 3-3 和图 3-7 所示，青海明长城驿路系统所包含的驿路主要有 4 条，即东南驿路、古道北路、古道中路和古道南路，这 4 条驿路穿过了 5 座驿城及西宁卫和碾伯古城等共计 7 座堡。

总体来讲，青海明长城军事防御体系是由长城主线、堡军事聚落、烽传系统以及驿路系统等 4 部分组成的紧密的防御网络。综合考虑以上 4 元素，在此提出了青海明长城军事防御体系模型，如图 3-21 所示：敌军一旦入侵长城，处于长城外侧的烽火台将立即监测到，并随即将此信息通过烽燧线传至卫城；接收到敌军入侵的重要情报后，卫城迅速对驻军堡寨下达指令部署军队御敌；在第一防区，军城、马营以及以防守为主的军堡将以最快速度派遣步兵和骑兵开展战斗，在敌军数量足够多的情况下，卫城、所城以及在第二和第三防守区域内的驻军堡寨也将派出军队支援前线。通过驿路系统，卫城可以下发或传达重要军情和文件至驿城、所城甚至下一个卫城乃至更高级别的堡，比如镇城或路城。由此可知，卫城可以通过驿路系统连接另一个明长城防御体系。在土司衙门或居所及民堡中也驻扎有一定的兵力，主要为防止本地的匪患。

根据青海明长城军事防御体系模型，绘制出完整的青海省明长城防御体系布局图，如图 3-22 所示，西海和松山蒙古主要入侵点在北川、西川、南川三个军事聚落方向，位于长城北、西和南侧：蒙古敌军先在西宁卫北侧入侵，而后在其南侧和西侧进攻，而从明长城修建背景中可以得出青海明长城主线先在西宁卫北修筑，再往南侧，后往西侧修筑；根据所得青海明长城烽燧线分布图，在西宁卫周边设置有北川、西川、南川等烽燧线来监测敌情；根据堡军事聚落分布，北川、西川、南川为青海明长城防御体系中重要的三大

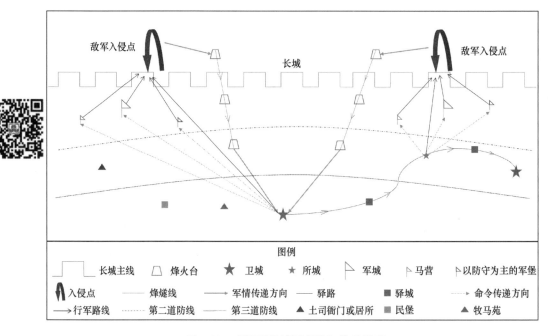

图 3-21　青海明长城军事防御体系模型

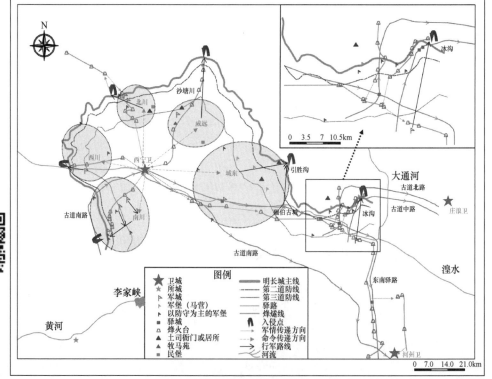

图 3-22　青海明长城军事防御体系布局图

军事方向;根据青海明长城兵力布局分布图(图 3-22),在整个青海明长城防御体系中,西宁卫南、北、西三川分布兵力最多。综上可得,西宁卫周边北、南、西三川是明长城防御体系主要的防守区域,其军事地位与防御体系组成要素的军事布局具有一致性的特点。此外,沙塘川、引胜沟和冰沟同样是入侵点,而在北川、西川、南川以及沙塘川分布有 5 条烽燧线来监测敌军动向。若敌军入侵,烽传系统将通过这 5 条烽燧线将军情传至西宁卫,作为军事防御体系中心,西宁卫将下发指令给分布在北川、西川、南川和威远等军事聚落方向的驻军堡寨,从而部署军队御敌,五大军事聚落方向(北川、西川、南川、威远和城东)紧密环绕西宁卫来阻击北川、西川、南川、沙塘川和引胜沟等地的敌军;在西宁卫东侧,有两条烽燧线可将军情传至碾伯古城,作为所城,碾伯古城协助城东方向的军事聚落来防守引胜沟防区;由于冰沟是敌军的入侵点之一,因此在该地区设有两条烽燧线和一些以防守为主的军堡来监测和防御敌军;在冰沟地区南侧,有两条烽燧线接收西宁卫、碾伯古城以及冰沟防区的军事情报,进而将军事信息传至甘肃镇的另一个重要的军事中心——河州卫。驿路系统所包含的 4 条驿路(东南驿路、古道北路、古道中路和古道南路)连接了西宁卫、碾伯古城、庄浪卫和河州卫,并经过了青海境内的所有驿城。所以,从军事角度来看,驿路系统承担连接各军事中心的任务;同时,它又起到了由西宁卫向更高级别的堡以及军事中心传递或派送重要官文、信使、外国使节的作用。

由此可知,明长城主线、以堡为核心的军事聚落、烽传系统和驿路系统组成了青海明长城军事防御体系,作为一个紧密的军事网络结构,明长城军事防御体系能高效协同多个功能建筑开展防御、进攻以及传递重要信息、文件、专人等任务,反映了中国古代军事思想及长城布局的科学性和实用性。

# 第4章 典型遗址构筑材料的工程特性研究

青海明长城秉承了"因地制宜，就地取材"的建造原则，主线和支线共由土墙 52.645km、石墙 1.26km、山险 132.81km、山险墙 2.69km、河险 2.16km、壕堑 131.50km、4 处关、46 座堡、10 座敌台以及 115 座烽火台组成。夯土是青海明长城遗址除山险、河险、山险墙以及壕堑等直接利用天然屏障构筑的防御设施外关、堡、烽燧、敌台和墙体等人工防御设施的主要构筑材料。研究团队通过对有遗址大量分布的民和、乐都、平安、互助、门源、大通、湟中与贵德 8 个县区典型遗址夯土原状试样的系列测试来研究这类构筑材料的组构、物理、水理、力学及热学等工程特性。

修建于 1546—1598 年间，青海省境内明长城主线部分多以位于山前冲洪积地带上的版筑夯土墙的遗址形式得以保留。正因为如此、在同一区域、相同时代以及建造工艺条件下，夯土工程特性的相关研究为高寒阴湿环境下土遗址易损性研究提供了天然的样本。依据以上原则，分别对 8 个有明长城遗址分布的区县开展了样品采集工作。样品采集工作均在非雨季、各段落遗址坍塌点进行，以保证样品保持通常的含水量和遗址不遭受破坏。取样点基本信息见表 4-1。

取样点及夯土样品的基本特征　　　　　　　　　　表 4-1

| 取样点名称 | 行政区域 | 地理坐标 | | 高程/m | 夯层平均厚度/cm |
|---|---|---|---|---|---|
| | | 纬度 | 经度 | | |
| 古鄯古城 | 民和县 | 38°27′37″N | 100°52′27″E | 1756 | 18.5 |
| 碾伯古城 | 乐都县 | 36°28′58″N | 102°23′46″E | 2014 | 18.2 |
| 西营村 | 平安县 | 36°27′02″N | 102°04′02″E | 2251 | 17.3 |
| 威远镇 | 互助县 | 36°45′55″N | 101°56′13″E | 2506 | 16.8 |
| 上庙沟 | 大通县 | 36°54′56″N | 101°40′16″E | 2451 | 19.2 |
| 浩门镇 | 门源县 | 37°22′42″N | 101°37′05″E | 2875 | 16.9 |
| 上新庄 | 湟中县 | 36°25′38″N | 101°35′25″E | 2776 | 17.5 |
| 贵德古城 | 贵德县 | 36°02′54″N | 101°25′57″E | 2223 | 17.1 |

## 4.1　物　理　性　质　研　究

### 4.1.1　密度、含水量及相对密度

对于夯土而言，其土体较为坚硬，利用环刀法测其密度误差较大，适宜采用蜡封法，

## 第4章 典型遗址构筑材料的工程特性研究

针对18处原状夯土采用蜡封法进行试验，试验过程中采用平行样以减少误差，两次测得差值应小于或等于$0.03g/cm^3$。天然含水率主要反映土体原始状态下所持有的含水量，因此，天然含水率是研究夯土必不可少的指标之一。为了达到精确要求，试验采用烘干法进行测试。天然密度和天然含水率结果如表4-2所示。

土粒相对密度试验采用了比重瓶法，首先把比重瓶用清水洗净，可采取烘箱烘干，置于干燥处，冷却至常温后用千分秤称量，精确至0.001g。向瓶中灌水加满，加盖瓶塞时多余水分会沿瓶塞中毛细管道向外溢出，擦拭干净后，记录瓶、水质量，并用温度计计量温度，精确至0.5℃。将瓶中水倒出，水在后续步骤中仍可继续使用，再次将比重瓶烘干冷却。把15g烘干后的土样利用漏斗灌入比重瓶中，并记录瓶和土的总质量。用吸水球吸取蒸馏水挤入比重瓶中，尽量冲洗内侧瓶壁以冲掉粘在壁上的土颗粒；当水没过土体并达到瓶中一半时停止加水，匀速摇晃，使土水混合均匀。将比重瓶置于砂浴锅（图4-1a）上，当瓶中悬液开始沸腾后再煮1h，酌情调控温度，切勿使悬液溢出。将煮过的比重瓶（图4-1b）取出，置于干燥处令其冷却至室温。待其冷却后，加入足量蒸馏水，塞上瓶塞时多余水分溢出，擦干净瓶外壁，静置一夜后，瓶中悬液会出现明显分层现象。记录此时的质量，并用温度计计量温度。得到土粒的相对密度。进一步换算即可得到孔隙比$e$。测试结果如表4-2所示：夯土的含水量位于1.06%～9.30%之间，天然密度位于1.47～$1.92g/cm^3$之间，颗粒密度位于2.64～2.71之间，干密度位于1.42～$1.90g/cm^3$之间，孔隙率位于29.1%～68%之间。

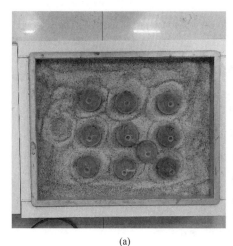

图4-1 相对密度试验过程
(a) 砂浴锅中的比重瓶；(b) 静置时的比重瓶

原状样密度试验及含水量试验结果　　　　　表4-2

| 土样编号 | 含水量/% | 天然密度/(g/cm³) | 颗粒密度/(g/cm³) | 干密度/(g/cm³) | 孔隙率/% |
|---|---|---|---|---|---|
| 民和 | 1.21 | 1.65 | 2.64 | 1.57 | 37.40 |
| 乐都 | 1.87 | 1.82 | 2.67 | 1.66 | 38.75 |
| 平安 | 2.30 | 1.86 | 2.69 | 1.82 | 40.98 |

续表

| 土样编号 | 含水量/% | 天然密度/(g/cm³) | 颗粒密度/(g/cm³) | 干密度/(g/cm³) | 孔隙率/% |
|---|---|---|---|---|---|
| 互助 | 3.29 | 1.47 | 2.71 | 1.42 | 47.48 |
| 大通 | 1.00 | 1.65 | 2.71 | 1.63 | 39.84 |
| 门源 | 9.30 | 1.73 | 2.67 | 1.59 | 68.00 |
| 湟中 | 3.00 | 1.51 | 2.71 | 1.46 | 45.90 |
| 贵德 | 1.06 | 1.92 | 2.68 | 1.90 | 29.10 |

### 4.1.2 颗粒组成特征

固体矿物成分、孔隙水及其溶解物和气体构成土体的物质成分,作为土骨架的固相土粒是土中最主要的物质组成,也是土体中最稳定且变化最小的成分。固相颗粒由不同粒径颗粒组成,粒径范围很大,粒径的变化会导致土的工程地质性质发生相应变化。因此,研究夯土其他性质的前提条件是分析不同粒径以及粒组含量的分布情况。

颗粒分析试验采用筛析法和密度计法联合测定,粒径大于或等于0.075mm采用筛析法,粒径小于0.075mm采用密度计法。筛析法过程中特别注意研磨时土颗粒的颜色变化,一直到土颗粒颜色显著变化且土粒不再下漏为止。密度计法主要依据斯托克定律,采用甲种密度计,刻度单位以20℃时1000mL悬液内所含土颗粒质量的克数表示,其中刻度范围为-5~50,最小分度值0.0002,分散剂为4%的六偏磷酸钠溶液。密度计法试验注意事项:连续测量周期为24h,避免日照且常温下测试,分散剂即配即用,搅拌悬液时速上下均匀,密度计提前10~15s放入悬液中。

颗粒分析试验结果见表4-3、表4-4:8处夯土的颗粒组成主要有角砾、砂粒、粉粒、黏粒和胶粒这5部分构成,粒组含量差异性较大,分别为:角砾含量为0.11%~2.91%,砂粒含量为0.63%~10.22%,粗粉粒含量为66.79%~83.47%,细粉粒含量为6.61%~15.82%,黏粒含量为1.20%~3.46%,胶粒含量为4.39%~9.28%。由此看出,所有夯土均以粉粒为主,角砾甚少。夯土的有效粒径分布于0.0017~0.019mm之间,中值粒径分布于0.0128~0.075mm之间,限制粒径分布于0.0204~0.075mm之间,不均匀系数$C_u$分布于3.58~10.04之间,曲率系数$C_c$分布于0.70~5.57之间,级配多属不良。

原状样颗粒分析试验结果    表4-3

| 土样编号 | 粒组分布情况/mm | | | | | |
|---|---|---|---|---|---|---|
| | 60~2 (角砾) | 2~0.075 (砂砾) | 0.075~0.01 (粗粉粒) | 0.01~0.005 (细粉粒) | 0.005~0.002 (粗黏粒) | <0.002 (胶粒) |
| 民和 | 0.11 | 10.22 | 74.32 | 8.28 | 2.40 | 4.67 |
| 乐都 | 0.72 | 8.15 | 67.46 | 15.82 | 3.46 | 4.39 |
| 平安 | 0 | 0.65 | 83.47 | 6.61 | 2.20 | 7.07 |
| 互助 | 0 | 8.89 | 69.36 | 15.34 | 1.20 | 5.21 |
| 大通 | 0.79 | 9.52 | 66.79 | 15.2 | 3.37 | 4.32 |

续表

| 土样编号 | 粒组分布情况/mm | | | | | |
|---|---|---|---|---|---|---|
| | 60~2 (角砾) | 2~0.075 (砂砾) | 0.075~0.01 (粗粉粒) | 0.01~0.005 (细粉粒) | 0.005~0.002 (粗黏粒) | <0.002 (胶粒) |
| 门源 | 2.91 | 3.17 | 71.63 | 10.94 | 2.07 | 9.28 |
| 湟中 | 0.1 | 0.63 | 83.27 | 7.07 | 3.14 | 5.79 |
| 贵德 | 0.19 | 4.94 | 72.72 | 13.66 | 2.64 | 5.85 |

原状样颗粒分析试验结果　　　　表 4-4

| 土样编号 | 界限粒径和界限系数 | | | | |
|---|---|---|---|---|---|
| | 有效粒径 $d_{10}$/mm | 中值粒径 $d_{30}$/mm | 限制粒径 $d_{60}$/mm | 不均匀系数 $C_u$ | 曲率系数 $C_c$ |
| 民和 | 0.0082 | 0.0246 | 0.0458 | 5.5881 | 1.61 |
| 乐都 | 0.0067 | 0.0128 | 0.0348 | 5.1826 | 0.70 |
| 平安 | 0.019 | 0.04 | 0.068 | 3.58 | 1.24 |
| 互助 | 0.0017 | 0.013 | 0.030 | 17.65 | 3.31 |
| 大通 | 0.0071 | 0.018 | 0.0409 | 5.7676 | 1.12 |
| 门源 | 0.0034 | 0.0194 | 0.0341 | 10.04 | 3.23 |
| 湟中 | 0.0021 | 0.0356 | 0.0204 | 16.95 | 5.57 |
| 贵德 | 0.011 | 0.050 | 0.075 | 6.82 | 3.03 |

### 4.1.3 孔隙分布特征

目前，能够反映土体的孔隙结构方法多种多样，譬如气体吸附法、核磁共振法、压汞法以及 X 射线拍摄等等，而研究团队主要采用压汞法测定土体的孔隙结构及分布情况。压汞法的原理就是采用加压的方式使得水银进入到土体中，测量水银进入到土体中的孔隙所消耗的能量，这就等于外力所做的功，也就相当于相同的热力学条件下汞-土体界面下的表面自由能。在试验过程中，之所以选择水银作为试验中的试剂，是因为水银与土体之间的接触角较大，不会与土体之间发生浸润现象。即在不施加外力的情况下，土体内部不会发生毛细渗透现象。因此，要想把水银流进土体中的孔隙，必须要对水银施加一定的压力以此来克服土体中毛细孔对其产生的阻力。最终，通过测定施加的压力以及汞进入到土体孔隙的体积得出土体的压汞曲线。

通过压汞试验得到 8 处长城土体的孔隙分布曲线（图 4-2 和表 4-5），各地土体孔隙分布曲线都呈多峰分布，但峰宽范围以及峰值高度存在很大差异。对于民和、平安和互助三地土体来说，其最高峰位于 2~9μm 之间，其峰值明显高于其余几地。门源、贵德和大通最高峰值同样位于该孔径范围中。但峰值较低，其在 1μm 以下的孔隙占比很大。而乐都和湟中两地甚异，乐都土体孔隙分布比较均匀，较偏向以大孔形式存在；而湟中土体小孔隙占比较低，孔隙多分布在 1~35μm 的范围内。

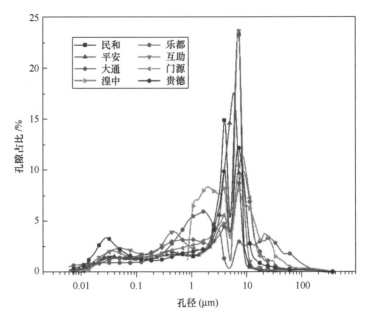

图 4-2　原状样颗粒分析试验结果

土体不同孔径孔隙占比　　　　　表 4-5

| 地点 | 微孔和小孔 (<0.4μm) | 中孔 (0.4~4μm) | 大孔 (4~40μm) | 超大孔 (>40μm) |
|---|---|---|---|---|
| 民和 | 23.3% | 43.0% | 32.8% | 0.8% |
| 乐都 | 21.1% | 47.6% | 23.9% | 7.4% |
| 平安 | 23.5% | 46.0% | 30.0% | 0.6% |
| 互助 | 31.8% | 34.5% | 33.1% | 0.6% |
| 大通 | 25.5% | 35.2% | 37.8% | 1.5% |
| 门源 | 24.1% | 35.4% | 39.5% | 0.9% |
| 湟中 | 0% | 54.9% | 41.7% | 3.4% |
| 贵德 | 31.6% | 36.2% | 31.1% | 1.1% |

### 4.1.4　易溶盐类型及含量特征

易溶盐分析采用 DIONEX ICS-1500 离子色谱仪，仪器压力流量范围为 0~5.00mL/min，增量 0.01μs/步，检测器测量范围 0~3200μs。8 处典型遗址夯土易溶盐含量测试结果显示（表 4-6）：各处夯土易溶盐总量为 929~18389mg/kg，易溶盐中阴离子主要以 $SO_4^{2-}$ 和 $Cl^-$ 为主，阳离子以 $Na^+$、$K^+$ 和 $Ca^{2+}$ 为主。其中，阴离子 $SO_4^{2-}$ 含量最高可达 4693mg/kg，$Cl^-$ 含量最高可达 5279mg/kg，阳离子以 $Na^+$、$K^+$ 含量最高可达 6371mg/kg，$Ca^{2+}$ 含量最高可达 975mg/kg。

原状样易溶盐分析试验结果　　　　　表 4-6

| 取样地点 | pH 值 | 阴离子含量/（g/kg） | | | | 阳离子含量/（g/kg） | | | 易溶盐总量/（mg/kg） |
|---|---|---|---|---|---|---|---|---|---|
| | | $CO_3^{2-}$ | $HCO_3^-$ | $SO_4^{2-}$ | $Cl^-$ | $Ca^{2+}$ | $Mg^{2+}$ | $K^+ + Na^+$ | |
| 民和 | 8.35 | 15 | 126 | 1076 | 208 | 306 | 31 | 300 | 2073 |
| 乐都 | 7.85 | 20 | 493 | 2260 | 552 | 684 | 271 | 2569 | 6831 |

续表

| 取样地点 | pH值 | 阴离子含量/（g/kg） | | | | 阳离子含量/（g/kg） | | | 易溶盐总量/（mg/kg） |
|---|---|---|---|---|---|---|---|---|---|
| | | $CO_3^{2-}$ | $HCO_3^-$ | $SO_4^{2-}$ | $Cl^-$ | $Ca^{2+}$ | $Mg^{2+}$ | $K^++Na^+$ | |
| 平安 | 7.91 | 20 | 615 | 2665 | 552 | 547 | 328 | 1669 | 6378 |
| 互助 | 8.53 | 15 | 246 | 439 | 27 | 73 | 19 | 212 | 929 |
| 大通 | 7.64 | 10 | 367 | 1245 | 275 | 157 | 145 | 1161 | 3351 |
| 门源 | 8.80 | 32 | 195 | 1825 | 179 | 417 | 31 | 550 | 3189 |
| 湟中 | 7.57 | 10 | 368 | 1728 | 68 | 473 | 36 | 761 | 3800 |
| 贵德 | 7.95 | 0 | 619 | 4693 | 5279 | 975 | 452 | 6371 | 18389 |

## 4.2 水理性质研究

### 4.2.1 界限含水量

稠度是指土的软硬程度或土对外力引起变形或破坏的抵抗能力。塑性指数主要表示土所能吸着的弱结合水质量与土粒质量之比，液性指数则反映土体坚硬状态。然而，液限和塑限都是通过重塑土测得，因而测试过程无可避免地导致土体结构的破坏，对于含水量相同的土体，天然原状结构的强度要高于重塑结构土，因此，塑性指数和液性指数一定程度可以反映土体的稠度状态。夯土这种特殊结构土体在相同天然含水率下，稠度差别较大，可以采用FG-Ⅲ光电式液塑限联合测定仪对其进行液限和塑限测定（图4-3）。首先，将原状夯土进行彻底粉碎，过0.5mm筛，再用去离子水浸泡24h，试验方法采用平行样和三点法进行测试，严格按照试验规范进行操作。试验结果如表4-7所示：遗址土体液限范围25.07%～33.90%，塑限范围13.30%～19.80%，塑性指数范围8.2～17.26，液性指数范围-1.97～-1.19，均处于坚硬状态。

(a)　　　　　　　　　　　　(b)

图4-3　稠度测试过程

(a) 液塑限测定仪；(b) 土样静置24h

原状样界限含水量试验结果　　　　　　　表 4-7

| 取样地点 | 液限 $W_L$/% | 塑限 $W_P$/% | 液性指数 $I_L$ | 塑性指数 $I_P$ |
|---|---|---|---|---|
| 民和 | 25.07 | 14.19 | −1.42 | 10.88 |
| 乐都 | 26.32 | 13.62 | −1.61 | 12.70 |
| 平安 | 29.30 | 16.04 | −1.94 | 17.26 |
| 互助 | 28.80 | 15.60 | −1.97 | 13.2 |
| 大通 | 27.66 | 16.69 | −1.43 | 10.97 |
| 门源 | 33.93 | 19.80 | −1.19 | 14.13 |
| 湟中 | 29.06 | 19.54 | −1.74 | 9.52 |
| 贵德 | 21.50 | 13.30 | −1.49 | 8.20 |

## 4.2.2 崩解特征

崩解是土的一个重要水理性质测试内容之一，崩解性大小主要受土结构性和矿物成分的影响，崩解反映出土体内部孔隙大小和持水能力。因此，"夯土版筑"修筑而成的明长城受应力历史和自重应力的影响，表现出不同程度的结构性，进而崩解性能有所区别。

崩解试验利用自制的崩解仪器进行，试验样品规格为正立方体，边长为 50mm。试验前将铁丝网放入玻璃容器中且与底部保持一定距离，试样放入前，将去离子水加注容器，水面距离铁丝网约为 110mm。试验过程中用单反相机录像，而后对其进行处理，记录崩解现象和时间，崩解的主要现象节点：开始冒泡、开始掉渣、开始掉角、开始掉边、四周开始坍塌、结构破坏、崩解结束，对于每一个现象节点记录对应的时间。试验结果和过程现象见图 4-4 和表 4-8：不同夯土属地的夯土试样崩解速度存在差异，崩解速率处于 0.001～

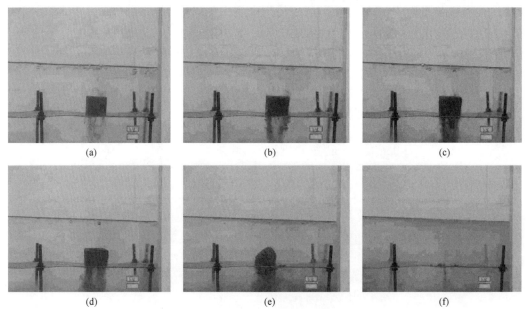

图 4-4　典型夯土试样崩解试验过程

(a) 开始掉渣；(b) 开始掉角；(c) 开始掉边；(d) 四周开始坍塌；(e) 结构破坏；(f) 崩解结束

1.19g/s 之间。民和、乐都、大通、互助、湟中与互助6个县区夯土的崩解速率明显高于平安、门源2个县区。

原状样崩解试验结果  表 4-8

| 土样编号 | 土的质量/g | 崩解现象 | 崩解速度/(g/min) | 平均速度/(g/min) |
|---|---|---|---|---|
| 民和-A | 32.75 | 0″迅速冒泡,22″开始掉角,3′39″大面积倒塌,9′31″崩解结束,完全崩解 | 3.45 | 11.39 |
| 民和-B | 31.77 | 0″迅速冒泡,13″开始掉角,30″大面积倒塌,1′59″崩解结束,完全崩解 | 15.89 | |
| 乐都-A | 78.59 | 0″迅速冒泡,7″大量掉渣,17″四周开始坍塌,1′7″土样大面积破坏,1′26″崩解结束,完全崩解 | 54.84 | 50.81 |
| 乐都-B | 78.73 | 0″迅速冒泡,12″大量掉渣,44″四周开始坍塌,1′3″土样大面积破坏,1′41″崩解结束,完全崩解 | 46.77 | |
| 平安 | 52.94 | 0″迅速冒泡,57″开始掉角,不崩解 | 0 | 0 |
| 互助-A | 14.53 | 0″迅速冒泡,11″开始掉角,37″裂成两块,1′08″大面积倒塌,2′52″崩解结束,完全崩解 | 5.06 | 11.39 |
| 互助-B | 22.50 | 0″迅速冒泡,8″开始掉角,49″大面积倒塌,1′16″崩解结束,完全崩解 | 17.72 | |
| 大通-A | 11.24 | 0″迅速冒泡,14″四周出现裂纹,呈絮状剥落,19″中间有大裂缝出现,22″大面积倒塌,33″崩解结束,完全崩解 | 20.44 | 23.61 |
| 大通-B | 16.96 | 0″迅速冒泡,13″四周出现裂纹,呈絮状剥落,19″表面出现大面积裂纹,23″从中间裂开,局部坍塌,27″大面积倒塌,38″崩解结束,完全崩解 | 26.78 | |
| 门源-A | 5.23 | 0″迅速冒泡,9″四周有小块掉角,49″有大块掉角,1′30″崩解缓慢进行,2′26″有小块掉角,3′18″崩解结束,完全崩解 | 1.45 | 1.43 |
| 门源-B | 5.08 | 0″迅速冒泡,7″四周小块掉角,层状剥落,2′40″崩解缓慢进行,3′20″崩解结束,完全崩解 | 1.41 | |
| 湟中-A | 10.75 | 0″迅速冒泡,6″四周呈絮状剥落,10″大块掉角,13″局部倒塌,16″中间出现大裂缝,沿裂缝大面积倒塌,19″崩解结束,完全崩解 | 33.95 | 40.13 |
| 湟中-B | 21.61 | 0″迅速冒泡,6″四周大块掉角,呈絮状剥落,17″局部倒塌,20″表面出现大面积裂纹,23″开裂,大面积倒塌,28″崩解结束,完全崩解 | 46.31 | |
| 贵德-A | 55.84 | 0″迅速冒泡,7″大量掉渣,22″四周开始坍塌,1′29″土样大面积破坏,6′15″崩解结束,完全崩解 | 8.93 | 12.07 |
| 贵德-B | 43.35 | 0″迅速冒泡,8″大量掉渣,22″四周开始坍塌,1′16″土样大面积破坏,2′51″崩解结束,完全崩解 | 15.21 | |

### 4.2.3 渗透特性

原状夯土试样相比人工制成的土样更能代表该区域土体的特征，原状夯土试样保留了自身的结构性，并真实地反映了该区域土体颗粒分布、孔隙特征、密度、含水量等物理特性，而这些特性均会对土体渗透系数产生影响。研究团队将取自研究区 18 处夯土遗址的原状夯土试样取出，选择大小适宜的块体，确定土样未受扰动后置于试验台。取内径为 61.8mm，高度为 40mm 的环刀（图 4-5a），在其内壁涂抹一层凡士林，小心切取土样，确保所取环刀内土样平整，没有缺漏的区域。切记不可使用刮土刀在土体表面来回刮蹭，以免阻塞水的入渗。取渗透容器，擦拭干净后在其内侧涂抹一层厚厚的凡士林，需保证各部分涂抹均匀。将切好的试样缓缓推入渗透容器（图 4-5b）中，此时渗透容器底部将会有白色凡士林被挤出，需要将其刮去。在渗透容器底盘放入干净的透水石和密封橡胶圈，并在透水石上放置滤纸以防止土体渗透过程中细小颗粒堵塞透水石，从而影响试验的准确性。将渗透容器连带其内部试样一起置于渗透容器底盘上，在试样顶部再放置滤纸和透水石，其功能和下部滤纸一样，最后加盖拧紧，保证密封。打开止水夹，使水流通过渗透容器，观察渗透容器周边是否有小水珠渗出，若有则需要关闭止水夹，重新将上部盖子拧紧，以保证容器整体密闭完好。密闭性检查完毕后，将容器侧立，使排气管向上，将排气管上的夹子取下，打开止水夹，通过水流排出渗透容器底部的空气，观察水流，无气泡夹杂在水流中时方可关闭止水夹，将容器放平，用夹子加紧排气管使水流无法从此处流出。

  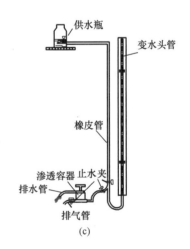

(a) (b) (c)

图 4-5 变水头渗透装置

(a) 环刀切取试样；(b) 渗透容器；(c) 变水头渗透装置示意图

试验采用蒸馏水，打开供水瓶止水夹，至变水头管中水位达到相应高度并稳定时关闭止水夹，此时打开进水口管夹，水流将渗过土样，当排水管口有水流外溢时，记录变水头管的起始高度和起始时间。之后，根据预定的时间间隔观察并记录水头以及对应时间的变化，并记录出水口温度（精确至 0.5℃）。将变水头管中水位变换至不同高度，待水位稳定后再进行试验，重复测量 5~6 次，若此时得到的渗透系数数值处于规定的误差准许范围内，则可结束试验。为保证试验准确性，每个区域土样制作 3 个平行试样。变水头渗透装置见图 4-5。渗透系数根据下式计算：

$$k_{20} = 2.3 \frac{\eta_T}{\eta_{20}} \frac{aL}{A(t_2-t_1)} \lg \frac{H_1}{H_2} \qquad (2-1)$$

式中　$k_{20}$——标准温度时试样的渗透系数（cm/s）；
　　　$\eta_T$——T℃时水的动力黏滞系数（kPa·s）；
　　　$\eta_{20}$——20℃时水的动力黏滞系数（kPa·s）；
　　　2.3——ln 和 lg 的变换因数；
　　　$a$——变水头管的断面面积（cm²）；
　　　$A$——试样的断面面积（cm²）；
　　　$L$——渗径，即试样高度（cm）；
　　　$t_1$、$t_2$——量测水头的起始和终止时间（s）；
　　　$H_1$、$H_2$——起始和终止水头（cm）。

所有夯土试样在试验过程中均表现出了以下特点，试验初期，排水管出水速度快，此时测得的渗透系数很大，处于 $10^{-3} \sim 10^{-2}$ cm/s 之间。随着水不断从土体内渗过，土体含水量渐渐增加，土体趋于饱和，排水管出水速度放缓且趋于稳定。此时，测得的渗透系数较小，处于 $10^{-6} \sim 10^{-4}$ cm/s 之间。土体内水的流动是由水力梯度提供的驱动力，水力梯度包含压力水头以及位置水头。起初，土体内较为干燥存在基质吸力，将作为压力水头提供驱动力。基质吸力随着含水率的增加会趋向于零，因此，土体接近饱和时，压力水头也将随之消失。而位置水头始终提供着稳定的驱动力，因此，随着含水量的增加基质吸力逐渐减小，水力梯度也逐渐降低。所以土样表现出了前期渗透速率快，后期较为缓慢且渐趋稳定的状态，本书所测定的是最终稳定后的渗透系数。

变水头渗透试验结果见表 4-9。由试验结果可以看出，试验区原状夯土渗透系数集中于 $3.89\times10^{-6} \sim 6.26\times10^{-5}$ cm/s。根据渗透系数数值的大小，将其分为渗透性能强型（民和、乐都、互助、大通）和渗透性能弱型（湟中、贵德、门源、平安），分界值为 $1\times10^{-5}$ cm/s 左右，渗透性能强型渗透系数集中于 $2.82\times10^{-5} \sim 6.26\times10^{-5}$ cm/s 之间，渗透性能弱型渗透系数则集中于 $3.89\times10^{-6} \sim 7.51\times10^{-6}$ cm/s 之间。

原状样渗透试验结果　　　　　　　表 4-9

| 土样编号 | 民和 | 乐都 | 平安 | 互助 | 大通 | 门源 | 湟中 | 贵德 |
|---|---|---|---|---|---|---|---|---|
| 饱和渗透系数/（$\times10^{-6}$cm/s） | 32.3 | 28.2 | 3.89 | 62.6 | 43.6 | 4.56 | 7.51 | 5.96 |

### 4.2.4　水-土特征

随着技术的发展，土体吸力测量技术越来越成熟，有些已经制定相应的规范标准，根据测试环境的不同分为现场试验和室内试验两类，又因为测量吸力的类型不同分为基质吸力和总吸力两类（表 4-10）。本书选择轴平移技术与接触式滤纸技术测量原状夯土基质吸力。其中，轴平移技术可量测 $1\sim1500$ kPa 的范围，接触式滤纸技术则可量测全范围。

土体吸力试验常见方法　　　　　　　　　表 4-10

| 方法 | 基质吸力 | | | | | |
|---|---|---|---|---|---|---|
| | 张力计 | 电/热传导传感器 | 轴平移技术 | 接触式滤纸技术 | — | — |
| 测量范围/×10³kPa | 0.001~0.1 | 0.1~0.4 | 0.1~1.5 | 全范围 | — | — |
| 测试环境 | 室内、现场 | 室内、现场 | 室内 | 室内、现场 | — | — |
| 方法 | 总吸力 | | | | | |
| | 热电偶干湿计法 | 等压湿度控制法 | 冷镜湿度计法 | 非接触式滤纸技术 | 双压湿度控制法 | 电阻/电容传感器法 |
| 测量范围/×10³kPa | 0.1~8 | 4~400 | 1~450 | 1~500 | 10~600 | 全范围 |
| 测试环境 | 室内、现场 | 室内 | 室内 | 室内、现场 | 室内 | 室内 |

　　轴平移技术的原理为：随着孔隙气压力的增加，利用高进气值的材料把孔隙水压力维持在一定值，因而可对基质吸力进行直接的控制。压力板仪器中的陶瓷板是一种高进气值材料，它的特点是只允许水单向流动，即从土体这一侧向另一侧排出。本试验就采用1500型压力板仪（图4-6a），通过分阶段施加气压，得到了质量含水量与基质吸力组成的数据点。

　　滤纸技术测量原理为：通过预先确定滤纸的校准曲线即滤纸质量含水量与其对应的吸力数值，在试验过程中非饱和土样会向初始干燥的滤纸转移水分，因此只要测定滤纸质量含水量并与校准曲线对照即可得到相应的吸力值。滤纸相对造价低廉，原理通俗易懂，本试验就采用接触式滤纸方法，滤纸采用国产双圈牌定量滤纸 203 号慢速，灰分为 0.01。试验时，土样经环刀切取待用，每区域需两个试样，将三张适宜大小烘干后的滤纸置于两个环刀的中间，并用保鲜膜将两个环刀接触的位置包裹缠紧，最后将其放入密封盒中（图4-6b）。表4-11是我国生产的国产双圈牌滤纸型号及其校准曲线。

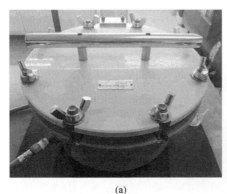
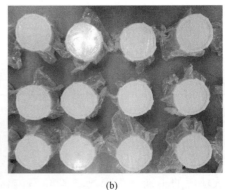

(a)　　　　　　　　　　　　(b)

图 4-6　吸力试验

（a）压力板仪；（b）滤纸法试验装置

常见滤纸校准曲线  表 4-11

| 型号<br>类型 | 201<br>快速 | 202<br>中速 | 203<br>慢速 |
|---|---|---|---|
| 基质吸力 | $\lg\varphi = 3.2512 - 0.0149\theta$ | $\lg s = 3.663 - 0.0147\omega$ | $\lg\varphi = \begin{cases} 5.4928 - 0.07674\theta & \theta < 46 \\ 2.4701 - 0.01204\theta & \theta \geqslant 46 \end{cases}$ |
| 总吸力 | $\dfrac{\theta-3}{186.9} = \dfrac{1}{[1+(0.0653\varphi)^{1.467}]^{0.318}}$ | — | $\lg\varphi = \begin{cases} 5.257 - 0.070\theta & \theta < 41 \\ 51.321 - 0.0194\theta & \theta \geqslant 41 \end{cases}$ |

8 区县原状夯土样品的土-水特征曲线如图 4-7 所示：所有夯土样品处于 $10^4 \sim 10^6$ kPa（牢固吸附区）吸力范围内，随着基质吸力的增大，含水率变化量较小。研究所取夯土样品在 $0 \sim 100$ kPa（毛细作用区）与 $10^2 \sim 10^4$ kPa（水膜吸附区）的体积含水率随基质吸力的变化存在明显区别，贵德、互助、民和、湟中和乐都五处夯土样品的土-水特征曲线变化较陡，大通、平安、门源三处夯土样品的土-水特征曲线变化较缓。通过对 8 处夯土样品在 $20 \sim 700$ kPa 吸力范围内的总体变化率统计发现，贵德、互助、民和、湟中和乐都五处夯土样品的变化率<0.25，而大通、平安和门源三处夯土样品的变化率>0.25。

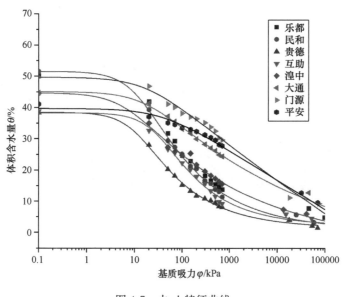

图 4-7 水-土特征曲线

## 4.3 力学与热学性质研究

### 4.3.1 力学性质测试方法与仪器

土的力学性能是指土在外力作用下所表现的性质，主要包括土体的抗剪性以及抗拉抗压性。土的力学性质说明了土抵抗外力变形和破坏的能力，反映了土的连接和孔隙在外力作用下可能发生的变化。无侧限抗压强度是在无侧向压力情况下，抵抗轴向压力的极限强度。抗拉强度是材料的一个重要力学性能指标，材料的开裂、缝、变形及受剪、受扭、受冲切等承载力均与抗拉强度有关。土的抗剪强度指土体抵抗剪切破坏的极限能力，是土的主要力学性质之一。

将上述采自8县区部分原状夯土样品按照ASTM标准制成棱长为70.7mm的立方体试块，试块制作过程中用游标卡尺控制精度。夯土抗压强度测试采用CSS-WAW300D微机控制电子式万能试验机进行（图4-8a），为了满足应力-应变的精度要求，加载速率为0.05mm/s。采用巴西劈裂法对夯土抗拉强度进行测试，加载方式选用位移控制式，加载速率0.1mm/min。

进行剪切试验的原状夯土样品按照ASTM标准制成内径61.8mm、高度20mm的标准环刀试样。试验采用南京宁曦土壤仪器有限公司生产的ZJ型应变控制式直剪仪（图4-8b），为了减小试验误差，同一组试验采用四组垂直压力100kPa、200kPa、300kPa、400kPa同时进行剪切，转速为0.8mm/min。

图 4-8　试验仪器
(a) 电子式万能试验机；(b) 应变控制式直剪仪

## 4.3.2　力学性质测试结果

取自8区县长城遗址原状夯土样品抗压、抗拉和抗剪测试结果表明（表4-12）：①夯土具有明显的各向异性，表现为夯土样品垂直层面的抗压和抗拉强度均明显高于平行层面方向；②夯土的抗压强度在0.39~6.95MPa之间分布，抗拉强度在0.07~0.38MPa之间分布，抗剪强度参数黏聚力在26.48~334.99kPa，内摩擦角在8.17°~44.04°之间；③贵德、互助、民和、湟中和乐都五处的抗压、抗拉和抗剪强度一致性高于其他3处遗址夯土，尤其是贵德古城的夯土三类强度均普遍高于其他各处。这与贵德古城为明朝卫所治地所在夯筑工艺较为严格相关。

原状样力学试验测试结果 表 4-12

| 土样编号 | 抗压/MPa | | 抗拉/MPa | | 抗剪 | |
|---|---|---|---|---|---|---|
| | 平行层面 | 垂直层面 | 平行层面 | 垂直层面 | 黏聚力 $c$/kPa | 内摩擦角 $\varphi$/° |
| 民和 | 0.64 | 0.93 | — | 0.15 | 169.20 | 44.04 |
| 乐都 | 0.48 | 1.47 | 0.13 | 0.08 | 237.99 | 35.11 |
| 平安 | 1.83 | 2.30 | 0.31 | 0.38 | 218.00 | 27.88 |
| 互助 | 0.39 | 0.49 | 0.10 | 0.37 | 26.48 | 20.60 |
| 大通 | 0.69 | 1.19 | 0.07 | 0.05 | 35.63 | 9.65 |
| 门源 | 0.88 | 1.46 | 0.26 | 0.31 | 334.99 | 8.17 |
| 湟中 | 0.63 | 0.85 | 0.07 | 0.10 | 28.25 | 18.22 |
| 贵德 | 2.29 | 6.95 | 0.07 | 0.33 | 260.20 | 43.38 |

### 4.3.3 热学性质测试方法与仪器

夯土遗址多数处于露天保存，气温发生变化时会引起夯土的形变和热学量的改变，尤其在西北地区四季分明、昼夜温差大，气温给遗址带来的损伤是不可忽略的。因此，在研究中对 8 个区县的夯土的热膨胀系数、比热容、导热系数和热扩散系数等表征夯土热学相关性质的参数进行测试，依次来明晰夯土的热学属性。

物体处在一定的温度条件下（升/降/恒温及其组合），温度升高 1℃时单位长度上的变化量，即热膨胀系数。热膨胀测试试验利用德国施耐驰公司生产的 NETZSCH DIL402PC 型热膨胀系数测定仪（图 4-9）进行测定。德国施耐驰公司生产的 NETZSCH DIL402PC 型热膨胀系数测定仪为水平推杆式热膨胀仪，其结构和基本原理为：首先试样放置于可控制温度的炉体内，LVDT 是连着推拉杆的位移传感器，与试验土样接触后，会感知到土样长度的变化，在整个升温过程、降温过程、恒温过程以及他们的组合过程中，使用位移传感器连续测量土样的长度变化从而获得变化量。其中，由于支架与推拉系统长度变化所引起的系统误差可通过试验前的标准试样测试进行计算扣除。对试样的平均线膨胀系数进行测试时，首先用游标卡尺对制备好的试样进行初始长度 $L_0$ 的测量并记录在相应的热力学软件中，然后将样品放置于 DIL402PC 水平推杆式膨胀仪内，放置完毕

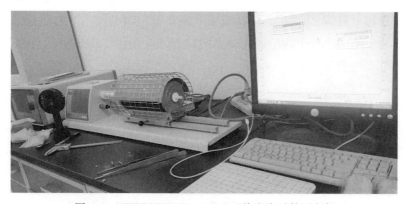

图 4-9 NETZSCH DIL402PC 型热膨胀系数测定仪

后，设置试验参数，升温过程的温度设置为25℃升至100℃，升温速率设置为5K/min，点击开始进行试验，待试验完成后储存数据。试验对原状遗址夯土和养护至35d的改性夯筑土进行平均线膨胀系数的测定。为保证试验的准确性，原状遗址夯土和改性夯筑土均设置两个对比样。

比热容是热力学中常用的一个物理量，表示物质提高温度所需热量的能力，指单位质量的某种物质升高（或下降）单位温度所吸收（或放出）的热量。导热系数是指在稳定传热条件下，1m厚的材料，两侧表面的温差为1℃，在1h内通过1m²面积传递的热量。热扩散系数是物体中某一点的温度的扰动传递到另一点的速率的量度。以上热学参数的测量采用Hotdisk TPS2500s热常数分析仪，该分析仪主要由主机、传感器和试样托架组成，可以测得试样的导热系数、热扩散系数、比热容等数值，试验中获得两个数值，其余均可换算得到。该仪器的测试精度高，速度快，测试温度广，同时对测试试样尺寸要求不高。对试样导热系数的测量范围是0.005～500W/(m·K)，精度为3%；对试样热扩散系数的测量范围是$0.1～100mm^2/s$，精度为5%。完成一个试样的测量，整个过程约为1～1280s。测试温度约为10～1000K。测试时，试样是直径为61.8mm、高度为20mm的环刀样。试验对原状遗址夯土和养护至35d的改性夯筑土进行热物理参数的测定。测试时，每块试样分别进行三次平行测定，待一次测试完成后间隔2min，再进行下一次测试。

### 4.3.4 热学性质测试结果

取自8区县长城遗址原状夯土热学参数测试结果表明（表4-13）：①夯土样品的导热系数范围介于0.2368～0.5893W/(m·K)，平均值为0.383 W/(m·K)，低于水的导热系数0.5W/(m·K)，高于空气的导热系数为0.023 W/(m·K)；比热容范围介于0.2980～1.5238MJ/(m³·K)，平均值为0.736MJ/(m³·K)，低于水的比热容4.2MJ/(m³·K)；导温系数介于$0.3461～0.8368mm^2/s$，平均值为$0.639mm^2/s$。夯土导热系数越大，比热容越大，导温系数则越小，表明夯土体吸收热量的能力越强，表层夯土向深层夯土体传递热量的能力也越强，则夯土遗址内部各点在相同环境条件下波动幅度越小、变化速率越小；②夯土的热膨胀系数介于$1.42×10^{-6}～9.29×10^{-6}K^{-1}$，平均值为$6.62×10^{-6}K^{-1}$，一般金属的热膨胀系数为$1K^{-1}$；其热膨胀系数多介于$6×10^{-6}K^{-1}$，接近于方解石的热膨胀系数，这是由于不同遗址土的矿物成分不同、土颗粒连接结构复杂、土的孔隙率大小、土体含水率不同而造成的。

原状夯土热学参数测试结果　　　　表4-13

| 土样编号 | 导热系数/[W/(m·K)] | 比热容/[MJ/(m³·K)] | 导温系数/(mm²/s) | 热膨胀系数/℃⁻¹ |
|---|---|---|---|---|
| 民和 | 0.2368 | 0.2980 | 0.8057 | $7.75×10^{-6}$ |
| 乐都 | 0.3532 | 0.4189 | 0.8368 | $9.29×10^{-6}$ |
| 平安 | 0.5893 | 0.7892 | 0.7680 | $8.17×10^{-6}$ |
| 互助 | 0.4324 | 1.0249 | 0.4381 | $5.81×10^{-6}$ |

续表

| 土样编号 | 导热系数/[W/(m·K)] | 比热容/[MJ/(m³·K)] | 导温系数/(mm²/s) | 热膨胀系数/℃$^{-1}$ |
|---|---|---|---|---|
| 门源 | 0.3821 | 1.5238 | 0.3461 | $1.42\times10^{-6}$ |
| 大通 | 0.3211 | 0.4303 | 0.7633 | $8.18\times10^{-6}$ |
| 湟中 | 0.4141 | 0.9238 | 0.4515 | $5.55\times10^{-6}$ |
| 贵德 | 0.3325 | 0.4777 | 0.7048 | $6.79\times10^{-6}$ |

# 第5章　高寒阴湿环境下土遗址劣化机制初论

土遗址是一个复杂、开放而特殊的系统，是与其赋存环境相统一的有机整体，科学有效地保护土遗址，必须从分析它们赋存环境和研究遗址破坏的机理入手。露天保存的夯土遗址小部分在地震、泥石流和战争等突发性小概率因素作用下而瞬时消亡；绝大部分夯土遗址长期遭受降水过程、气温变化等作用而经历从材料劣化到整体消亡的缓慢过程；而由环境因素的变化导致基底掏蚀、顶部冲沟、裂隙、表面片状剥离等病害的大量发育正是大概率因素影响下土遗址由材料劣化发展到破坏的典型过程。因此，厘清常发性大概率因素影响下夯土遗址的劣化过程与机理对于高寒阴湿环境下土遗址的全面认知和科学保护有着非同寻常的理论与实践意义。

## 5.1　土遗址环境实时监测

通过对青海省最大的线性遗址——明长城遗址进行长期现场勘查，选取湟中县明长城新城段墙体遗址为监测对象，通过历时3年包含两种降水过程和年度四个季节正常气象条件现场1d的连续实时监测，揭示降水过程中典型夯土遗址不同部位监测点的温度、体积含水量和介电常数变化的时空变化规律，试图揭示了高寒阴湿气候条件下典型夯土遗址内部温度的时空变化及其对环境温度变化的响应规律，为研究温度对夯土遗址劣化的影响以及热劣化的防治提供基础依据。

### 5.1.1　遗址点选取

**1. 监测点选择原则**

遗址监测地点的选取应该考虑到建造时间的一致性，建筑形制和赋存环境的代表性，因此应遵循以下几点原则：

(1) 建造年代

作为河湟地区现存的最大规模的线性遗址青海明长城以西宁卫为中心的明代长城，自嘉靖25年（1546年）开始修建，至神宗万历24年（1596年）全部建成，历时50年。选择的遗址应保持建造年代的一致性。

(2) 建筑形制

青海省明长城建筑形制独具特色，建筑形式多样，由土墙52.645km、石墙1.26km、山险132.81km、山险墙2.69km、河险2.16km、壕堑131.50km、4处关、46座堡、10座敌台及115座烽火台组成，夯土是直接利用天然屏障构筑的防御设施外关、堡、烽燧、敌台和墙体等人工防御设施的主要构筑材料，选择的遗址应为夯土构筑。

(3) 赋存环境

青海省明长城遗址主要分布于青藏高原东北缘地区，该区域具有高寒阴湿的主要气候特征，主要环境具有独特而且恶劣、降水稀少而集中、蒸发强烈而快速、昼夜温差大等特点。因此，遗址点所在区域环境应具有以上特征。

**2. 监测点概况**

依据上述遗址监测点选择原则，结合夯土遗址病害发育特征，选定位于青海省湟中县上新庄镇新城段墙体为监测对象。该墙体于明万历24年（1596年）在自然基础上随地势直接夯筑而成，地理坐标 N36°25′38.85″，E101°35′25.06″，整体沿山势而上，海拔为2776m，大体呈南北走向，底宽约1m，顶宽约0.34m，残高约2.3m，夯层厚为0.8～0.21m；残高2.3m，顶宽0.34m，层厚0.18～0.21m，顶部野草丛生，冲沟大量发育，且具有冲深大、顶部开阔等特点，因此这类冲沟是由降雨冲蚀版筑缝形成的。夯土遗址表面风化严重，底部掏蚀较明显，人工肆意挖掘开洞，鸟类在夯土遗址表面排泄粪便，该夯土遗址整体上保存程度较差。

环境总体上呈气温低，日照时间长，昼夜温差大，降水量稀少而且集中，蒸发量较大，相对湿度较低，无霜期短暂的气候特征；湟中县年均降水量536.1mm，60年之内年平均降水量约为536.1mm，极差为451.1mm，变化幅度较大。倾向率是0.41mm/a，整体呈现略微上升趋势，相邻年份内降水量变化幅度大。1965—1995年降水呈增加趋势，但是波动幅度特别大，在随后的1996—2013年降水整体呈现稳步增加的趋势，波动幅度变小。整体来看，湟中5个年代的降水量与平均值相差较小，降水量波动不大，均集中分布在500～550mm之间（图5-1a）。月际降水量变化范围较大，从高到低为8月＞7月＞6月＞9月＞5月＞3月＞4月＞10月＞2月＞11月＞1月＞12月，7、8月为降水较大月份，12月降水最少（图5-1b）。

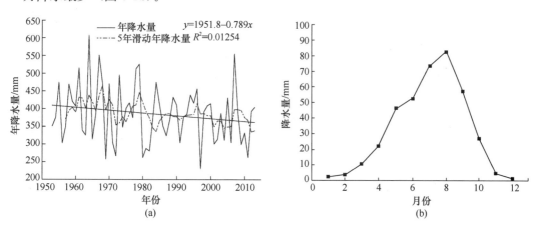

图 5-1  1961—2012 年间湟中年月际降水量速变化趋势
(a) 年际变化；(b) 月际变化

上新庄镇新城段墙体秉承"因地制宜，就地取材"的建造原则采用夯土版筑技法建造，通过对该遗址土体主要物理、水理和力学性质指标的统计分析和盐分监测（表5-1～表5-4），得出遗址夯土材料有如下几点特征：

(1) 物理性质：遗址夯土不均匀系数 $C_u>5$，曲率系数 $C_c>3$，说明该遗址夯土颗粒级配不良，说明缺少中间粒组。颗粒密度为 2.72，为粉质黏土。夯土遗址表层易溶盐含盐总量在 675～62634mg/kg 之间分布，盐分含量呈现出由顶部至底部逐渐增加，且夯土遗址底部易溶盐含量远远高于中部和底部；易溶盐中阳离子主要以 $Na^+$ 和 $Ca^{2+}$ 为主，阴离子主要以 $Cl^-$ 和 $SO_4^{2-}$ 为主，即夯土遗址中常见盐分主要包括 $NaCl$ 和 $Na_2SO_4$。

(2) 水理性质：可塑性好，塑性指数 $10<I_p<17$，为粉质黏土；液性指数 $I_L<0$，较低，因此天然状态下的夯土遗址土样呈现坚硬状态；遗址夯土崩解速度较小，水稳定性较好，抗水性较强。

(3) 力学性质：

① 抗压强度在 0.44～0.9MPa 分布，且平行层面上的抗压强度也明显高于其抗拉强度，抗拉强度则在 0.15～0.18MPa 分布；垂直层面的抗压、抗拉强度高于平行层面的强度，表现出明显的各向异性。

② 抗剪强度远低于其抗压、抗拉强度，说明颗粒间的连结强度较弱。因此，遗址夯土具有明显的各向异性，即垂直层面的强度远高于平行层面的强度，而且夯土的强度总体较低，在拉压应力集中和抗剪时，极易产生开裂破坏。

**夯土遗址土体物理性质指标**　　表 5-1

| 土样编号 | 含水量/% | 天然密度/(g/cm³) | 颗粒密度 $d_s$ | 孔隙率/% | $d_{10}$ | $C_u$ | $C_c$ |
|---|---|---|---|---|---|---|---|
| HZ | 8.6 | 1.50 | 2.72 | 48.82 | 0.0018 | 18.78 | 3.18 |

**夯土遗址土体水理性质指标**　　表 5-2

| 土样编号 | 塑限 $w_p$/% | 液限 $w_L$/% | 塑性指数 $I_p$ | 液性指数 $I_L$ | 崩解速度/(g/min) |
|---|---|---|---|---|---|
| HZ | 18.83 | 31.99 | 13.16 | −0.78 | 1.15 |

**夯土遗址土体力学性质指标**　　表 5-3

| 编号 | 抗剪强度 | | 抗压强度/MPa | | 抗拉强度/MPa | |
|---|---|---|---|---|---|---|
| | $c$/kPa | $\varphi$/° | 平行层面 | 垂直层面 | 平行层面 | 垂直层面 |
| HZ | 26.83 | 10.54 | 0.44 | 0.9 | 0.15 | 0.18 |

**夯土遗址不同部位盐分含量检测结果**　　表 5-4

| 遗址点 | 位置 | pH 值 | 阴离子含量/(mg/kg) | | | | 阳离子含量/(mg/kg) | | | 易溶盐总量/(mg/kg) |
|---|---|---|---|---|---|---|---|---|---|---|
| | | | $CO_3^{2-}$ | $HCO_3^-$ | $SO_4^{2-}$ | $Cl^-$ | $Ca^{2+}$ | $Mg^{2+}$ | $Na^++K^+$ | |
| HZ | 顶部 | 7.86 | 0 | 263 | 441 | 19 | 84 | 26 | 177 | 892 |
| | 核部 | 7.84 | 0 | 223 | 2837 | 88 | 347 | 37 | 1031 | 4574 |
| | 掏蚀区 | 7.46 | 0 | 194 | 10543 | 1975 | 2312 | 124 | 3515 | 19050 |
| | 地基 | 6.65 | 0 | 178 | 14038 | 2314 | 2569 | 187 | 4988 | 24722 |

### 5.1.2 监测方案

**1. 监测原则**

对夯土遗址温度、体积含水量的监测中，由于其露天保存的特殊性，因此监测点不可能任意随机部署，而是要尽可能地减少对夯土遗址的扰动及破坏，因此要力争每个监测点的布设都具有代表性，且尽量做到一点多用。夯土遗址体监测点的布设一般应遵循以下原则：

（1）监测点的布置一般按夯土遗址天然断面或剖面布置，且一般根据建筑形制选在容易破坏的部位，如板状裂缝形成的断面；

（2）根据夯土遗址夯层厚度和保存程度，采用方格网法以一定距离纵横方向布置监测点，且应避开夯层之间的缝，不能将监测点布置在断面的边缘，以防破坏夯土遗址原有的形状、构造，对遗址造成致命的危害；

（3）夯土遗址的断面的选择不宜太高，否则不易在遗址断面上布置监测点，容易损坏夯土遗址，并且现场操作造成一定程度的危险性；

（4）对局部位置，如夯土遗址极易破坏部位，应加密测点，以进行重点监测。

**2. 监测布置**

典型遗址点的现场监测选在正常工况每个季节的节气日（春分、大暑、秋分和大寒）与降水工况（降雨日和降水日）期间进行，降雨过程数据采集时间 2016 年 9 月 5 日 15:00～2016 年 9 月 6 日 15:00，降雪过程数据采集时间为 2016 年 3 月 23 日 14:30～2016 年 3 月 24 日 14:30，春季监测于 2018 年 3 月 19 日～2018 年 3 月 22 日完成，夏季监测于 2017 年 7 月 19 日～2017 年 7 月 31 日完成，秋季监测于 2017 年 9 月 20 日～2017 年 9 月 25 日完成，冬季监测于 2018 年 1 月 11 日～2018 年 1 月 21 日完成。遗址每次监测总时长为 24h，0:00 开始、24:00 结束，期间每隔两小时采集一次数据。监测内容包含空气和遗址不同部位夯土的温度监测。环境温度监测仪器为 FLUKE971 温湿度记录仪，温度测量范围：-30～65℃，精度 0.5℃；遗址夯土温度监测仪器 POGO 便携式土壤多参数速测仪，温度测量范围 -20～55℃，精度 0.1℃。

为了避免对遗址造成损伤，监测在天然断面上进行。监测点布置时要避开病害严重、墙体脆弱经不住人为扰动的部位；遗址纵向夯层明显可辨，监测点布置时以夯层为单位，每个夯层布置一排或两排监测点，横向监测点间距控制在 10～15cm 之间。监测点要避开两夯层间的层面。以地面和遗址脚趾处为原点建立独立坐标系，确定各监测点坐标位置，三处监测点及坐标的具体布置情况如图 5-2 所示。

### 5.1.3 环境监测结果与分析

**1. 数据处理**

夯土遗址监测数据处理与分析的重点是得出两种工况条件下夯土遗址基本参数的时间和空间上的变化规律。监测周期结束后，首先分别对监测数据进行初步整理，然后对监测数据进行预处理，其作用是利用合适的方法尽可能地排除或减少测量误差的干扰。接着利用最小二乘法和克里金差值法对测定的夯土遗址基本参数数据进行分析与处理，最终得出夯土遗址在两种降水过程基本参数的时空规律。

绘制两种夯土遗址基本参数等值线云图时，利用最小二乘法和克里金差值法对测定的夯土遗址基本参数变化数据进行处理的流程如下：

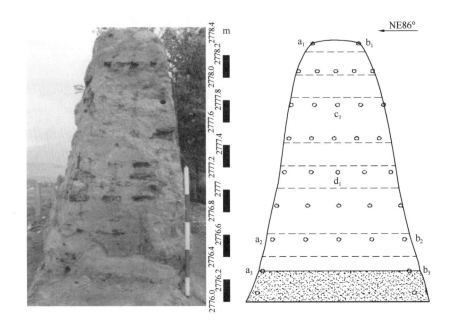

图 5-2　湟中监测遗址监测点布置

1) 根据已有的监测点的变化数据，利用最小二乘法，在沿夯土遗址高度和宽度两个方向上进行内插，得出夯土遗址监测面上每个点的数据并转化成文本格式；
2) 对以上数据进行白化处理，得到相应格式的标准化数据；
3) 采用克里金差值法对已白化处理的数据进行去噪和平滑处理；
4) 夯土遗址数字表面模型的生成；
5) 不同时刻和不同降水过程生成的模型的对比与分析。

**2. 四季正常工况监测结果分析**

湟中夯土遗址四季环境温度监测结果显示（图 5-3）：

1) 春季、秋季和冬季，3 日 24h 内遗址环境温度变化可分为 3 个阶段，0:00~8:00 为第一降温阶段，8:00~14:00 为升温阶段，14:00~22:00 为第二降温阶段；夏季时段划分出现差异，即 0:00~6:00 为第一降温阶段，6:00~16:00 为升温阶段，16:00~22:00 为第二降温阶段；

2) 春、夏、秋和冬季 4 个监测日的最低气温在第一降温阶段的终点出现，最高温度在升温阶段的终点出现，春季最低温度可达 4.7℃，夏季可达 18.9℃，秋季可达 6.8℃，冬季可达 −7.7℃；

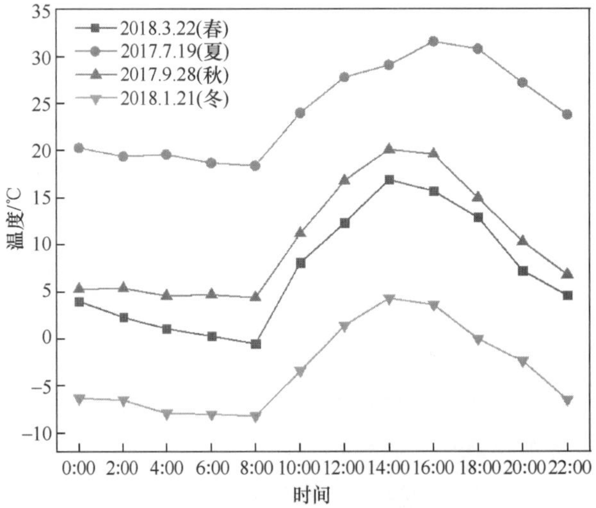

图 5-3　湟中监测遗址监测点布置

春季最高温度可达18.6℃,夏季可达30.2℃,秋季可达18.2℃,冬季可达8℃。

湟中夯土遗址监测断面的监测结果显示(图5-4):

1)春季、秋季和冬季,3日24h内遗址所有监测点温度变化可分为3个阶段,0:00~8:00为第一降温阶段,8:00~16:00为升温阶段,16:00~22:00为第二降温阶段;夏季时段划分出现差异,即0:00~6:00为第一降温阶段,6:00~18:00为升温阶段,18:00~22:00为第二降温阶段。

2)四个季节监测日内第一、第二降温阶段遗址顶部和底部监测点较中部监测点温度稍高,各监测点温度呈凸面状分布;升温阶段遗址顶部和底部监测点较中部监测点温度稍低,各监测点温度呈凹面状分布。监测点间的纵向温差明显,同一时刻监测点间春季的纵向温差为0.9~1.6℃,夏季纵向温差为0.6~2.3℃,秋季纵向温差为0.5~1.9℃,冬季纵向温差为0.9~1.6℃;横向监测点间的温差不够显著,均为0.1~0.2℃。

3)所有监测点各季节各阶段温度变化区间不同,第一降温阶段春季温度变化区间为[0.8℃,6.5℃]、夏季为[20℃,22.5℃]、秋季为[5℃,6.7℃]、冬季为[-9.4℃,-4.8℃]。升温阶段春季温度变化区间为[0.8℃,15.8℃]、夏季为[20℃,30.6℃]、秋季为[5℃,19.1℃]、冬季为[-10.5℃,3.6℃]。第二次降温阶段春季温度变化区间为[7.4℃,15.8℃]、夏季为[18.7℃,30.6℃]、秋季为[7.6℃,19.1℃]、冬季为[-4.9℃,3.6℃]。其中,春秋冬季监测日内湟中监测断面最低温度出现在8:00,最高温出现在16:00;夏季监测日内监测断面最低温出现在6:00,最高温出现在18:00。

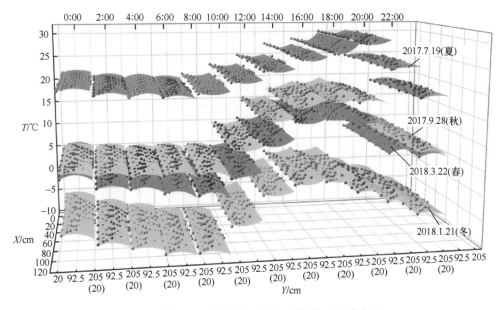

图5-4 湟中夯土遗址四季温度时空分布图

(注:图中遗址同一时间测得的所有监测点温度为一组,每组监测温度添加一个拟合曲面)

基于监测点温度变化与环境温度变化的响应关系,本书特提出特征值——响应速率,对两者之间可能存在的量化对应关系进行研究。定义响应速率为某一阶段内遗址断面监测点温度变化速率与环境温度变化速率的比值,用$I$表示。夯土遗址温度在某一阶段的平均

变化速率用 $K_1$ 表示，公式如式（5-1）所示，其中 $\Delta T_1$ 为某阶段夯土遗址的温度变化量；$\Delta t_1$ 表示相应阶段时间的变化量；环境温度在某一阶段的平均变化速率用 $K_2$ 表示，公式如式（5-2）所示，其中 $\Delta T_2$ 为该阶段环境温度的变化量；$\Delta t_2$ 表示该阶段时间的变化量。响应速率公式可表示为式（5-3）

$$K_1 = \frac{\Delta T_1}{\Delta t_1} \tag{5-1}$$

$$K_2 = \frac{\Delta T_2}{\Delta t_2} \tag{5-2}$$

$$I = \frac{K_1}{K_2} = \frac{\Delta T_1 \Delta t_2}{\Delta t_1 \Delta T_2} \tag{5-3}$$

对 3 处夯土遗址四季第一降温阶段、升温阶段以及第二降温阶段三个温度变化阶段的温度响应速率进行处理与分析，分析结果显示（表 5-5）：

1）四季 3 处夯土遗址的三个温度变化阶段响应速率的拟合方程 $I = a + bx + cy + dx^2 + ey^2$（式中，$x$、$y$ 分别表示监测点的横向和纵向坐标位置）的相关性系数均大于 0.64，表明其具有良好的相关性；

2）四季 3 处遗址断面监测点同一地点同一阶段拟合方程的系数 $c$ 的绝对值大于 $b$ 的绝对值，$e$ 的绝对值大于 $d$ 的绝对值，$y$ 变化对 $I$ 值的影响大于 $x$ 变化对 $I$ 值的影响。因此，响应速率在纵向上的变化明显大于横向上的变化；

3）四季 3 处遗址在第二降温阶段的响应速率最大，升温阶段的响应速率相对最小；

4）四季 3 处夯土遗址监测断面温度响应速率在三个温度变化阶段中均具有纵向上中部最小，顶部和底部相对较大，横向上中部最小，两侧最大的变化规律。

四季不同温度变化阶段永靖夯土遗址及湟中夯土遗址断面监测点
响应速率拟合方程各项系数值    表 5-5

| 地点 | 阶段 | 季节 | 关系方程系数 | | | | | 判定系数 $R^2$ |
|---|---|---|---|---|---|---|---|---|
| | | | $a$ | $b$ | $c$ | $d$ | $e$ | |
| 湟中夯土遗址 | 第一降温阶段 | 春季 | 0.295 | $-7.822\times10^{-4}$ | $-0.002$ | $6.957\times10^{-6}$ | $7.47\times10^{-6}$ | 0.82 |
| | 升温阶段 | | 1.88 | $-0.002$ | $-0.004$ | $1.839\times10^{-5}$ | $2223\times10^{-5}$ | 0.89 |
| | 第二降温阶段 | | 1.523 | $-0.004$ | $-0.006$ | $3.702\times10^{-5}$ | $2.691\times10^{-5}$ | 0.84 |
| | 第一降温阶段 | 夏季 | 0.291 | $-7.195\times10^{-4}$ | $-3.694\times10^{-4}$ | $7.093\times10^{-6}$ | $2.886\times10^{-6}$ | 0.67 |
| | 升温阶段 | | 0.87 | $3.139\times10^{-4}$ | $-0.002$ | $-1.569\times10^{-6}$ | $1.179\times10^{-5}$ | 0.87 |
| | 第二降温阶段 | | 2.954 | 0.002 | $-0.007$ | $-1.481\times10^{-5}$ | $3.278\times10^{-5}$ | 0.83 |
| | 第一降温阶段 | 秋季 | 0.153 | $-6.567\times10^{-4}$ | $-9.451\times10^{-4}$ | $5.38\times10^{-6}$ | $3.716\times10^{-6}$ | 0.68 |
| | 升温阶段 | | 1.824 | $-9.41\times10^{-4}$ | $-0.004$ | $2.244\times10^{-5}$ | $2.214\times10^{-5}$ | 0.88 |
| | 第二降温阶段 | | 1.901 | $8.557\times10^{-5}$ | $-0.005$ | $-6.812\times10^{-6}$ | $2.507\times10^{-5}$ | 0.89 |
| | 第一降温阶段 | 冬季 | 0.292 | $-7.447\times10^{-4}$ | $-0.002$ | $6.691\times10^{-6}$ | $7.256\times10^{-6}$ | 0.81 |
| | 升温阶段 | | 1.428 | $-0.002$ | $-0.004$ | $1.827\times10^{-5}$ | $1.904\times10^{-5}$ | 0.91 |
| | 第二降温阶段 | | 1.386 | $-0.002$ | $-0.005$ | $1.62\times10^{-5}$ | $2.433\times10^{-5}$ | 0.89 |

**3. 降雨工况监测结果分析**

(1) 降雨过程温度与含水量时间变化规律

图 5-5 (a) 分别为湟中县遗址在整个降雨过程随着环境温度变化的温度变化图，包括一个完整的 24h 降雨过程的周期。连续实时监测结果显示：降雨前后夯土遗址内部测点温度与外界环境温度变化趋势大致相同，整个降雨过程夯土遗址内部各监测点温度均表现出升高→降低→升高的趋势；整个监测周期内，降雨停止时至雨后 2h 时间段内环境温度和遗址各监测点温度变化最为剧烈。降雨时，夯土遗址各监测点温度明显高于环境温度，降雨完成后环境温度率先回升，夯土遗址各监测点温度继而随环境温度的升高而升高，然后随着时间的延伸，夯土遗址各监测点温度又随环境温度的升降而出现先降低后升高的现象。

图 5-5 (b) 为湟中县遗址在整个降雨过程随着环境湿度变化的体积含水量变化图，包括一个完整的 24h 降雨过程的周期。监测结果显示：降雨前后夯土遗址内部测点体积含水量与外界环境相对湿度变化趋势大致相同，只是夯土遗址内部体积含水量变化较环境相对湿度稍有延迟，整个降雨过程夯土遗址内部各监测点体积含水量均表现出逐渐降低的趋势；整个监测周期内，降雨停止时至雨后 2h 时间段内环境响度相对湿度和夯土遗址内部各监测点体积含水量变化最为剧烈；受气候因素控制在降雨前夯土遗址内部各监测点体积含水量较低，降雨时各监测点体积含水量急剧上升，夯土遗址内部各监测点体积含水量和环境湿度均达到峰值，降雨完成后随环境相对湿度骤降和环境温度的升高，夯土遗址体积含水量继而随之降低，然后，随着时间的延伸，环境相对湿度和夯土遗址内部各监测点体积含水量出现先略有上升而后降低的趋势。

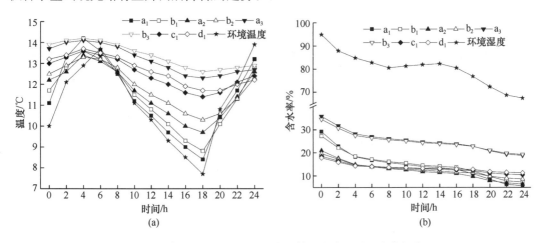

图 5-5 降雨过程夯土遗址温度、体积含水量时空变化规律
(a) 温度；(b) 含水量

(2) 降雨过程温度与含水量空间变化规律

通过对降雨过程中典型夯土遗址内部各监测点温度变化的实时监测，并对夯土遗址内部各监测点温度在整个降雨过程的分析对比表明（图 5-6），降雨停止时至雨后 2h 时间段内夯土遗址内部各监测点温度变化速率最大，降雨完成后 24h 夯土遗址基本恢复至正常条

件下温度。因此，本书选取整个降雨过程中三个时刻点对夯土遗址内部各监测点温度空间分布进行对比分析，即：降雨时，降雨完成后2h和降雨完成后24h。

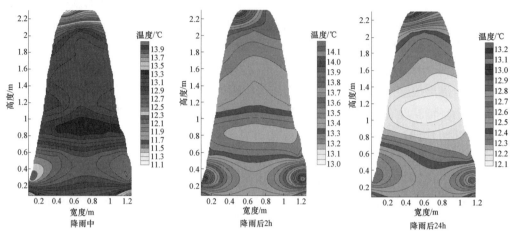

图 5-6　降雨过程夯土遗址温度空间分布图

对降雨过程中典型夯土遗址内部各监测点在三个时刻点的温度空间分布进行分析对比结果表明：

1) 降雨过程中在不同时刻夯土遗址横向上不同深度处各监测点温度存在明显差异，环境温度对夯土遗址内部各监测点由外到里的温度影响逐渐减弱，其影响范围主要集中在表层0～30cm深度范围内；

2) 由于夯土遗址具有一定高度，自顶部至底部接受太阳辐射的时长和强度都存在差异，夯土遗址内部各监测点纵向上自上而下温度在不同时刻分布情况有所不同，降雨过程中夯土遗址内部各监测点纵向上自上而下温度对环境温度的响应速率逐渐减小。降雨时，夯土遗址内部各监测点纵向上自上而下温度呈现出先升高后降低趋势；降雨后2h，夯土遗址内部各监测点纵向上自上而下温度呈现出先降低后升高趋势；降雨后24h，夯土遗址内部各监测点温度纵向上自上而下呈现出先升高后降低趋势；

3) 夯土遗址不同部位内部各监测点温度在降雨过程中对环境温度的响应程度存在差异，其中夯土遗址顶部各监测点在降雨过程中升温和降温明显，显然高于其他部位，因此该区域对降雨过程环境温度的响应程度最剧烈，然后依次为掏蚀区、墙体中轴线、地基；

4) 降雨时，夯土遗址内部各监测点温度横向上自阳面至阴面呈现出逐渐升高趋势；降雨完成后2h，由表到里各监测点温度呈现出逐渐降低趋势；降雨完成后24h，由阳面到阴面各监测点温度呈现出逐渐降低的趋势。整个降雨过程夯土遗址内部阳面监测点温度变化程度均大于阴面测点，即夯土遗址阳面对降雨过程环境温度的响应比阴面快，阳面响应程度＞阴面。

可见，夯土遗址在横向、纵向都存在温度差，致使夯土遗址表层温度与下层之间存在温度势，夯土遗址内部各监测点温度随表层温度的升高而逐渐升高，剧烈的温度变化会引起夯土遗址内部各监测点出现温差应变，长期的应变会导致遗址土体出现热应力疲劳，遗址温度下降较大的部位尤其如此，这是由降温引起的应力高于升温引起的应力所致。除此之外，温度的骤变会导致夯土遗址中各矿物发生热胀冷缩现象，且不同种类的矿物线膨胀量有所差异，长期频繁的变形导致遗址夯土结构疏松，最终加速了风蚀、雨蚀等环境因素对夯土遗址的破坏。

对降雨过程中典型夯土遗址在三个时刻点的体积含水量空间分布进行分析对比，结果显示（图 5-7）：

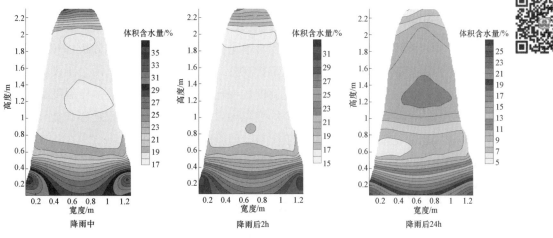

图 5-7 降雨过程夯土遗址体积含水量空间分布

1）降雨过程中不同时刻横向上不同深度下夯土遗址内部各监测点体积含水量有明显的差异，环境湿度对夯土遗址由外到里的影响逐渐减弱，其影响范围主要集中在表层 0～20cm 深度范围内，对 20cm 深度以下体积含水量的影响不明显；这主要是由于降雨过程中夯土遗址表层最先受雨淋，引起夯土遗址表面水分含量迅速升高，当降雨强度较大或降雨的时间足够长时，土体表面水分将会饱和；降雨结束时，由于环境温度的升高，表层水分迅速蒸发，并且降雨过程中夯土遗址表层与内部之间存在水势梯度，夯土遗址表层的水分在降雨完成后一部分水分蒸发了，一部分水分由外向里下渗导致水分在夯土遗址表面滞留时间较短，从而致使体积含水量变化剧烈。因此，降雨过程中夯土遗址表面 0～20cm 深度内的体积含水量变化最为剧烈。

2）由于夯土遗址纵向上自顶部至底部接受太阳辐射的时长和强度都存在差异，导致夯土遗址内部各监测点纵向上自上而下体积含水量和温度在不同时刻分布情况有所不同，降雨过程中由夯土遗址内部各监测点由顶部至底部体积含水量对环境温度和湿度的响应速率逐渐减小。降雨时夯土遗址内部各监测点体积含水量迅速升高，内部体积含水量和环境湿度均达到峰值，表面体积含水量升高尤为明显，顶部各监测点体积含水量远高于除墙基外的其他区域；降雨前后墙基内各监测点体积含水量均远高于其上部，且变化较小；在降雨完成后 2h，环境湿度急剧下降，夯土遗址顶部和表面各监测点体积含水量急剧下降，明显低于核部和下部区域，体积含水量呈现出自顶部至底部先降低后升高的趋势，继而夯土遗址其他部位内部各监测点体积含水量随环境湿度的降低也出现降低现象；降雨后

24h，自上而下呈现出先升高后降低现象；

3）夯土遗址不同部位内部各监测点在降雨过程中对环境湿度和温度的响应程度存在差异，其中夯土遗址顶部各监测点在降雨过程中体积含水量变化明显，其变化速率显然高于其他部位，因此该区域对降雨过程环境湿度的响应程度最剧烈，然后依次为地基、掏蚀区、墙体中轴线；

4）整个降雨过程夯土遗址阳面各监测点体积含水量变化程度均大于阴面测点，即夯土遗址阳面各监测点体积含水量对降雨过程环境湿度的响应比阴面快，响应程度阳面＞阴面。

由以上对降雨过程中夯土遗址温度、体积含水量和介电常数时空规律分析可知，夯土遗址内部各监测点温度、体积含水量和介电常数在整个降雨过程中横、纵两个维度上都存在差异。夯土遗址内部各监测点温度随环境温度的变化而变化，而遗址土体中温度场的变化进而会引起土体内部渗流场的变化，两者的变化导致夯土遗址内部水分迁移和盐分的运移富集与结晶，实质上是使夯土遗址处于干湿与盐渍耦合作用之下。

**4. 降雪工况监测结果分析**

（1）降雪过程温度与含水量时间变化规律

图 5-8（a）为遗址在降雪过程中随着环境温度变化的温度变化图，包括一个完整的 24h 监测周期。实时监测结果显示：降雪前后夯土遗址内部各监测点温度与外界环境温度变化趋势大致相同，整个降雪过程土遗址内部各监测点的温度均表现出升高→降低→升高的趋势；整个监测周期内，降雪停止时至降雪后 2h 时间段内为升温过程，降雪后 2h 至降雪后 16h 时间段内为降温过程，降雪后 16h 至降雪后 24h 时间段内又为升温过程。降雪时，夯土遗址内部温度和环境温度均较低，夯土遗址内部各监测点温度明显低于环境温度，降雪完成后环境温度急剧上升，夯土遗址内部各监测点温度继而随环境温度上升也出现回升现象，然后随着时间的延伸，环境温度先降低后升高，夯土遗址内部各监测点温度随环境温度的变化也出现先降低后升高趋势。

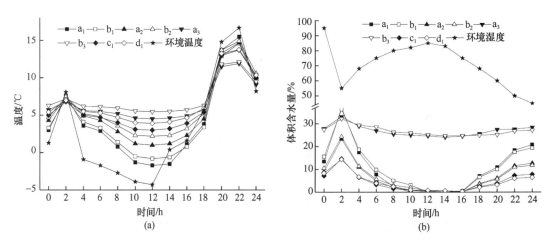

图 5-8 降雪过程夯土遗址温度、体积含水量随时间变化的规律

（a）温度；（b）含水量

图 5-8（b）为遗址在降雪过程中随着环境湿度变化的体积含水量变化图，包括一个完整的 24h 监测周期。实时监测结果显示：降雪前后夯土遗址内部各监测点体积含水量与外界环境相对湿度变化趋势相互对应，只是夯土遗址内部各监测点体积含水量变化较环境湿度变化稍有延迟，整个降雪过程夯土遗址各监测点体积含水量均表现出升高→降低→升高的趋势；整个监测周期内，降雪停止时至降雪后 2h 时间段内为体积含水量升高过程，降雪后 2h 至降雪后 18h 时间段内为体积含水量降低过程，降雪后 18h 至降雪后 24h 时间段内又为体积含水量升高过程；降雪时，夯土遗址内部各监测点温度和环境温度均较低，夯土遗址体积含水量较低，降雪完成后环境温度急剧上升，夯土遗址上部分积雪融化，各点体积含水量迅速升高，夯土遗址各监测点内部体积含水量达到峰值，随着时间的延伸，环境相对湿度和夯土遗址内部各监测点体积含水量出现先下降而后上升的趋势。

（2）降雪过程温度与含水量空间变化规律

通过对整个降雪过程中夯土遗址内部各监测点温度的变化实时监测，并对夯土遗址内部各监测点温度在降雪过程的分析对比表明，降雪停止时至降雪后 2h 时间段内为融化过程，降雪后 2h 至降雪后 16h 时间段内为冻结过程，降雪后 16h 至降雪后 24h 时间段内为融化过程。因此，研究团队选取整个降雪过程中四个时刻点对夯土遗址内部各监测点温度空间分布进行分析，即：降雪时，降雪后 2h，降雪后 16h 和降雪后 24h。

对降雪过程中夯土遗址内部各监测点在的四个时刻点的温度空间分布进行分析对比结果显示（图 5-9）：

1）夯土遗址内部各监测点在横向上不同时刻不同深度下在降雪过程中温度有明显的差异，夯土遗址内部各监测点对环境温度的响应由里到外地逐渐增强，其响应范围主要集中在表层 0～25cm 范围内；

2）由于夯土遗址纵向上自顶部至底部接受太阳辐射的时长和强度都存在差异，引起夯土遗址纵向上内部各监测点温度自上而下在不同时刻分布情况有所不同，降雪过程中内部各监测点自上而下温度对环境温度的响应速率逐渐减小；

3）降雪过程对夯土遗址不同部位内部各监测点温度的影响存在差异，夯土遗址顶部各监测点在降雪过程中升温和降温明显，显然高于其他部位，因此该区域对降雪完成后融化和冻结过程中环境温度的响应程度最剧烈，然后依次为掏蚀区、墙体中轴线、地基；

4）降雪过程中夯土遗址内部阳面测点温度变化程度均大于阴面测点，即夯土遗址内部阳面对降雪过程环境温度的响应比阴面快，响应速度阳面＞阴面，这与降雪过程中夯土遗址阴阳面内部各监测点对环境温度的响应程度存在差异相对应。

对降雪过程夯土遗址在四个时刻点的体积含水量空间分布进行分析对比结果显示（图 5-10）：

1）降雪时，夯土遗址内部各监测点在横向上不同时刻不同深度下的体积含水量差异较小；降雪后 2h，温度升高，覆盖的积雪融化，在融化过程的作用下夯土遗址内部各监测点体积含水量变化最为明显的部位主要集中在顶部和距离表面 0～10cm 范围内，对距离夯土遗址表面 10cm 深度以下体积含水量的影响较小；这主要是由于在降雪后由于温度的升高夯土遗址表面的积雪融化，从而引起遗址内部各监测点体积含水量的骤增，而与此同时由于温度的升高引起蒸发作用强烈，因此部分融化的水分来不及下渗就迅速蒸发掉

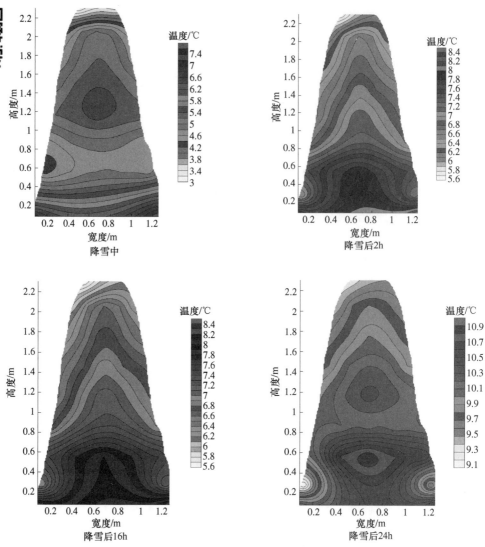

图 5-9 降雪过程夯土遗址温度空间分布图

了，导致融化过程中夯土遗址表面 0~10cm 深度内各监测点的体积含水量变化表面水分的增减剧烈。降雪后 16h，遗址土体内的水分冻结成冰，导致夯土遗址不同部位内部各监测点的体积含水量减小。降雪后 24h，遗址土体中固态冰在升高的温度的作用下融化，从而导致夯土遗址不同部位内部各监测点的体积含水量再次增大；

2）由于夯土遗址具有一定高度，所以在相同光照时长下，纵向自上而下遗址各监测点体积含水量和温度在不同时刻分布情况有所不同，降雪过程中夯土遗址内部各监测点在纵向自上而下体积含水量对环境温度的响应速率逐渐减小。受气候因素控制，降雪时除墙基外，其他部位体积含水量较低；降雪后 2h，在阳光照射下，覆盖在夯土遗址上的积雪融化，夯土遗址内部各监测点体积含水量均达到峰值，表面体积含水量升高尤为明显，顶部各监测点体积含水量远高于其他区域；降雪后 16h，环境温度下降到零下，遗址土体内部液态水冻结成固态冰，因此夯土遗址顶部和表面各监测点体积含水量急剧下降，明显低于核部和下部区域,体积含水量由顶部至底部各监测点呈现出先升高后降低的趋势;降雪后 24h,遗址土体中的固态冰开始融化,夯土遗址内部各监测点体积含水量均出现不同程度的升高,夯土遗址内部各监测点体积含水量自上而下呈现出先降低后升高趋势;

3) 降雪过程中环境温湿度对夯土遗址不同部位各监测点的影响程度存在差异,夯土遗址顶部各监测点在降雪过程中体积含水量变化明显,其变化速率显然高于夯土遗址其他部位,因此该区域对降雪过程响应程度最剧烈,然后依次为掏蚀区、地基、墙体中轴线;

4) 降雪过程中夯土遗址阳面各监测点体积含水量变化程度大于阴面测点体积含水量变化程度,即夯土遗址阳面各监测点体积含水量对降雪过程响应比阴面快,即阳面响应速度＞阴面,这与降雪过程中三处典型夯土遗址内部各监测点环境温度变化有直接的联系。

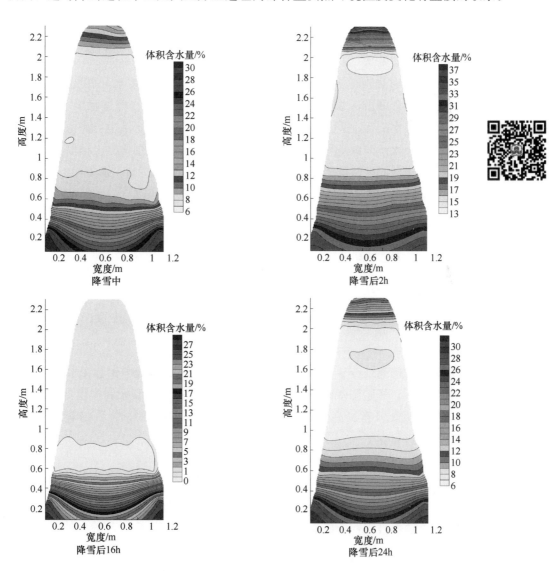

图 5-10　降雪过程夯土遗址体积含水量空间分布图

## 5.2 冻融与盐渍耦合作用劣化试验

由对现场监测结果的分析可知，高寒阴湿引起遗址内部温湿度剧烈变化的特色天气过程主要是降雪过程。因此，下面通过以室内不同期次的冻融循环试验来模拟遗址在降雪环境下经历的冻融过程，以初步揭示遗址在降雪过程导致的冻融与盐渍耦合作用下的劣化过程与机理。

### 5.2.1 劣化试验方法与设计

**1. 土样选取和处理**

（1）土样选取

为了避免采样工作对于遗址的二次破坏，研究中用于耦合作用下夯土强度劣化试验的土样采自上述遗址的天然坍塌处。

（2）土样的脱盐处理

为了排除土样中其他离子的干扰，首先将原状土样采用蒸馏水开展洗盐过程；然后，将原状土样进行充分碾磨、烘干，并过2mm孔径的筛；接着，将过筛后小于2mm的原状样土用蒸馏水以水土比＞1：10进行洗盐过程；最后，测量滤液电导率。将以上整个过程重复4次，直至水土溶液电导率＜300μm/cm，就可以认为原状样土体脱盐完成，已将其洗为素土，待充分脱盐后的土样在105℃下烘干，碾碎后过2mm筛备用。

（3）土样的加盐处理

由现场监测分析结果可知：夯土遗址在纵向上不同部位对降水过程的响应程度存在差异，且夯土遗址不同部位含盐量有所不同，因此，将室内试验土中盐分含量定量化以模拟现场夯土遗址纵向劣化程度的差异。查阅资料可知：$Na_2SO_4$和$NaCl$是夯土遗址中含量较大的盐分，也是夯土遗址土体中最常见的盐分，因此，试验设计为在脱盐后的土体中分别以质量分数0、0.2%、0.4%、0.6%、0.8%、1.0%的浓度分别掺入无水硫酸钠和无水氯化钠，密封养护至盐分均匀分布。

（4）试样制备

将脱盐完成后的遗址夯土中以0.2%为梯度分别掺入无水硫酸钠和无水氯化钠至1%，等盐分均匀分布后，开始制备试样。首先称取一定质量的土样置于制样模具中，然后在万能试验机下压制成长×宽×高为7.07cm×7.07cm×7.07cm的试样，接着脱模，称其质量、拍照，最后进行养护。

**2. 试验设计**

（1）试验要求

试验所需的试样必须要求完整，土体性质均一，因重塑土试样用专门的模具压制而成，强度较小，容易破碎，所以制样时需要特别小心；否则，会引起较大的误差，对试验结果产生本质的影响。冻融循环试验是首先把试样放在温度、湿度控制箱内，然后通过改变恒温恒热试验机中空气温度、湿度以控制温湿度循环变化，以对温度、湿度变化对重塑土试样劣化影响程度进行量化。每完成一批次冻融循环，将试样从控制室内取出，称量试样的质量，分析其变化，并且需拍照以观察试样表面的变化。

（2）方案设计

试块置于型号为 MHK-S1000 温湿度控制室进行冻融循环养护，箱内温度−40～100℃可调，湿度 10%～98%可调。通过反复冻结和融化，模拟试样在降雪环境下经历的冻融过程。青海诸地历年平均最低气温为−21.8℃，故冻融循环试验控制土体所处冻结温度为−20℃，冻结时间为 12h；然后，定湿度融化 12h（室温 20℃），依次进行下一个冻融循环试验，反复养护分别完成 3、6、9、12 次冻融循环养护。最后，对完成不同养护期次的试样进行界限含水量、崩解、风洞、抗压、抗拉、抗剪和微结构测试，以揭示由降雪过程导致的冻融与盐渍耦合作用下遗址夯土的劣化过程与机制。

### 5.2.2 土体劣化的宏观表现

为了揭示冻融与盐渍耦合作用下试样的抗雨蚀、抗风蚀能力和强度的变化规律，分别对完成 3、6、9、12 次冻融循环的试样进行表观观察和界限含水量、崩解、风洞、抗压、抗拉等宏观性质指标测试。

**1. 表观形貌**

对完成不同冻融循环次数后的试样外观进行拍照采集，结果显示（图 5-11）：

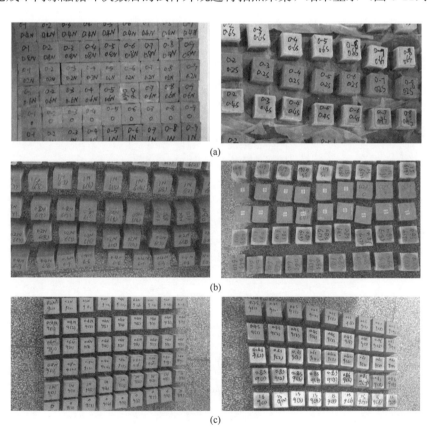

图 5-11 试样在不同循环次数下的外观变化（一）
（a）循环 0 次；（b）循环 6 次；（c）循环 9 次

(d)

图 5-11　试样在不同循环次数下的外观变化（二）

(d) 循环 12 次

1）经过 6、9 次冻融循环后，试样顶部边角处的白色持续向中心扩散。随着循环次数的增大，该现象从边角延伸至整个表面；在完成 12 次冻融循环后，掺入 $Na_2SO_4$ 试样几乎整体呈白色；

2）在同一冻融循环次数下，试样析出的盐分随着盐分含量的增大而增多；

3）在冻融循环次数、掺入盐分百分含量相同的情况下，相较于 NaCl，掺入 $Na_2SO_4$ 试样的盐分结晶现象更加明显；

4）相较于盐分含量，冻融次数对试样盐分结晶的影响更加显著。以上结果说明，用肉眼可以直接观察出冻融与盐渍耦合作用对试样造成的影响。

**2. 界限含水率试验结果**

塑性指数是液限与塑限的差值，即土处在可塑状态的含水量变化范围，反映土的可塑性的大小。对冻融循环后，不同含盐试样塑限、液限、塑性指数变化情况进行对比分析，结果显示（图 5-12～图 5-14）：

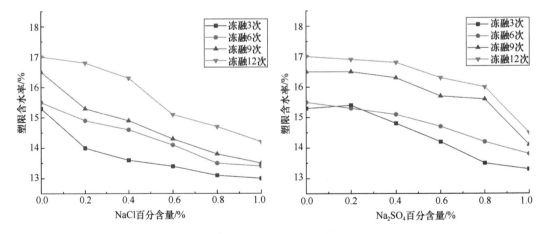

图 5-12　冻融循环后不同含盐试样塑限含水率变化

1）掺入不同盐分试样的塑限、液限、塑性指数均随着盐分百分含量、冻融循环次数的增加呈递减的趋势；

2）掺入 $Na_2SO_4$ 试样的塑限、液限与塑性指数的下降速度明显快于掺入 NaCl 试样的下降速度。以上结果说明，冻融与盐渍耦合作用对试样的界限含水量有直接影响，并且硫

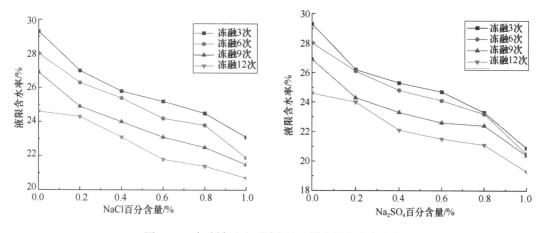

图 5-13 冻融循环后不同含盐试样液限含水率变化

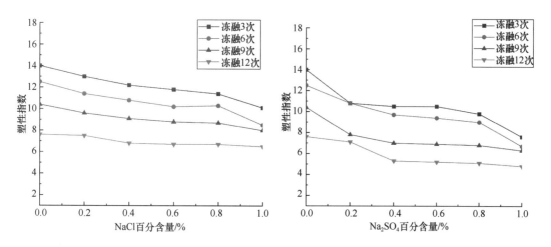

图 5-14 冻融循环后不同含盐试样塑性指数变化

酸盐对黏粒的影响比氯盐的显著,冻融与盐渍耦合作用促进了土粒的团聚与粗化。

**3. 崩解性试验结果**

崩解性是将黏性土壤置入静水中,由于土粒间的结构联结和强度受到水的浸入影响导致削弱或丧失,使土体崩散解体的特性,崩解速度是直接表征崩解性的物理量。冻融循环后掺入不同百分含量 NaCl 和 $Na_2SO_4$ 试样的崩解速度变化情况显示(图 5-15):

1) 掺入不同盐分试样的崩解速度随着掺入盐分百分含量和冻融循环次数的递增而递增;

2) 任一循环次数条件下,掺入不同盐分试样的崩解速度整体变化较平缓,在掺入 0.8%盐分含量时不同冻融循环次数的崩解速度较相近,掺入 $Na_2SO_4$ 试样的崩解速度在 0.8%~1.0%这个区间变化剧烈;

3) 在冻融循环次数、掺入盐分百分含量相同的情况下,掺入 $Na_2SO_4$ 试样的崩解速度明显高于掺入 NaCl 试样的崩解速度。以上结果说明,冻融与盐渍耦合作用对试样的崩解性有直接影响。

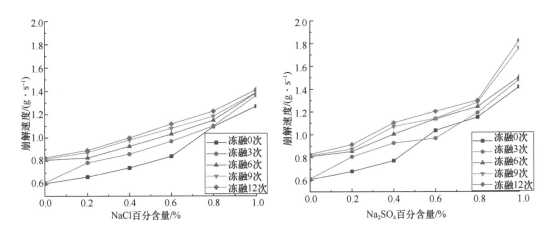

图 5-15　冻融循环后不同含盐试样崩解速度变化

**4. 风洞试验结果**

风蚀是地表松散物质被风吹扬或搬运的过程，以及地表受到风吹起颗粒的磨蚀作用，是土体侵蚀的重要类型之一。风蚀量是表征土体抗风蚀能力的重要参数。将掺入不同盐分试样试置于多功能环境风洞试验段入口下风向 10m 处，完成 18m/s 风速挟沙风的 300s 连续吹蚀试验，用称重法测定风蚀量。冻融循环后，不同含盐试样在 18m/s 风速挟沙风下吹蚀 300s 的风蚀量变化情况显示（图 5-16）：

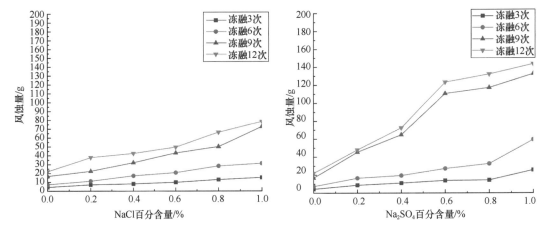

图 5-16　18m/s 挟沙风风下吹蚀 300s 的风蚀量变化

1）在 18m/s 风速挟沙风的吹蚀条件下，掺入不同类型盐分试样的风蚀量随着掺入盐分百分含量和冻融循环次数的增加而增加；

2）掺入不同盐分试样的风蚀量在冻融循环 6 次后增长强烈；

3）在吹蚀条件、盐分百分含量和循环次数一定的情况下，掺入 $Na_2SO_4$ 试样的风蚀量增长量明显高于掺入 NaCl 试样的风蚀量。上述结果表明，挟沙风的风速和吹蚀时间是直接影响试样抗风蚀能力的物理量；在冻融和盐渍耦合作用下，抗风蚀能力呈现衰减的劣化规律。

**5. 强度测试试验结果**

土的强度情况表征着土体抵御外力作用的能力。强度情况的改变反映了土在一定外力作用下的变形、破坏程度的改变，因此可以作为分析土体劣化趋势的一个依据。不同含盐试样在经历不同冻融循环次数后的无侧限抗压强度、抗拉强度和抗剪强度情况显示（图 5-17）：

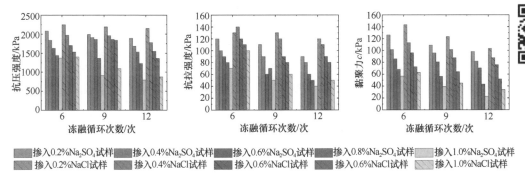

图 5-17　冻融循环后不同含盐试样强度测试结果

1) 掺入任意类型和任意质量分数盐分试样的抗压强度、抗拉强度和黏聚力大小均随着冻融循环次数的增加而逐渐减小；

2) 掺入任意类型盐分试样的抗压强度、抗拉强度和黏聚力，在冻融次数固定的情况下，随掺入盐分质量分数的增加几乎全部发生衰减，仅极个别出现增加；考虑试验误差，整体可以认为试样的强度指标随掺入盐分质量分数的增加而呈衰减趋势；

3) 掺入 $Na_2SO_4$、$NaCl$ 两种不同类型盐分的试样，在相同质量分数和相同冻融循环次数的情况下，前者的抗压强度、抗拉强度和黏聚力明显小于后者。以上结果说明，冻融与盐渍耦合作用使土体的强度指标呈衰减趋势；掺入不同类型盐分的作用下，相较于 $NaCl$，$Na_2SO_4$ 易对土体产生更高程度的劣化。

### 5.2.3　土体劣化的微观表现

上述不同养护期次试样的表观变化和界限含水量、崩解、风洞、抗压、抗拉等宏观试验的结果均表明试样因耦合作用而损伤，然而宏观性质发生变化的原因往往是微观结构发生了调整，以下从定性和定量两个角度联合揭示试样的微观结构变化。

**1. 定性结果**

为了更进一步地观察并分析试样在不同环境下内部微观结构的形态和变化，进行了电镜扫描试验。用扫描电子显微镜（SEM）在放大 500 倍的情况下，对 3、6、9、12 次循环结束后的试样进行扫描拍照，并进行对比，结果显示（图 5-18～图 5-21）：冻融循环次数少且掺入盐分含量低试样的孔隙和颗粒的分布较冻融循环次数多且掺入盐分含量高的试样有明显区别。冻融循环 3 次且盐分质量分数为 0.4% 的试样，仅存在少量圆形孔隙，多为线状闭合孔隙；颗粒之间排列紧凑，土骨架明显。经历 6、9 次冻融循环次数或盐分含量增高至 0.6%、0.8% 的试样，孔隙和土颗粒均有着不同程度的发育动态。孔隙发育主

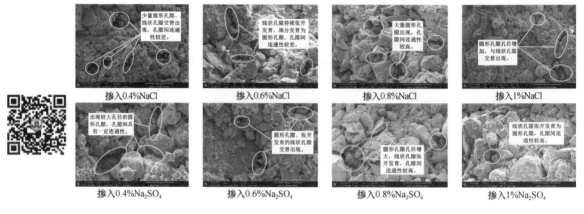

图 5-18　不同盐分环境下 3 次冻融循环后试样孔隙发育分析

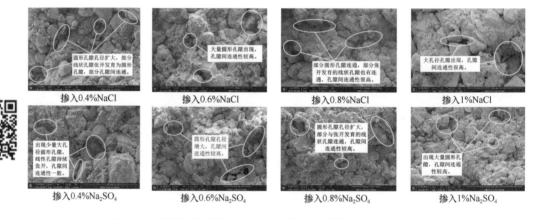

图 5-19　不同盐分环境下 6 次冻融循环后试样孔隙发育分析

图 5-20　不同盐分环境下 9 次冻融循环后试样孔隙发育分析

图 5-21 不同盐分环境下 12 次冻融循环后试样孔隙发育分析

要表现为线状孔隙持续张开发育,甚至发育为圆形孔隙;圆形孔隙孔径扩大、数量增多;各类孔隙发生连通。土颗粒发育主要表现为颗粒间排列的松散,但游离的单个颗粒仍较少。冻融循环 12 次且掺入盐分质量分数达到 1% 的试样,出现大量大孔径圆形孔隙;孔隙间连通性很强,部分孔隙连贯成为裂隙状态。土颗粒更加分明,许多颗粒间相互脱离成单粒存在;土骨架极度松散,土粒的圆润程度增高。除此之外,掺入不同种类盐分试样的响应程度也有所不同。在相同冻融循环次数、相同盐分含量的情况下,掺入 $Na_2SO_4$ 试样的孔隙发育情况较掺入 NaCl 试样的孔隙发育情况更高,孔隙间连通性更好,颗粒间排列更分散。

综上所述:

1) 随着冻融循环次数和盐分含量的增加,试样表面微观结构的变化均表现为圆形或线性孔隙的发育,而且孔隙的数量和联通情况随着冻融循环次数的增加和盐分含量的增加而逐渐加剧;

2) 在相同质量分数和相同冻融循环次数的情况下,掺入 $Na_2SO_4$、NaCl 两种不同类型的盐分,前者对试样表面微观结构的损伤明显大于后者。

**2. 定量结果**

为了探究更详细的土体信息,了解冻融盐渍耦合作用下土样中微观结构的具体情况,采用 PCAS 软件对 3、6、9、12 次循环结束后试样放大 500 倍的 SEM 图像进行对比分析,定量评价试样的颗粒和孔隙变化情况,进一步探究夯土遗址经过冻融循环作用后其表面微观结构的变化规律,分析结果如图 5-22~图 5-25 所示。图中的颜色为 PCAS 软件在分析过程中生成的对应 SEM 图片的孔隙识别图,彩色区域均表示孔隙。

分析结果直观显示,微结构的变化规律与 SEM 图像的定性分析结论相吻合,耦合作用下试样的孔隙面积、颗粒发展形态及部分特征参数出现良好变化规律。因此选取具有代表性的参数进行数据整理,以寻求量化的孔隙、颗粒变化规律。PCAS 分析时,直接给出的宽度和长度实际上是不规则孔隙的 Feret 半径,认为不能较好代表孔径。等效直径是与被测孔隙具有相同面积的圆形的直径,此处用换算出的等效直径代表孔径。形状系数能

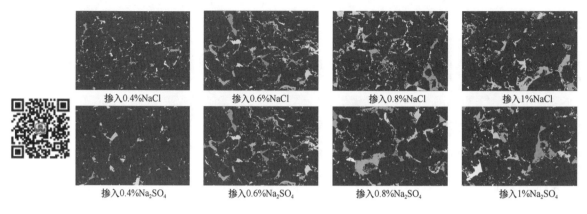

图 5-22　不同盐分环境下 3 次冻融循环后试样孔隙识别图

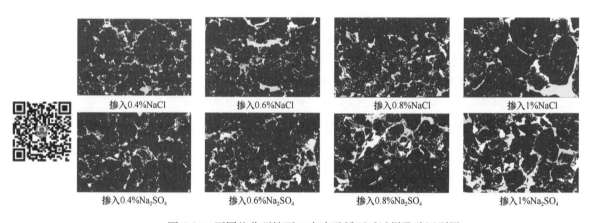

图 5-23　不同盐分环境下 6 次冻融循环后试样孔隙识别图

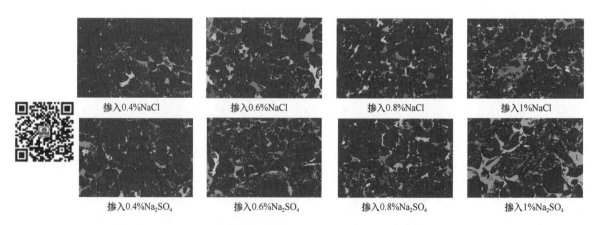

图 5-24　不同盐分环境下 9 次冻融循环后试样孔隙识别图

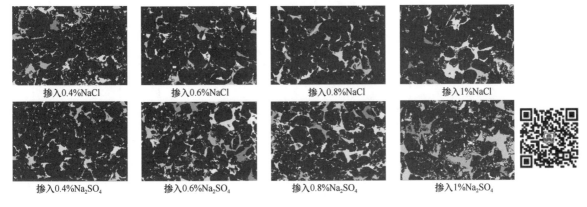

图 5-25 不同盐分环境下 12 次冻融循环后试样孔隙识别图

够表明不规则颗粒与圆滑颗粒之间的接近程度，其值越大表明接近程度越大，即被分析颗粒越光滑，反之则表明越粗糙。土颗粒丰度是指测量窗口中每个土颗粒单元的长轴与短轴之比，其值反映了二维平面中测量对象的形状特征，数值不低于 1，其值越大代表颗粒越扁。因土颗粒数量繁多，此处选用颗粒平均丰度。土颗粒充填比指实测颗粒面积与其外接圆面积比的平方根，其值越大说明颗粒越趋于呈圆形。因土颗粒数量繁多，此处选用颗粒平均充填比。面积比是图中孔隙区域部分与颗粒区域部分的面积之比，由于忽略了空间厚度，相比于实际的孔隙比偏小。

对孔隙数据分析可得（表 5-6）：

1）掺入相同类型和相同质量分数盐分试样的孔隙数量随着冻融循环次数的增加而逐渐增加；

2）在同一冻融次数下，掺入相同类型盐分试样的孔隙数量随着掺入盐分质量分数的增加而逐渐增加；

3）在同一冻融次数下，掺入相同类型盐分试样的孔隙形状系数随着掺入盐分质量分数的增加而逐渐减小。

4）掺入 $Na_2SO_4$、$NaCl$ 两种不同类型盐分的试样，在相同质量分数和相同冻融循环次数的情况下，前者的孔隙裂隙数量明显大于后者，而前者的孔隙形状系数明显小于后者。

对颗粒数据分析可得（表 5-6）：

1）掺入相同类型和相同质量分数盐分试样颗粒的充填比、孔隙与颗粒的面积比整体随着冻融循环次数的增加而增加；丰度随着冻融循环次数的增加而减小；

2）在同一冻融次数的情况下，掺入相同类型盐分试样颗粒的按盐分质量分数递增的顺序，颗粒的充填比、孔隙与颗粒的面积比随着盐分质量分数的增加而增加；丰度随着盐分质量分数的增加而减小；

3）掺入 $Na_2SO_4$、$NaCl$ 两种不同类型盐分的试样，在相同质量分数和相同冻融循环次数的情况下，前者的颗粒充填比、面积比明显大于后者，而前者的丰度明显小于后者。

掺入不同盐分试样在冻融循环后孔隙发育特征的 PCAS 分析　　表 5-6

| 冻融次数 | 试样 | 小孔 (2~5μm) | 中孔及大孔 (5~20μm) | 裂隙 (>20μm) | 孔隙形状系数 | 土颗粒丰度 | 土颗粒充填比 | 面积比 |
|---|---|---|---|---|---|---|---|---|
| 3 | 掺入 0.2%NaCl | 181 | 352 | 14 | 0.4353 | 6.4324 | 0.6814 | 0.0914 |
|  | 掺入 0.6%NaCl | 183 | 422 | 28 | 0.4013 | 4.8821 | 0.6927 | 0.1416 |
|  | 掺入 1.0%NaCl | 201 | 457 | 32 | 0.3988 | 4.5492 | 0.7111 | 0.1668 |
|  | 掺入 0.2%$Na_2SO_4$ | 110 | 226 | 17 | 0.4279 | 6.6792 | 0.6933 | 0.0964 |
|  | 掺入 0.6%$Na_2SO_4$ | 230 | 455 | 29 | 0.4087 | 5.2027 | 0.7018 | 0.1794 |
|  | 掺入 1.0%$Na_2SO_4$ | 207 | 479 | 29 | 0.3951 | 4.0255 | 0.7119 | 0.2578 |
| 6 | 掺入 0.2%NaCl | 139 | 272 | 15 | 0.4145 | 4.3493 | 0.6843 | 0.1385 |
|  | 掺入 0.6%NaCl | 99 | 281 | 32 | 0.4046 | 4.7700 | 0.6956 | 0.1391 |
|  | 掺入 1.0%NaCl | 206 | 362 | 34 | 0.401 | 4.0272 | 0.7119 | 0.1740 |
|  | 掺入 0.2%$Na_2SO_4$ | 191 | 342 | 19 | 0.4094 | 4.8601 | 0.6791 | 0.1368 |
|  | 掺入 0.6%$Na_2SO_4$ | 179 | 356 | 32 | 0.3924 | 3.8991 | 0.7018 | 0.1820 |
|  | 掺入 1.0%$Na_2SO_4$ | 153 | 338 | 37 | 0.3913 | 3.2057 | 0.7118 | 0.2601 |
| 9 | 掺入 0.2%NaCl | 141 | 274 | 16 | 0.4045 | 6.4889 | 0.7097 | 0.1302 |
|  | 掺入 0.6%NaCl | 103 | 278 | 32 | 0.3996 | 4.7392 | 0.7028 | 0.1378 |
|  | 掺入 1.0%NaCl | 208 | 438 | 36 | 0.3901 | 4.0616 | 0.7120 | 0.1992 |
|  | 掺入 0.2%$Na_2SO_4$ | 194 | 294 | 20 | 0.3997 | 5.2569 | 0.7132 | 0.1872 |
|  | 掺入 0.6%$Na_2SO_4$ | 189 | 313 | 35 | 0.3824 | 4.3234 | 0.7064 | 0.2561 |
|  | 掺入 1.0%$Na_2SO_4$ | 217 | 399 | 39 | 0.3813 | 3.3302 | 0.7140 | 0.4575 |
| 12 | 掺入 0.2%NaCl | 152 | 296 | 18 | 0.4043 | 6.8976 | 0.6824 | 0.1911 |
|  | 掺入 0.6%NaCl | 99 | 281 | 33 | 0.3805 | 5.2839 | 0.7061 | 0.2085 |
|  | 掺入 1.0%NaCl | 266 | 479 | 39 | 0.3736 | 4.0246 | 0.7139 | 0.3361 |
|  | 掺入 0.2%$Na_2SO_4$ | 115 | 296 | 20 | 0.3978 | 5.8749 | 0.6974 | 0.1892 |
|  | 掺入 0.6%$Na_2SO_4$ | 149 | 327 | 45 | 0.3898 | 4.5660 | 0.7114 | 0.3316 |
|  | 掺入 1.0%$Na_2SO_4$ | 226 | 403 | 46 | 0.3846 | 3.1574 | 0.7145 | 0.5599 |

## 5.3　冻融与盐渍耦合作用劣化机制

综合以上结果表明，试样的宏观指标及微结构特征参数都随着冻融循环次数和盐分环境的不同而呈现规律性的变化特征，因此，为了探究宏观性质与微观结构变化是否存在内在联系，对两者之间的关联性进行分析，以初步揭示由降雪过程导致的冻融与盐渍耦合作用下遗址夯土的劣化机制。

### 5.3.1　宏观性质与微观结构变化关联性分析

**1. 定性结果**

通过对宏观结果进行分析，发现冻融与盐渍耦合作用对土样的界限含水率、抗崩解能力、抗风蚀能力和力学强度均有显著性的规律性的影响。主要表现在以下几个方面：

1)耦合作用过的试样力学强度显著减小,这说明冻融循环作用引起土孔隙中水和盐分相变,孔隙内水盐混合物体积发生反复增减。在冻结的过程中,水分相态转化及易溶盐发生结晶膨胀,使得土颗粒的间距变大,试样的密实度变小。当土体在融化过程中,冰晶及易溶盐结晶发生融化,部分土颗粒回落到孔隙间,部分土颗粒受到土体内部的阻力不会回到原来的位置,于是土颗粒之间出现新的空缺,土颗粒间连接更为脆弱,强度降低。冻融循环会重复这两种过程,致使土体强度逐渐降低;

2)耦合作用过的试样崩解速率增加,这说明土中孔隙增多基质吸力增加,加速了崩解过程中水进入孔隙,导致崩解速度的增加;

3)耦合作用过的试样风蚀速率显著增加,这说明土粒间连接力变弱,从而致使其抵抗挟沙风高速运动的砂粒的强烈撞击和磨蚀能力降低,土颗粒更容易脱离土骨架而被搬运到他处;

4)耦合作用过的试样界限含水率及塑性指数均出现降低,这说明盐渍作用使土中微小颗粒发生团聚,土中粉粒、黏粒转变为粒径稍大的土粒,持水能力减弱,可塑性变差。

通过对微观结果进行分析,发现耦合作用使土颗粒和孔隙的形状、大小和空间排列特征发生改变:

1)在耦合作用下孔隙数量增多,孔隙等效直径增长,说明耦合作用使得新的裂隙开始张开,土体结构中原本的微裂隙得到扩展,甚至新老裂隙连通;

2)在耦合作用下孔隙形状系数减小,说明耦合作用使得颗粒和孔隙的空间排布发生改变,孔隙的边缘形态逐渐趋于粗糙,劣化程度增加;

3)在耦合作用下颗粒充填比增长,丰度降低。说明耦合作用使得颗粒间的骨架镶嵌结构遭到破坏,颗粒形态趋向于圆球形;

4)在耦合作用下面积比增大,说明孔隙总面积增多,结构越趋于疏松。

最后,结合宏观和微观两方面进行综合分析可知,在冻胀和结晶膨胀双重反复作用下,试样发生颗粒间裂隙数量增多,孔隙的扩展通过新的裂隙开始张开,甚至新老裂隙连通的实现,颗粒团聚化充填比、丰度减小的微观结构调整。从而,导致崩解速度的增加、抗压强度降低、风蚀速率的增长。宏观指标及微结构特征参数都随着循环次数、掺入盐分含量的递增,而呈现良好的呼应。

**2. 定量结果**

通过对宏观、微观变化的定性分析,发现了两者间存在内在联系。为了佐证定性分析前提下的量化关系,探索宏观指标与微观特征参数之间是否存在着以盐分含量梯度和冻融循环次数为纽带的定量关系,在此以盐分含量为变量,对可能相关联的宏观特性和微观特性进行相关性分析。在此之前先分析了各微观结构参数和宏观参数之间的相关性,发现除了形状系数相关性较低外,其他参数均有比较良好的相关性,整体相关性数值都在0.83以上(表5-7)。因此考虑选择相关性较好的崩解速度($V_d$)、风蚀速率($V_w$)、抗压强度($R$)三个宏观特性与面积比($A_p$)、颗粒充填比($F_p$)两个微观特性进行回归分析。

宏观指标与微结构参数的相关分析　　　　　　　　　　　　　　　表 5-7

| 掺入盐分 | 宏观指标 | 参数间的相关系数 | | |
|---|---|---|---|---|
| | | 微结构特征参数 | | |
| | | $A_p$ | $F_p$ | $K$ |
| $Na_2SO_4$ | $V_d$ | 0.984 | 0.830 | −0.277 |
| | $R$ | −0.941 | −0.934 | 0.485 |
| | $V_w$ | 0.920 | 0.975 | −0.347 |
| NaCl | $V_d$ | 0.914 | 0.952 | −0.401 |
| | $R$ | −0.867 | −0.961 | 0.482 |
| | $V_w$ | 0.901 | 0.935 | −0.415 |

在 12 次冻融循环次数的条件下，对三个宏观特性（崩解速度、风蚀速率、抗压强度）与两个微观特性（面积比、颗粒充填比）两两之间进行回归分析，结果表明（图 5-26 和图 5-27）：

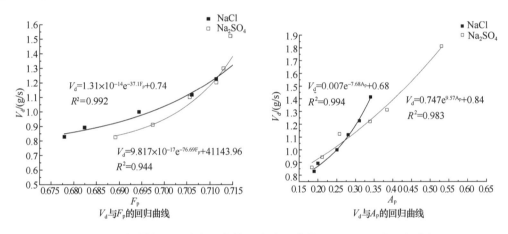

图 5-26　冻融循环 12 次宏观参数 $V_d$ 与微观参数（$F_p$、$A_p$）的回归分析

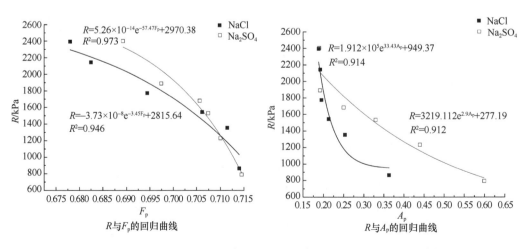

图 5-27　冻融循环 12 次宏观参数 $R$ 与微观参数（$F_p$、$A_p$）的回归分析

1）掺入任意一种盐分试样的崩解速度、风蚀速率与面积比的回归方程都服从正指数法则，判定系数 $R^2$ 均大于 0.943；掺入任意一种盐分试样的抗压强度与面积比的回归方程都服从负指数法则，判定系数 $R^2$ 均大于 0.912，说明以上回归方程有效；

2）掺入任意一种盐分试样的崩解速度、风蚀速率与颗粒充填比的回归方程都服从正指数法则，判定系数 $R^2$ 均大于 0.923；掺入任意一种盐分试样的抗压强度与颗粒充填比的回归方程都服从负指数法则，判定系数 $R^2$ 均大于 0.946，说明以上回归方程有效。

而后，对 3、6 次冻融循环次数下相应的宏观指标与微观指标进行回归分析。结果表明（表5-8），各回归方程形式与对应 12 次冻融循环次数下的回归方程表述一致，且判定系数 $R^2$ 均大于 0.848，说明以上回归方程有效。宏观指标与微观特征参数之间存在着以盐分含量梯度为纽带的定量关系。

宏观指标与微结构参数的回归分析结果　　　　表 5-8

| 参数 | 循环次数 | 回归方程 | $R^2$ 掺入 NaCl | 掺入 $Na_2SO_4$ |
|---|---|---|---|---|
| $V_d$ 与 $A_p$ | 3 | $V_d = ae^{A_p/b} + c$ | 0.973 | 0.948 |
|  | 6 |  | 0.864 | 0.949 |
| $V_w$ 与 $A_p$ | 3 | $V_w = ae^{A_p/b} + c$ | 0.905 | 0.931 |
|  | 6 |  | 0.887 | 0.956 |
| $R$ 与 $A_p$ | 3 | $R = ae^{-A_p/b} + c$ | 0.947 | 0.993 |
|  | 6 |  | 0.908 | 0.861 |
| $V_d$ 与 $F_p$ | 3 | $V_d = ae^{F_p/b} + c$ | 0.959 | 0.964 |
|  | 6 |  | 0.881 | 0.854 |
| $V_w$ 与 $F_p$ | 3 | $V_w = ae^{F_p/b} + c$ | 0.982 | 0.976 |
|  | 6 |  | 0.987 | 0.887 |
| $R$ 与 $F_p$ | 3 | $R = ae^{-F_p/b} + c$ | 0.974 | 0.944 |
|  | 6 |  | 0.873 | 0.848 |

通过以上回归分析的结果，可以发现宏观结果与微观结果之间存在良好量化对应的关系。具体表现为夯土的崩解速度和风蚀速率随着面积比、颗粒充填比的增大而增大，崩解速度和风蚀速率与面积比、颗粒充填比的回归方程服从正指数法则；抗压强度随着面积比、颗粒充填比的增大而减小，抗压强度与面积比、颗粒充填比的回归方程服从负指数法则。

## 5.3.2 作用机制初步讨论

研究反映出总体特征就是在冻融与盐渍耦合作用下遗址夯土微观结构会产生变化，其宏观性质随之发生响应。尤其是各宏观变化结果与面积比、颗粒充填度等土颗粒微观变化结果出现强相关的联系，反映出土颗粒性质情况是评价土体劣化程度的重要深度指标。

研究反映出一个重要特征就是同样作为土遗址常见盐分的 NaCl 和 $Na_2SO_4$，在其他变量统一的试验中表现出较大结果差异。其根本原因在于结晶过程和方式的差异。在冻融循环温度变化的情况下，$Na_2SO_4$ 会发生吸失水结晶转化过程，过程中出现结晶水的得失，导致体积膨胀与收缩，从而对孔隙产生一定的压力；相同条件下，NaCl 虽然也会发生结晶和溶解，同样会产生体积膨胀和孔隙压力，但没有 $Na_2SO_4$ 那样结晶水的得失，因此对土样的作用相较 $Na_2SO_4$ 较为缓和。两种盐分的结果差异反映出介质差异对劣化的影响。

基于以上对各种变量下宏观、微观角度的分析，认为土体本质上的劣化是由于其微观结构发生变化。因此，对于冻融与盐渍耦合作用导致的土体劣化现象原理提出以下两个机制：

1) 介质运移及相变，主要包括水、盐、热、微矿物质等相体的运动及相变。在冻融循环条件下相体迁移，相体运动对土骨架和胶结体产生疏松解体作用，对土中孔隙产生连通作用。在冻融循环条件下，随着盐渍化加深，水盐相变程度明显增高，过程中产生的盐胀结晶、盐溶分解使得土中介质发生体积变化，进而影响了土颗粒间的力学平衡，使土颗粒移动。此外，相变亦引起土中基质吸力变化，同时影响着介质运移速率，两者共同作用使土体发生劣化；

2) 颗粒破碎及重组，一方面，冻融过程影响土颗粒本身形态，尤其是对于大颗粒土粒。在冻融循环的过程中，孔隙间介质不停冻胀、盐胀，后又溶解。孔隙间体积发生反复变化，土粒间受力失衡产生压力差，相当于对土粒反复加卸荷载，扰动了土颗粒的整体稳态，使土粒发生开裂、破碎、剥离。土粒的形状特征趋向于单粒更稳定圆球形，不利于整体土体稳定。另一方面，盐分的微弱胶结作用使黏粒粉粒等极小颗粒发生团聚，重组为更大颗粒体。此外，颗粒破碎及重组共同影响了土体颗粒级配，导致黏聚力、界限含水率降低，使土体发生劣化。

# 第 6 章 土遗址历史损失率评价实践

## 6.1 遗址点选取

明长城作为中国历史上规模最大、体系最完备且保存状况最完善的长城工程，展现了我国古代在军事防御体系建设方面的最高成就。与明长城主线"九边十一镇"相比，青海明长城布局相对独立且独处一隅，具有完整的防御体系，而青海明长城防御体系中的46座堡(图6-1)作为整个体系的核心和枢纽，在此被选为土遗址历史损失率评价实践的研究对象，以上遗址的相关信息（表3-2）及建筑布局特征均在第3章进行了详细讨论，在此不再赘述。

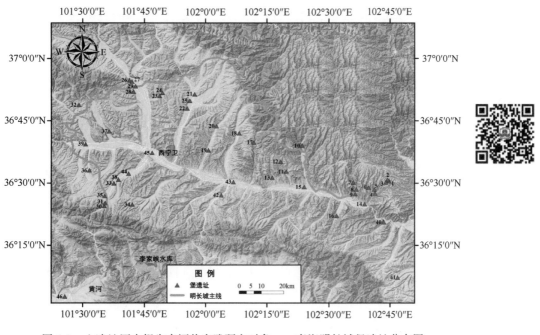

图 6-1 土遗址历史损失率评价实践研究对象——青海明长城堡遗址分布图

## 6.2 土遗址整体破坏评价结果

### 6.2.1 土遗址历史损失率计算结果

基于2.3节历史损失率评估方法，研究团队统计了以上46座堡遗址的平面图（图6-2～

图 6-45),进而归纳总结了堡遗址的线性周长（CL）与残存墙体长度（RL）等指标（表 6-1)，以此计算得出遗址历史损失率（39 号堡缺少平面图相关资料，43 号堡已几乎消失殆尽）。

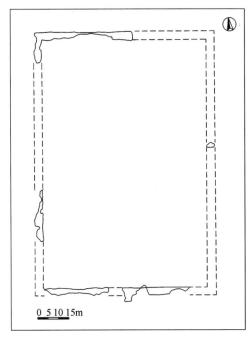

图 6-2　1 号堡遗址平面图

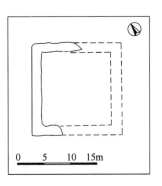

图 6-3　2 号堡遗址平面图

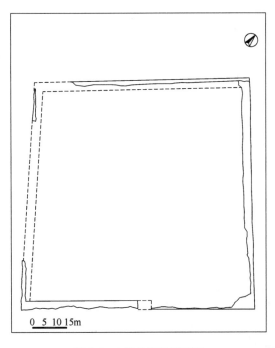

图 6-4　3 号堡遗址平面图

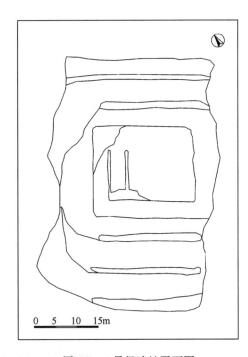

图 6-5　4 号堡遗址平面图

第6章 土遗址历史损失率评价实践

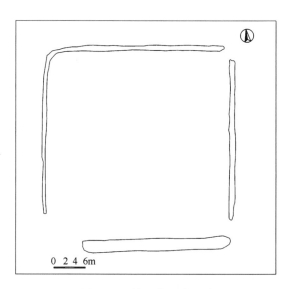

图 6-6　5号堡遗址平面图

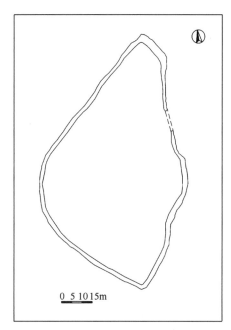

图 6-7　6号堡遗址平面图

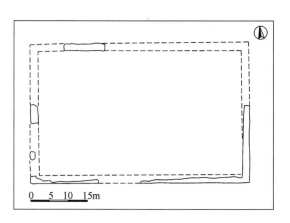

图 6-8　7号堡遗址平面图

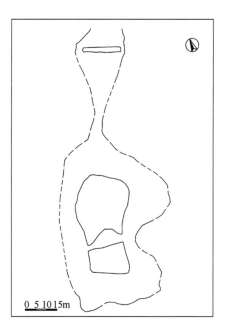

图 6-9　8号堡遗址平面图

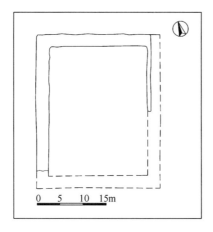
图 6-10　9 号堡遗址平面图

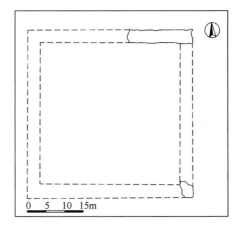
图 6-11　10 号堡遗址平面图

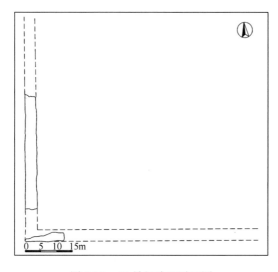
图 6-12　11 号堡遗址平面图

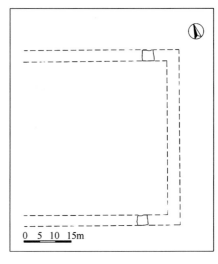
图 6-13　12 号堡遗址平面图

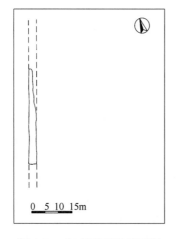
图 6-14　13 号堡遗址平面图

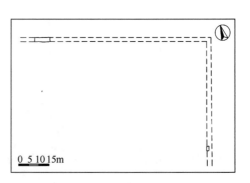
图 6-15　14 号堡遗址平面图

# 第 6 章 土遗址历史损失率评价实践

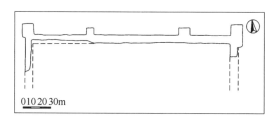

图 6-16　15 号堡遗址平面图

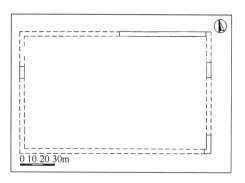

图 6-17　16 号堡遗址平面图

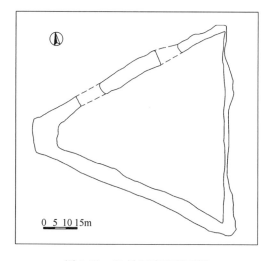

图 6-18　17 号堡遗址平面图

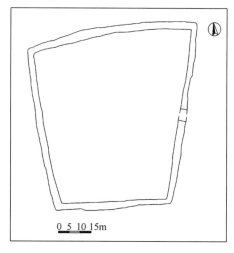

图 6-19　18 号堡遗址平面图

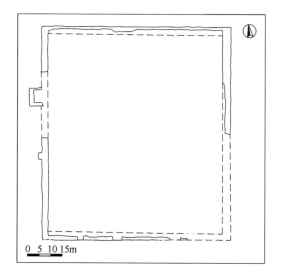

图 6-20　19 号堡遗址平面图

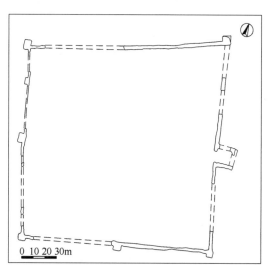

图 6-21　20 号堡遗址平面图

121

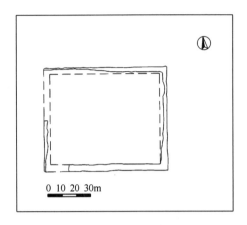

图 6-22　21 号堡遗址平面图

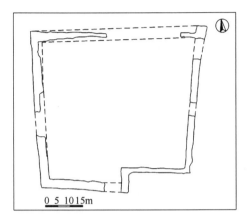

图 6-23　22 号堡遗址平面图

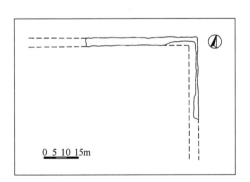

图 6-24　23 号堡遗址平面图

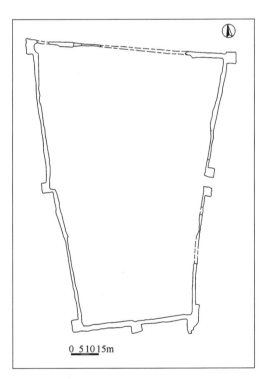

图 6-25　24 号堡遗址平面图

# 第6章 土遗址历史损失率评价实践

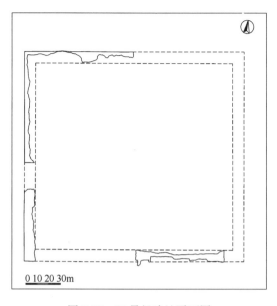

图 6-26　25号堡遗址平面图

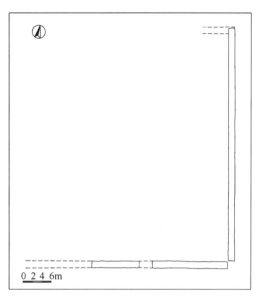

图 6-27　26号堡遗址平面图

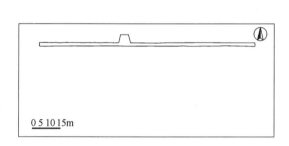

图 6-28　27号堡遗址平面图

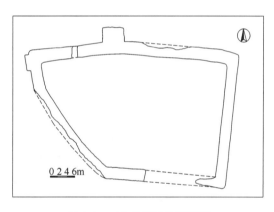

图 6-29　28号堡遗址平面图

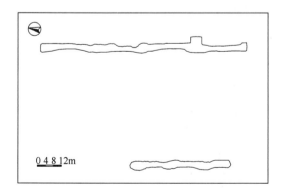

图 6-30　29号堡遗址平面图

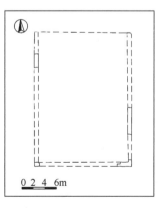

图 6-31　30号堡遗址平面图

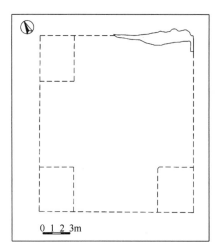

图 6-32　31号堡遗址平面图

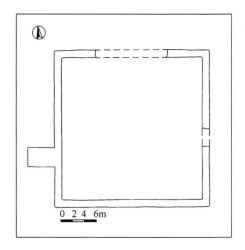

图 6-33　32号堡遗址平面图

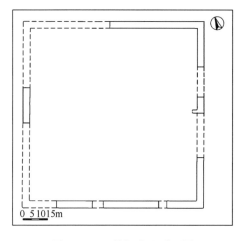

图 6-34　33号堡遗址平面图

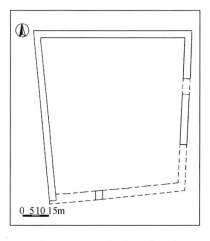

图 6-35　34号堡遗址平面图

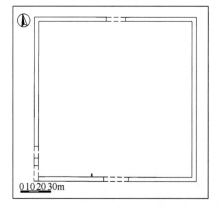

图 6-36　35号堡遗址平面图

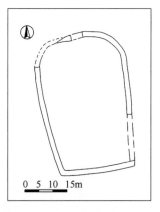

图 6-37　36号堡遗址平面图

第 6 章 土遗址历史损失率评价实践

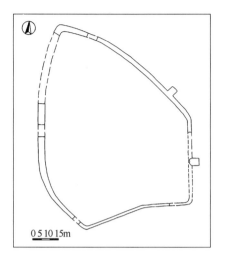

图 6-38　37 号堡遗址平面图

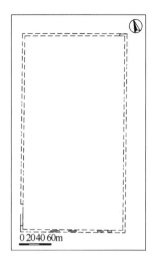

图 6-39　38 号堡遗址平面图

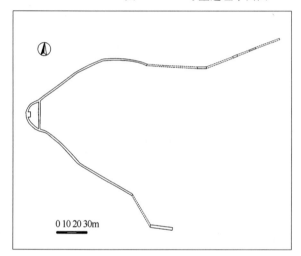

图 6-40　40 号堡遗址平面图

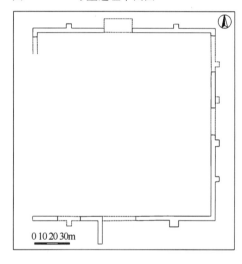

图 6-41　41 号堡遗址平面图

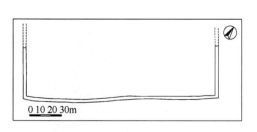

图 6-42　42 号堡遗址平面图

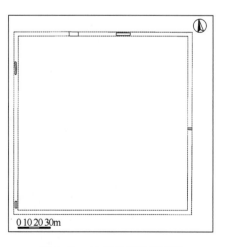

图 6-43　44 号堡遗址平面图

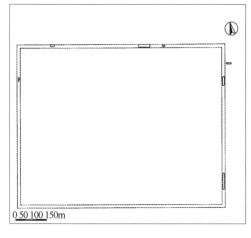

图 6-44　45 号堡遗址平面图

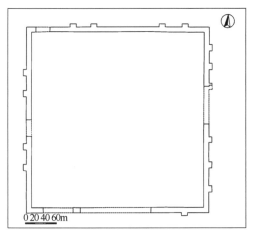

图 6-45　46 号堡遗址平面图

如表 6-1 所示，青海明长城 46 座堡遗址的保存状态可依据线性损失率指标（$L\text{-}ASR$）进行评估，其相应的保存状态同样可以确定：没有一座堡保存状态为很好（E）；10 座堡保存状态良好（G），占到堡总数的 22%；9 座堡保存状态一般（F），占堡总数的 20%；10 座堡保存状态较差（P），占堡总数的 22%；16 座堡保存状态极差（VP），占堡总数的 36%，图 6-46 为青海明长城 46 座堡保存状态统计直方图：保存状态为很好的堡遗址所占比例最少，而保存状态极差的堡遗址所占比例最高，超过一半的堡遗址处于较差或极差的保存状态，这些评级结果反映了青海明长城堡遗址的保护形势依然非常严峻。为验证评级结果可靠性，研究团队随机分别在保存状态为良好、一般、差和极差的堡遗址中各挑选出一处代表性遗址（18 号遗址、20 号遗址、40 号遗址、45 号遗址），比较其真实保存现状。如图 6-46 所示，随着历史损失率指标数值的增大，堡遗址保存状态逐步变差，由此也证实了评级结果的准确性。

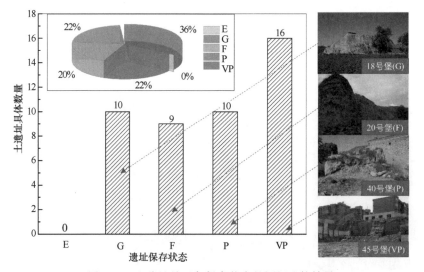

图 6-46　土遗址处于各保存状态的评级比较结果

第6章 土遗址历史损失率评价实践

青海明长城堡遗址历史损失率相关数据    表 6-1

| 堡编号 | 堡线性周长 (CL) | 残存墙体长度 (RL) | 墙体残存率 (RLR) | 线性损失率 (L-ASR) | 保存状态 |
|---|---|---|---|---|---|
| 1 | 418.00 | 149.40 | 35.74% | 64.26% | P |
| 2 | 68.00 | 32.50 | 47.79% | 52.21% | P |
| 3 | 400.00 | 305.80 | 76.45% | 23.55% | G |
| 4 | 82.20 | 20.40 | 24.82% | 75.18% | VP |
| 5 | 59.20 | 0.00 | 0.00% | 100.00% | VP |
| 6 | 294.00 | 235.00 | 79.93% | 20.07% | G |
| 7 | 188.00 | 86.35 | 45.93% | 54.07% | P |
| 8 | 134.00 | 18.00 | 13.43% | 86.57% | VP |
| 9 | 108.00 | 69.90 | 64.72% | 35.28% | F |
| 10 | 180.00 | 22.30 | 12.39% | 87.61% | VP |
| 11 | 182.00 | 48.40 | 26.59% | 73.41% | P |
| 12 | 220.00 | 7.50 | 3.41% | 96.59% | VP |
| 13 | 240.00 | 34.90 | 14.54% | 85.46% | VP |
| 14 | 315.00 | 9.93 | 3.15% | 96.85% | VP |
| 15 | 1572.00 | 465.25 | 29.60% | 70.40% | P |
| 16 | 542.00 | 114.00 | 21.03% | 78.97% | VP |
| 17 | 287.20 | 241.60 | 84.12% | 15.88% | G |
| 18 | 267.00 | 235.10 | 88.05% | 11.95% | G |
| 19 | 340.00 | 245.50 | 72.21% | 27.79% | F |
| 20 | 658.00 | 361.50 | 54.94% | 45.06% | F |
| 21 | 297.00 | 247.10 | 83.20% | 16.80% | G |
| 22 | 243.00 | 185.40 | 76.30% | 23.70% | G |
| 23 | 245.00 | 81.80 | 33.39% | 66.61% | P |
| 24 | 465.00 | 380.70 | 81.87% | 18.13% | G |
| 25 | 799.00 | 396.50 | 49.62% | 50.38% | P |
| 26 | 228.00 | 77.50 | 33.99% | 66.01% | P |
| 27 | 724.00 | 157.80 | 21.80% | 78.20% | VP |
| 28 | 166.00 | 102.30 | 61.63% | 38.37% | F |
| 29 | 952.00 | 151.80 | 15.95% | 84.05% | VP |
| 30 | 80.00 | 3.10 | 3.88% | 96.13% | VP |
| 31 | 66.00 | 8.00 | 12.12% | 87.88% | VP |
| 32 | 104.00 | 89.30 | 85.87% | 14.13% | G |
| 33 | 446.00 | 229.00 | 51.35% | 48.65% | F |
| 34 | 355.00 | 250.40 | 70.54% | 29.46% | F |
| 35 | 752.00 | 659.20 | 87.66% | 12.34% | G |
| 36 | 148.00 | 109.20 | 73.78% | 26.22% | F |
| 37 | 324.00 | 232.60 | 71.79% | 28.21% | F |
| 38 | 1320.00 | 126.70 | 9.60% | 90.40% | VP |
| 39 | 1100.00 | 7.00 | 0.64% | 99.36% | VP |
| 40 | 1093.00 | 470.67 | 43.06% | 56.94% | P |
| 41 | 1006.00 | 572.50 | 56.91% | 43.09% | F |
| 42 | 744.00 | 280.00 | 37.63% | 62.37% | P |
| 43 | — | 22.00 | — | — | — |
| 44 | 744.00 | 53.30 | 7.16% | 92.84% | VP |
| 45 | 4500.00 | 296.70 | 6.59% | 93.41% | VP |
| 46 | 2040.00 | 1531.60 | 75.08% | 24.92% | G |

土遗址历史损失率评估方法与评级结果可为线性土遗址的科学保护工作提供有益参考，因为该方法可有效地确定遗址始建以来的整体受损程度以及建筑材料的损失程度。鉴于土遗址蕴含极高的艺术价值、科学价值和社会价值，土遗址科学保护工作尤为迫切和重要，而获取遗址保存状态则是科学保护的前提和必要。因此，考虑遗址价值也是在评估其保存状态过程中的重要环节。然而，由于遗址蕴含的价值是一个较为抽象的概念，难以具体将其量化。为解决此类问题，研究团队尝试将第 3 章中论述堡遗址的行政级别，即镇、路、卫、所、堡，以及其在明长城军事防御体系中的军事功能等相关研究成果引入土遗址历史损失率评价结果，进而阐释遗址价值与其整体受损程度之间的关系。第 3.2 节相关研究结果表明，堡根据军事功能可将其分为 7 种类型：卫城、所城、驿城、驻军堡寨、土司衙门或居所、牧马苑、民堡；而驻军堡寨根据规模大小可分为两大类，即军城和军堡。基于驻军种类，军堡可以进一步分为两类：第一类为马营；第二类是以防守为主而建造的军堡。结合历史损失率评价结果，堡军事功能与其保存状态间的关系如图 6-47 所示。基于历史损失率指标计算结果，在评估遗址保存状态的同时，对处于同一保存状态的遗址需要综合考虑其蕴含价值和军事等级，即卫城因具有最高军事级别而应赋予最高价值，所城相较而言应赋予其第二等级的价值，而堡城价值最低；对于驻军堡寨，军城基于其较高军事等级以及较大的形制规模，在与同样保存状态等级的军堡相比较时应赋予其更高的价值等

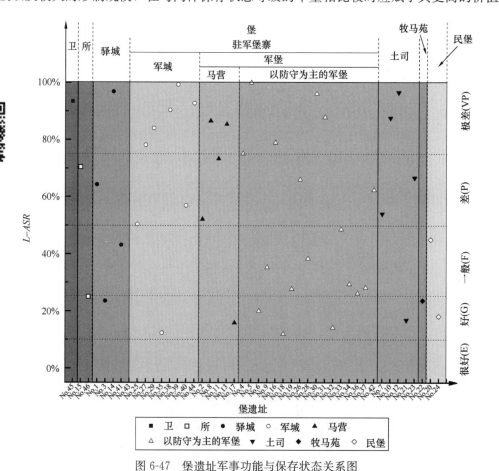

图 6-47　堡遗址军事功能与保存状态关系图

级，因此应具有更高的优先保护等级。

### 6.2.2 村落人口密度计算结果

在本研究中，46座堡遗址大多数分布于某处村落中或该村落的附近。研究团队基于青海省文物局提供的考古资料，系统获取以上村落的居住人口，并利用水经注万能地图下载器（Rivermap X3）获得以上各村落居住面积，根据式（2-2）计算村落人口密度(表6-2)。

青海明长城堡遗址所处（周边）村落人口密度及堡与村落的距离数据　　表6-2

| 堡编号 | 村落名称 | 居住人口（PN） | 村落面积/km² | 人口密度（PD）/（人/km²） | 堡与村落距离 r/km |
|---|---|---|---|---|---|
| 1 | 城背后村 | 350 | 0.0532 | 6575 | 0.200 |
| 2 | 城背后村 | 350 | 0.0532 | 6575 | 0.500 |
| 3 | 那家庄村 | 40 | 0.0044 | 8999 | 0.800 |
| 4 | 孟家湾村 | 500 | 0.0701 | 7129 | — |
| 5 | — | — | — | — | — |
| 6 | 碾线沟村 | 80 | 0.0309 | 2588 | 0.126 |
| 7 | 脑庄村 | 800 | 0.3494 | 2290 | 0.000 |
| 8 | 寺磨庄村 | 700 | 0.0363 | 19295 | 1.710 |
| 9 | 寺磨庄村 | 700 | 0.0363 | 19295 | 0.000 |
| 10 | 上衙门村 | 1000 | 0.2127 | 4702 | 0.300 |
| 11 | 联星村 | 300 | 0.0507 | 5918 | 0.000 |
| 12 | 祁家村 | 1000 | 0.1146 | 8727 | 0.000 |
| 13 | 迭尔沟村 | 400 | 0.0518 | 7716 | 0.000 |
| 14 | 老鸦村 | 2000 | 0.1590 | 12579 | 0.130 |
| 15 | 邓家村 | 2000 | 0.1644 | 12168 | 0.170 |
| 16 | 袁家庄村 | 900 | 0.0799 | 11271 | 0.200 |
| 17 | 马营村 | 200 | 0.0240 | 8331 | 0.280 |
| 18 | 北庄村 | 600 | 0.1272 | 4716 | 0.000 |
| 19 | 师家村 | 1000 | 0.1255 | 7966 | 0.480 |
| 20 | 新添堡村 | 700 | 0.2015 | 3474 | 0.000 |
| 21 | 白崖村 | 700 | 0.2609 | 2683 | 0.000 |
| 22 | 大通苑村 | 2000 | 0.3099 | 6454 | 0.000 |
| 23 | 陈家台村 | 700 | 0.1236 | 5664 | 0.000 |
| 24 | 下马圈村二社村 | 1000 | 0.2619 | 3819 | 0.038 |
| 25 | 古城村 | 1000 | 0.0580 | 17250 | 0.226 |
| 26 | 下庙沟村 | 500 | 0.1102 | 4538 | 0.050 |
| 27 | 新城村 | 1386 | 0.1966 | 7049 | 0.000 |
| 28 | 平乐村 | 500 | 0.3005 | 1664 | 0.300 |

续表

| 堡编号 | 村落名称 | 居住人口（PN） | 村落面积/km² | 人口密度（PD）/（人/km²） | 堡与村落距离 r/km |
|---|---|---|---|---|---|
| 29 | 古城村 | 500 | 0.3180 | 1573 | 0.000 |
| 30 | 阳坡台村 | 795 | 0.0655 | 12147 | 0.700 |
| 31 | 上新庄村 | 2534 | 0.6115 | 4144 | 0.000 |
| 32 | 伯什营村 | 1126 | 0.2607 | 4319 | 0.290 |
| 33 | 鲁沙尔镇东村 | 2116 | 0.2989 | 7079 | 0.000 |
| 34 | 贾尔藏村 | 2070 | 0.7228 | 2864 | 0.000 |
| 35 | 新城村 | 1206 | 0.2734 | 4412 | 0.000 |
| 36 | 元山尔村 | 2136 | 0.4322 | 4942 | 0.300 |
| 37 | 董家湾村 | 1581 | 0.4102 | 3854 | 0.280 |
| 38 | 徐家寨村 | 2109 | 0.4396 | 4798 | 0.000 |
| 39 | 通海城中村 | 1903 | 0.5467 | 3481 | 0.000 |
| 40 | 松树村 | 500 | 0.1311 | 3815 | 0.210 |
| 41 | 古鄯村 | 2000 | 0.7129 | 2805 | 0.000 |
| 42 | 白家村 | 1863 | 0.1191 | 15641 | 0.000 |
| 43 | 平安镇中村 | 1300 | 0.2099 | 6194 | 0.000 |
| 44 | 总南村 | 2000 | 0.3065 | 6525 | 0.000 |
| 45 | 西宁市城中区 | 200000 | 10.5000 | 19048 | 0.000 |
| 46 | 河阴镇贵德县城 | 22843 | 10.0100 | 2282 | 0.000 |

结合土遗址历史损失率计算结果，处于同一保存状态等级的堡所处（周边）村落人口密度平均值（PD）可以计算得出。如图6-48所示，随着堡遗址破坏等级逐步提升，村落

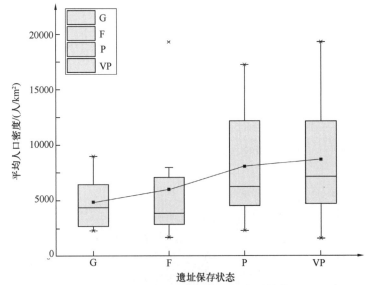

图6-48 堡遗址所处（周边）村落人口密度平均值（PD）与遗址保存状态关系趋势箱线图

人口密度平均值由保存状态良好（G）的堡所处（周边）村落人口密度为 4860 人/km² 逐步升高至保存状态极差（VP）的堡所处（周边）村落人口密度 8679 人/km²。这意味着，随着堡遗址破坏程度的增高，其周边人口的数量越高，人类的破坏程度越强烈。

## 6.3 土遗址损失率与人口密度相关性研究

在系统收集村落人口密度（$PD$）及堡遗址线性损失率指标（$L\text{-}ASR$）数据之后，研究团队对土遗址损失率与人口密度进行更加深入的相关性研究，以期定量化揭示人类活动对土遗址安全赋存的影响。

### 6.3.1 典型人口密度分布模型

事实上，在土遗址历史损失率评价实践研究中，许多堡遗址并非直接坐落在村落中，而是与某一村落相临近。因此，在土遗址损失率与人口密度相关性研究中需要考虑人口密度随着村落与遗址距离增加而出现衰减的情况。在本研究中，团队将 Clark、Smeed、Newling 和 Cubic 等四种典型的人口密度分布模型直接应用在拟合研究中，计算堡遗址因距村落一定距离 $r$ 而造成村落人口密度的衰减值（$PD_r$）。

Clark 模型使用负指数函数表征人口密度（$PD$）与遗址和村落距离 $r$ 之间的关系，如式（6-1）所示：

$$PD_r = PD_0 e^{-br} \tag{6-1}$$

Smeed 模型公式是一个幂指数函数，如式（6-2）所示：

$$PD_r = PD_0 r^b \tag{6-2}$$

Newling 模型是一个二次指数函数，如式（6-3）所示：

$$PD_r = PD_0 e^{br+cr^2} \tag{6-3}$$

Cubic 模型为立方函数，如式（6-4）所示：

$$PD_r = PD_0 e^{br+cr^2+dr^3} \tag{6-4}$$

以上式中，$PD_r$ 是距离居住中心 $r$ 处人口密度的衰减值，$PD_0$ 是居住中心的人口密度值，$b$、$c$ 和 $d$ 为参数值。

本研究中，若堡遗址位于村落中，则定义其与居住中心的距离为 0m；若堡遗址位于村落外，其与居住中心的距离定义为堡遗址中心与村落中心的距离。人口密度分布定义为单核衰减，即仅考虑单一村落的居住人口对其附近的堡遗址产生破坏作用；$PD_r$ 定义为堡遗址所处位置随村落中心距离产生的人口密度衰减值，$PD_0$ 是村落人口密度值，$r$ 为堡遗址与村落的距离。

### 6.3.2 土遗址损失率与人口密度模型数学建模

结合青海明长城相关考古资料以及水经注万能地图下载器（Rivermap X3），研究团队测量出堡遗址与周边村落的距离数据，如表 6-2 所示。在土遗址损失率与人口密度相关性研究中，假设堡遗址所处位置随村落中心距离产生的人口密度衰减值（$PD_r$）与土遗址线性损失率指标（$L\text{-}ASR$）间存在线性相关关系。在数据处理过程中，若堡遗址与村落距离相同，则将村落居住中心的人口密度值 $PD_0$ 与堡遗址线性损失率指标（$L\text{-}ASR$）计算为平均值。数据结果统计处理后，共有 17 组数据进行拟合分析，如表 6-3 所示。

表 6-3　青海明长城堡遗址损失率与人口密度拟合分析数据

| 数据组 | 村落人口密度平均值（$PD_0$）/（人/km²） | 堡遗址与村落距离平均值 $r$/km | 遗址线性损失率（$L\text{-}ASR$） |
|---|---|---|---|
| 1 | 6451 | 0.000 | 58.95% |
| 2 | 3819 | 0.038 | 18.13% |
| 3 | 4538 | 0.050 | 66.01% |
| 4 | 2588 | 0.126 | 20.07% |
| 5 | 12579 | 0.130 | 96.85% |
| 6 | 12168 | 0.170 | 70.40% |
| 7 | 8923 | 0.200 | 71.61% |
| 8 | 3815 | 0.210 | 56.94% |
| 9 | 17250 | 0.226 | 50.38% |
| 10 | 6093 | 0.280 | 22.04% |
| 11 | 4319 | 0.290 | 14.13% |
| 12 | 3769 | 0.300 | 50.73% |
| 13 | 7966 | 0.480 | 27.79% |
| 14 | 6575 | 0.500 | 52.21% |
| 15 | 12147 | 0.700 | 96.13% |
| 16 | 8999 | 0.800 | 23.55% |
| 17 | 19295 | 1.710 | 86.57% |

为达到最优拟合效果，研究团队使用 Levenberg-Marquardt（LM）优化算法确定了式（6-1）～式（6-4）中的参数值，由此可计算得出 $PD_r$ 数值及其与 $L\text{-}ASR$ 的相关系数，如图 6-49 所示。

由图 6-49 可以确定，与其他三种模型相比，应用 Cubic 模型得到的拟合结果具有最高相关系数（$R=0.6415$）。土遗址损失率与人口密度的相关性研究结果证明，两者之间存在正相关的关系，而人类活动对土遗址的破坏作用也从宏观角度得以证实。

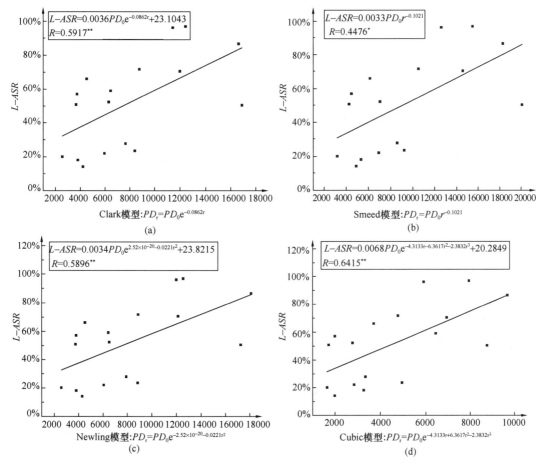

图 6-49 $PD_r$ 与 $L\text{-}ASR$ 的相关性分析结果

(a) Clark 模型；(b) Smeed 模型；(c) Newling 模型；
(d) Cubic 模型；* 与 ** 分别代表学生 $t$ 检验在 90% 和 95% 水平上的显著值

## 6.4 土遗址损失率结果表征与讨论

### 6.4.1 土遗址损失率在 DEM 中的三维可视化

研究团队将研究域高程数据与土遗址损失率评价结果相结合，从而实现土遗址损失率在 DEM 中的三维可视化（图 6-50）。图 6-50 展示了堡遗址空间分布、保存状态以及基于 Cubic 模型计算得出的人口密度分布情况。因为 Cubic 模型具有最好的拟合效果，研究团队将 Cubic 模型应用在城背后村的人口密度衰减值计算中，进而以 1 号堡和 2 号堡为例呈现出人类活动对遗址的破坏作用。

事实上，如果堡遗址附近有更多的村落分布，则这些村落都会对遗址产生一定的破坏作用。研究团队调研了青海明长城 46 座堡遗址，发现其中有 24 座堡位于村落中，19 座堡在 1km 范围内分布有村落，其余堡遗址距离村落很远。对于大多数分布在村落附近的

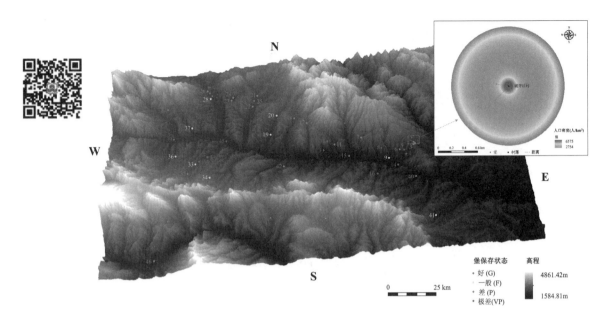

图 6-50　土遗址损失率在 DEM 中的三维可视化

堡遗址，研究团队发现在堡遗址 1km 范围内仅有 1 座村落，本研究中规定对堡遗址 1km 范围外的村落对遗址的影响考虑不记。由于单核模型可以方便、快捷地计算出村落人口密度随居住中心距离而发生的衰减值。若考虑距离堡遗址超过 1km 外村落人口密度的衰减，则多核模型需要进一步通过对多个村落的人口密度拟合构建。但是，该问题过于复杂，因为很多距离堡遗址较远的村落人口密度数据是缺失的。在本研究中，人口数据主要来源于青海省文物管理局和青海省测绘局自 2007—2009 年组织开展调查青海明长城遗址所取得的基础资料，以上资料仅可以提供距离堡遗址最近村落的人口居住情况。因此，本研究中很难考虑人口密度多核分布的情况，因此本研究构建的拟合模型仅适用于计算距离堡遗址 1km 范围内村落人口密度的衰减值。

在本研究中，土遗址历史损失率评价指标具有一定的优势：其一是简约性。该指标可由墙体线性周长（CL）与残存墙体长度（RL）两个指标直接计算确定，从定量角度简洁地揭示土遗址的整体破坏情况；其二是卫星图像资料的应用。村落居住面积及其与堡遗址的距离均可利用卫星图像资料测量提取。在此，研究团队也总结了该评价方法的几点局限性：第一点，该方法无法评估现存墙体的保存状态，即墙体因病害发育造成的局部受损程度有待进一步研究（详见第 7 章）；第二点，由于现存资料无法反映人口数据在时间序列下的演变情况，本研究拟合模型所应用的数据均取自 2008 年青海明长城考古调查资料，因此应用土遗址损失率指标对遗址保存现状的评价结果仅适用于 2008 年遗址的瞬时状态。本研究方法存在如下假设：$L$-$ASR$ 计算中仅考虑了遗址平面布局的长度，而遗址墙体的实际高度与体量并未考虑；以上 4 种人口密度分布模型均为单核模型，即随居住中心距离增大村落人口密度会整体变小。

基于对分布在村落中及村落外的堡遗址 $L$-$ASR$ 指标的平均值进行对比发现，对分布在村落内的堡遗址 $L$-$ASR$ 值为 58.95%，高于分布在村落外的遗址 $L$-$ASR$ 值（54.27%）；同时，式（6-4）表明人口密度会随距离居住中心发生衰减的规律，以上均解释了位于人口居住区的土遗址具有极高的破坏风险。因此，若堡遗址距离人口居住区越近，其安全赋存越容易受到人类活动的影响，该结论可由图6-49的拟合结果证实。

### 6.4.2 土遗址破坏因素主成分分析

明长城自修建至近600年多以来，受到人类活动与自然侵蚀的双重破坏作用，以夯土材料修筑而成的明长城遗址极易受风、雨等外营力的破坏而受损。为深入研究具体哪些因素主导了土遗址劣化，研究团队开展土遗址破坏因素主成分分析（PCA），研究因素包含依据由Cubic模型计算得出的人口密度、气象数据，以及每十年遗址赋存区的地震次数。其中，气象数据取自青海省气象局提供的堡遗址分布县区1961—2013年年均降雨量及风速数据，地震数据取自国家地震数据中心（http：//data.earthquake.cn）提供的堡遗址分布县区2011—2021年间的地震次数。基础数据如表6-4所示，主成分分析结果如表6-5所示。

主成分分析基础数据　　　　　　　　　　表6-4

| 堡序号 | 分布县区 | 人口密度 $PD_r$/（人/km²） | 年均降雨量/mm | 年均风速/（m/s） | 十年间地震次数 |
|---|---|---|---|---|---|
| 1 | 乐都 | 3513 | 298 | 1.84 | 722 |
| 2 | 乐都 | 2778 | 298 | 1.84 | 722 |
| 3 | 乐都 | 4974 | 298 | 1.84 | 722 |
| 4 | 乐都 | — | 298 | 1.84 | 722 |
| 5 | 乐都 | — | 298 | 1.84 | 722 |
| 6 | 乐都 | 1655 | 298 | 1.84 | 722 |
| 7 | 乐都 | 2290 | 298 | 1.84 | 722 |
| 8 | 乐都 | 9965 | 298 | 1.84 | 722 |
| 9 | 乐都 | 19295 | 298 | 1.84 | 722 |
| 10 | 乐都 | 2145 | 298 | 1.84 | 722 |
| 11 | 乐都 | 5918 | 298 | 1.84 | 722 |
| 12 | 乐都 | 8727 | 298 | 1.84 | 722 |
| 13 | 乐都 | 7716 | 298 | 1.84 | 722 |
| 14 | 乐都 | 7955 | 298 | 1.84 | 722 |
| 15 | 乐都 | 6945 | 298 | 1.84 | 722 |
| 16 | 乐都 | 6022 | 298 | 1.84 | 722 |
| 17 | 互助 | 3894 | 600 | 1.29 | 451 |
| 18 | 互助 | 4716 | 600 | 1.29 | 451 |
| 19 | 互助 | 3351 | 600 | 1.29 | 451 |
| 20 | 互助 | 3474 | 600 | 1.29 | 451 |
| 21 | 互助 | 2683 | 600 | 1.29 | 451 |

续表

| 堡序号 | 分布县区 | 人口密度 $PD_r$/(人/km$^2$) | 年均降雨量/mm | 年均风速/(m/s) | 十年间地震次数 |
|---|---|---|---|---|---|
| 22 | 互助 | 6454 | 600 | 1.29 | 451 |
| 23 | 互助 | 5664 | 600 | 1.29 | 451 |
| 24 | 互助 | 3271 | 600 | 1.29 | 451 |
| 25 | 互助 | 8766 | 600 | 1.29 | 451 |
| 26 | 大通 | 3715 | 520 | 1.67 | 184 |
| 27 | 大通 | 7049 | 520 | 1.67 | 184 |
| 28 | 大通 | 759 | 520 | 1.67 | 184 |
| 29 | 大通 | 1573 | 520 | 1.67 | 184 |
| 30 | 大通 | 5945 | 334 | 1.61 | 395 |
| 31 | 大通 | 4144 | 334 | 1.61 | 395 |
| 32 | 大通 | 1994 | 334 | 1.61 | 395 |
| 33 | 大通 | 7079 | 334 | 1.61 | 395 |
| 34 | 大通 | 2864 | 334 | 1.61 | 395 |
| 35 | 大通 | 4412 | 334 | 1.61 | 395 |
| 36 | 大通 | 2254 | 334 | 1.61 | 395 |
| 37 | 大通 | 1801 | 334 | 1.61 | 395 |
| 38 | 大通 | 4798 | 334 | 1.61 | 395 |
| 39 | 大通 | 3481 | 334 | 1.61 | 395 |
| 40 | 民和 | 1998 | 347 | 1.63 | 144 |
| 41 | 民和 | 2805 | 347 | 1.63 | 144 |
| 42 | 平安 | 15641 | 335 | 2.29 | 380 |
| 43 | 平安 | 6194 | 335 | 2.29 | 380 |
| 44 | 西宁 | 6525 | 385 | 1.55 | 22 |
| 45 | 西宁 | 19048 | 385 | 1.55 | 22 |
| 46 | 贵德 | 2282 | 368 | 1.95 | 102 |

主成分分析结果　　　　　　　　　　　　　　　　　　　　　　表 6-5

| 相关矩阵的特征分析 | | | | |
|---|---|---|---|---|
| 特征值 | 2.0387 | 0.9497 | 0.7781 | 0.2335 |
| 比率 | 0.510 | 0.237 | 0.195 | 0.058 |
| 累积 | 0.510 | 0.747 | 0.942 | 1.000 |
| 特征向量 | | | | |
| 变量 | PC1 | PC2 | PC3 | PC4 |
| 人口密度 | 0.259 | −0.906 | −0.326 | −0.078 |
| 年均降雨量 | −0.627 | −0.139 | −0.281 | 0.713 |
| 年均风速 | 0.617 | −0.020 | 0.381 | 0.688 |
| 地震次数 | 0.399 | 0.400 | −0.818 | 0.107 |

主成分分析结果如表6-5所示：前三个主分量解释了94.2%的数据变异，其中降雨和风速两个变量与第一个主分量相关性最大，而人口密度与第二个主分量相关性最大，第三个变量中地震是最相关的变量。

从土遗址历史损失率评价结果研究结果中，证实了人口密度与土遗址损失率之间的正相关性，其相关系数通过了显著性检验。因此，本研究提出的原创性指标以及构建的数学模型具有科学性和合理性。在后续研究中，研究团队将进一步在明长城遗址破坏评估研究中推广人口密度与土遗址损失率数学模型，通过不断修正模型参数以期获取更加科学且合理的评估结果。除此之外，结合遗址实际高度及顶（低）宽，研究团队也将深入探究土遗址体量损失率（V-ASR）等相关指标。

# 第7章 土遗址易损性评价实践

## 7.1 遗址点选取

在第 1 章土遗址典型病害相关性研究中，已选取 9 处遗址点进行了病害勘察及取样。在此基础上，研究团队进一步对遗址点进行遴选和扩充，最终确定 18 处典型遗址点对其进行易损性评价，进而获取遗址因病害发育演化而造成其局部受损的精准程度。研究所遴选的 18 处遗址点为分布在互助、大通、贵德、乐都、门源、湟中 6 县区的 5 段夯土墙和 13 座堡，其具体名称如表 7-1 所示。首先，针对 18 处典型遗址点进行现场勘察获取病害基础数据，并现场取样进行室内测试获取夯土材料基本性质指标，为后续评价工作的开展提供数据支持。

**青海明长城遗址易损性评价选点**　　　　表 7-1

| 遗址序号 | 遗址名称 | 遗址类型建筑 | 分布县区 |
|---|---|---|---|
| 1 | 水洞村段夯土墙 | 夯土墙 | 互助 |
| 2 | 新添堡 | 堡 | |
| 3 | 下马圈堡 | 堡 | |
| 4 | 泥麻村段夯土墙 | 夯土墙 | |
| 5 | 威远堡 | 堡 | |
| 6 | 董家庄堡 | 堡 | |
| 7 | 大通苑堡 | 堡 | |
| 8 | 师家堡 | 堡 | |
| 9 | 佛倌堡 | 堡 | |
| 10 | 北庄古城堡 | 堡 | |
| 11 | 娘娘山长城 | 夯土墙 | 大通 |
| 12 | 毛家寨长城 | 夯土墙 | |
| 13 | 贵德古城 | 堡 | 贵德 |
| 14 | 碾伯古城 | 堡 | 乐都 |
| 15 | 那家庄堡 | 堡 | |
| 16 | 门源古城 | 堡 | 门源 |
| 17 | 永安古城 | 堡 | |
| 18 | 加拉山墙体 | 夯土墙 | 湟中 |

## 7.2 易损性评价指标及权重确定

### 7.2.1 易损性评价递阶层次结构模型

由第1章可知,青海明长城遗址发育有裂隙、冲沟、掏蚀、坍塌和片状剥离5种典型病害类型。由青海明长城遗址病害框架体系可知裂隙、冲沟、掏蚀等病害会进一步引发坍塌,进而导致遗址消亡,以此为基础建立青海明长城遗址易损性评价的递阶层次结构模型(图7-1):目标层指研究问题的目标,即为土遗址易损性评价,由于坍塌这种病害为遗址最为严重且关键的病害类型,直接威胁遗址的稳定赋存,甚至导致遗址消亡,因此以因坍塌发育而导致的遗址破坏程度作为目标层(A);准则层指为实现目标而涉及的中间环节,这里包括坍塌发育的影响因素,即力学强度($B_1$),以及导致坍塌发育的3种病害,即冲沟($B_2$)、掏蚀($B_3$)和裂隙($B_4$);指标层包含了该层次模型所有基本的评价因素,具体包括夯土的抗压强度($C_1$)、崩解速度($C_2$)、塑性指数($C_3$)、液限($C_4$)、裂隙长度($C_5$)、年均降雨量($C_6$)、易溶盐含量($C_7$)、年平均最大风速($C_8$)及线裂隙率($C_9$)。

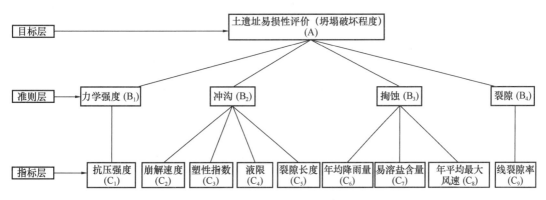

图7-1 青海明长城遗址易损性评价递阶层次结构模型

由此可知,青海明长城遗址易损性评价模型包含以上9个基本指标,该模型主要以青海明长城遗址病害框架体系为基础而建立,以上评价指标是在病害框架体系中病害的影响因素指标的基础上所进行的优化:这里的裂隙长度($C_5$)即为裂隙迹长;为了更加方便处理降雨数据,以年均降雨量($C_6$)作为表征降雨对掏蚀病害的影响因素;以线裂隙率($C_9$)表征明长城"夯土版筑"的建造工艺这一裂隙发育的内在影响因素,线裂隙率即指单位长度墙体的裂隙数量,这里的裂隙主要指版筑缝裂隙类型。抗压强度($C_1$)作为主要的力学强度指标影响坍塌的发育,夯土的崩解速度($C_2$)、塑性指数($C_3$)、液限($C_4$)、裂隙长度($C_5$)是冲沟发育的影响因素,年均降雨量($C_6$)、易溶盐含量($C_7$)、年平均最大风速($C_8$)是掏蚀发育的影响因素,线裂隙率($C_9$)表征了明长城建造工艺对裂隙的影响。这9个影响因素指标已在1.3节进行了详细讨论。其中,抗压强度($C_1$)和崩解速度($C_2$)是负相关指标,其余7个指标($C_3$-$C_9$)为正相关指标。

## 7.2.2 AHP 计算权重

研究团队运用 AHP 对递阶层次结构模型中的各层次指标进行权重计算。在层次分析法中，根据 Saaty 提出的 9 标度方法（表 7-2），通过各元素比对构建权重矩阵：

$$A = (a_{ij})_{n \times n} \quad (n \text{ 为比对元素的数量}) \tag{7-1}$$

这里 $a_{ij}$ 指元素 $i$ 与元素 $j$ 的重要性比较，具有以下规定原则：$a_{ij} > 0$；$a_{ij} = 1/a_{ji} (i \neq j)$；$a_{ij} = 1 (i = j = 1, 2, \cdots, n)$。

9 标度方法取值及含义　　表 7-2

| 标度 | 含义 | 标度 | 含义 |
|---|---|---|---|
| 1 | 两因素对比，具有相同的重要性 | 7 | 两因素对比，前者比后者强烈重要 |
| 3 | 两因素对比，前者比后者稍重要 | 9 | 两因素对比，前者比后者极端重要 |
| 5 | 两因素对比，前者比后者明显重要 | 2,4,6,8 | 上述相邻判断中间值 |

注：$a_{ij}$ 指元素 $i$ 与元素 $j$ 的重要性比较；$a_{ji}$ 指元素 $j$ 与元素 $i$ 的重要性比较

然后根据 Satty 提出的特征值法计算各层权重，该方法是目前 AHP 中最常用的计算权重方法，具体公式如下：

$$Aw = \lambda_{\max} w \tag{7-2}$$

这里 $w = [w_1, w_2, \cdots, w_n]$ 是权重向量，$\lambda_{\max}$ 是矩阵 $A$ 的最大特征值。应用 MATLAB 特征向量函数进行求解，得出权重值和最大特征值。这里的权重向量中的各元素需要经过归一化处理，即：

$$\sum_{i=1}^{n} w_i = 1 \tag{7-3}$$

为检验判断矩阵的一致性，需要计算一致性比例 $CR$，其计算公式为：

$$CR = CI/RI \tag{7-4}$$

若 $CR \leq 0.1$，判断矩阵通过一致性检验。其中 $CI$ 是一致性指标，其计算公式为：

$$CI = (\lambda_{\max} - n)/(n-1) \tag{7-5}$$

式中　$\lambda_{\max}$——矩阵 $A$ 的最大特征值，$n$ 为矩阵 $A$ 的阶数。

$RI$ 是平均随机一致性指标，其具体取值与判断矩阵的阶数 $n$ 有关，如表 7-3 所示。

平均随机一致性指标取值　　表 7-3

| 阶数 | 1 | 2 | 3 | 4 | 5 | 6 | 7 | 8 | 9 |
|---|---|---|---|---|---|---|---|---|---|
| $RI$ | 0.00 | 0.00 | 0.58 | 0.90 | 1.12 | 1.24 | 1.32 | 1.41 | 1.45 |

在此，递阶层次结构模型包含准则层和指标层两层结构；通过给出两两比对矩阵元素构建权重矩阵，进而计算各评价指标具体权重。由于 AHP 方法本身具有主观性，其两两比对矩阵元素是综合考虑第一章数据拟合结果同时研究团队请教了土遗址领域相关专家的

# 第7章 土遗址易损性评价实践

意见而给出的。所给元素已通过一致性检验，具有一定合理性。其两两比对矩阵、一致性检验结果如表 7-4 所示，各层权重如表 7-5 所示。

两两对比矩阵及权重、最大特征值和一致性比例　　表 7-4

| 准则层和指标层 | 两两对比矩阵 | | | | 权重 |
|---|---|---|---|---|---|
| 准则层 | | | | | |
|  | (1) | (2) | (3) | (4) |  |
| (1) 抗压强度（$B_1$） | 1 | 1/6 | 1/3 | 1/2 | 0.0728 |
| (2) 冲沟（$B_2$） | 6 | 1 | 4 | 5 | 0.5970 |
| (3) 掏蚀（$B_3$） | 3 | 1/4 | 1 | 3 | 0.2217 |
| (4) 裂隙（$B_4$） | 2 | 1/5 | 1/3 | 1 | 0.1084 |
| $\lambda_{max}=4.1257$，$CR=0.0466<0.1$ | | | | | |
| 指标层 | | | | | |
| 冲沟（$B_2$） | (1) | (2) | (3) | (4) |  |
| (1) 崩解速度（$C_2$） | 1 | 1/4 | 1/3 | 1/5 | 0.0699 |
| (2) 塑性指数（$C_3$） | 4 | 1 | 2 | 1/3 | 0.2430 |
| (3) 液限（$C_4$） | 3 | 1/2 | 1 | 1/4 | 0.1494 |
| (4) 裂隙长度（$C_5$） | 5 | 3 | 4 | 1 | 0.5376 |
| $\lambda_{max}=4.1179$，$CR=0.0437<0.1$ | | | | | |
| 掏蚀（$B_3$） | (1) | (2) | (3) | | |
| (1) 年均降雨量（$C_6$） | 1 | 1/2 | 3 | | 0.3196 |
| (2) 易溶盐总量（$C_7$） | 2 | 1 | 4 | | 0.5584 |
| (3) 年均最大风速（$C_8$） | 1/3 | 1/4 | 1 | | 0.1220 |
| $\lambda_{max}=3.0183$，$CR=0.0158<0.1$ | | | | | |

各层权重及综合权重　　表 7-5

| 准则层 | 准则层权重 $W_{2i}$ | 指标层 | 指标层 $W_{1i}$ | 总排序权重 $w_n=W_{1i}\times W_{2i}$ |
|---|---|---|---|---|
| $B_1$ | 0.0728 | $C_1$ | 1.0000 | 0.0728 |
| $B_2$ | 0.5970 | $C_2$ | 0.0699 | 0.0417 |
|  |  | $C_3$ | 0.2430 | 0.1451 |
|  |  | $C_4$ | 0.1494 | 0.0892 |
|  |  | $C_5$ | 0.5376 | 0.3209 |
| $B_3$ | 0.2217 | $C_6$ | 0.3196 | 0.0709 |
|  |  | $C_7$ | 0.5584 | 0.1238 |
|  |  | $C_8$ | 0.1220 | 0.0270 |
| $B_4$ | 0.1084 | $C_9$ | 1.0000 | 0.1084 |

## 7.3 易损性评价

### 7.3.1 遗址破坏评价标准

一般而言,风险评价在数学上的结果分值在 0-1。本研究主要参考刘希林等对泥石流风险及易损性评价的划分方法以及文物保护领域相关专家的意见,采用等分法将青海明长城遗址的坍塌破坏程度划分为 5 个等级(表 7-6),分别为极高(VH,用 $v_1$ 表示)、高(H,用 $v_2$ 表示)、中等(M,用 $v_3$ 表示)、低(L,用 $v_4$ 表示)和极低(VL,用 $v_5$ 表示)。

青海明长城遗址破坏评价标准 表 7-6

| 评价标准 | 解释 | 分值区域 |
|---|---|---|
| $v_1$:极高 | 遗址完全被病害发育所威胁,处于极度危险的状态,接近消亡 | [0.8,1.0] |
| $v_2$:高 | 遗址严重被病害发育所威胁,迫切需要采取相关科学保护措施 | [0.6,0.8) |
| $v_3$:中等 | 遗址的病害发育处于可控范围内,需要采取系统的保护措施 | [0.4,0.6) |
| $v_4$:低 | 尽管遗址没有被病害发育严重威胁,但建议采取相关措施以避免病害进一步发育威胁遗址的赋存 | [0.2,0.4) |
| $v_5$:极低 | 遗址保存状况较好,在某种程度上病害威胁可以忽略 | [0,0.2) |

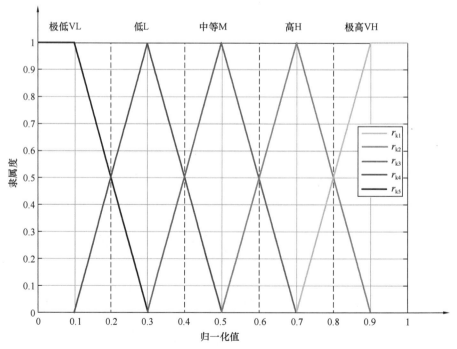

图 7-2 三角模糊隶属函数

事实上,等分法被广泛地应用于地灾领域,譬如刘磊采用等分法将三峡库区万州库岸段滑坡区域危险性分为5个等级(较高、高、中等、低和较低),同时张艳等采用5级等分法划分土地资源综合易损性。通过参考借鉴其他领域易损性分区方法并且咨询文物保护领域相关专家的意见,笔者认为易损性分级值采用等分法具有一定的合理性。其评价集如式(7-6)所示:

$$V = [v_1, v_2, v_3, v_4, v_5] \tag{7-6}$$

根据图7-2所示遗址易损性评价递阶层次结构模型构建决策矩阵 $D$:

$$D = \begin{bmatrix} X_{11} & X_{12} & \cdots & X_{1n} \\ X_{21} & X_{22} & \cdots & X_{2n} \\ \vdots & \vdots & \ddots & \vdots \\ X_{m1} & X_{m2} & \cdots & X_{mn} \end{bmatrix} \tag{7-7}$$

其中,$X_{ij}$ 代表第 $i$ 个明长城遗址点的第 $j$ 个评价指标数值。在此,$m$ 为18,$n$ 为9,即指所遴选的18处典型遗址点和9个易损性评价指标。

为获得基础数据,对以上18处遗址点病害进行现场勘察,获取裂隙迹长、条数等数据,经过数据处理得到裂隙平均长度($C_5$)和遗址线裂隙率($C_9$)数值;在遗址坍塌处现场取样并在室内系统测试夯土工程性质指标,获取夯土抗压强度($C_1$)、崩解速度($C_2$)、塑性指数($C_3$)、液限($C_4$)和易溶盐总量($C_7$);在青海省气象局获取遗址点分布县区的基本气象数据,得到遗址分布县区年均降雨量($C_6$)和年均最大风速($C_8$),从而构成决策矩阵 $D$:

$$D = \begin{bmatrix}
0.22 & 11.39 & 11.9 & 18.5 & 0.784 & 600.0 & 1100.0 & 10.243 & 0.0100 \\
0.49 & 6.48 & 13.2 & 15.6 & 1.769 & 600.0 & 929.0 & 10.243 & 0.4467 \\
0.62 & 8.31 & 9.6 & 17.4 & 1.554 & 600.0 & 1664.0 & 10.243 & 0.5558 \\
0.14 & 9.89 & 21.9 & 21.0 & 0.651 & 600.0 & 1223.0 & 10.243 & 0.0583 \\
0.42 & 6.64 & 11.4 & 15.5 & 2.480 & 600.0 & 1542.0 & 10.243 & 0.0812 \\
0.38 & 11.67 & 9.5 & 16.5 & 1.729 & 600.0 & 1354.0 & 10.243 & 0.3806 \\
0.41 & 30.32 & 11.4 & 16.0 & 3.145 & 600.0 & 1465.0 & 10.243 & 0.2857 \\
0.77 & 43.91 & 19.5 & 14.1 & 2.926 & 600.0 & 1306.0 & 10.243 & 0.2105 \\
0.35 & 15.82 & 8.9 & 16.7 & 2.900 & 600.0 & 1160.0 & 10.243 & 0.1438 \\
0.59 & 14.14 & 9.3 & 15.4 & 2.796 & 600.0 & 1765.0 & 10.243 & 0.1231 \\
1.00 & 29.60 & 10.3 & 26.1 & 2.616 & 523.3 & 6636.5 & 8.836 & 0.1415 \\
1.18 & 72.14 & 14.9 & 33.4 & 1.427 & 523.3 & 6810.0 & 8.836 & 0.9642 \\
2.29 & 12.07 & 8.2 & 21.5 & 3.796 & 368.0 & 4645.2 & 8.473 & 0.0740 \\
1.47 & 50.81 & 9.7 & 25.0 & 2.834 & 298.0 & 2073.0 & 10.732 & 0.0711 \\
0.49 & 97.74 & 13.8 & 33.4 & 4.900 & 298.0 & 1292.0 & 10.732 & 0.0475 \\
1.46 & 61.75 & 14.1 & 33.9 & 5.890 & 520.0 & 1956.0 & 11.384 & 0.1358 \\
1.37 & 66.76 & 23.5 & 49.4 & 3.765 & 520.0 & 4802.0 & 11.384 & 0.2908 \\
0.41 & 19.29 & 10.6 & 26.3 & 1.398 & 334.0 & 5877.0 & 8.637 & 0.0910
\end{bmatrix} \tag{7-8}$$

随后对基础数据进行归一化处理，得到归一化决策矩阵：

$$F = (f_{ij})_{m \times n} \tag{7-9}$$

对于正相关指标，归一化公式为：

$$f_{ij} = \frac{X_{ij} - \min_j(X_{ij})}{\max_j(X_{ij}) - \min_j(X_{ij})} \tag{7-10}$$

对于负相关指标，归一化公式为：

$$f_{ij} = \frac{\max_j(X_{ij}) - X_{ij}}{\max_j(X_{ij}) - \min_j(X_{ij})} \tag{7-11}$$

由于抗压强度（$C_1$）和崩解速度（$C_2$）是负相关指标，因此应用式（7-11）对这两个指标进行归一化处理；其余 7 个指标（$C_3$-$C_9$）为正相关指标，应用式（7-10）对这 7 个指标进行归一化处理。经处理得到归一化数据（表 7-7）和决策矩阵 $F$：

$$F = \begin{bmatrix}
0.963 & 0.946 & 0.241 & 0.125 & 0.025 & 1.000 & 0.029 & 0.608 & 0.000 \\
0.837 & 1.000 & 0.326 & 0.042 & 0.213 & 1.000 & 0.000 & 0.608 & 0.458 \\
0.777 & 0.980 & 0.091 & 0.093 & 0.172 & 1.000 & 0.125 & 0.608 & 0.572 \\
1.000 & 0.963 & 0.893 & 0.195 & 0.000 & 1.000 & 0.050 & 0.608 & 0.051 \\
0.870 & 0.998 & 0.209 & 0.040 & 0.349 & 1.000 & 0.104 & 0.608 & 0.075 \\
0.888 & 0.943 & 0.085 & 0.068 & 0.206 & 1.000 & 0.072 & 0.608 & 0.388 \\
0.874 & 0.739 & 0.209 & 0.054 & 0.476 & 1.000 & 0.091 & 0.608 & 0.289 \\
0.707 & 0.590 & 0.737 & 0.000 & 0.434 & 1.000 & 0.064 & 0.608 & 0.210 \\
0.902 & 0.898 & 0.046 & 0.074 & 0.429 & 1.000 & 0.039 & 0.608 & 0.140 \\
0.791 & 0.916 & 0.072 & 0.037 & 0.409 & 1.000 & 0.142 & 0.608 & 0.119 \\
0.602 & 0.747 & 0.136 & 0.340 & 0.375 & 0.746 & 0.971 & 0.125 & 0.138 \\
0.516 & 0.281 & 0.437 & 0.546 & 0.148 & 0.746 & 1.000 & 0.125 & 1.000 \\
0.000 & 0.939 & 0.000 & 0.209 & 0.600 & 0.232 & 0.632 & 0.000 & 0.067 \\
0.381 & 0.514 & 0.098 & 0.309 & 0.417 & 0.000 & 0.195 & 0.776 & 0.064 \\
0.837 & 0.000 & 0.365 & 0.546 & 0.811 & 0.000 & 0.062 & 0.776 & 0.039 \\
0.386 & 0.394 & 0.387 & 0.561 & 1.000 & 0.735 & 0.175 & 1.000 & 0.132 \\
0.428 & 0.339 & 1.000 & 1.000 & 0.594 & 0.735 & 0.659 & 1.000 & 0.294 \\
0.874 & 0.860 & 0.157 & 0.345 & 0.143 & 0.119 & 0.841 & 0.056 & 0.085
\end{bmatrix} \tag{7-12}$$

第 7 章　土遗址易损性评价实践

青海明长城遗址易损性评价归一化数据　　　　表 7-7

| 遗址点序号 | $C_1$ | $C_2$ | $C_3$ | $C_4$ | $C_5$ | $C_6$ | $C_7$ | $C_8$ | $C_9$ |
|---|---|---|---|---|---|---|---|---|---|
| 1 | 0.963 | 0.946 | 0.241 | 0.125 | 0.025 | 1.000 | 0.029 | 0.608 | 0.000 |
| 2 | 0.837 | 1.000 | 0.326 | 0.042 | 0.213 | 1.000 | 0.000 | 0.608 | 0.458 |
| 3 | 0.777 | 0.980 | 0.091 | 0.093 | 0.172 | 1.000 | 0.125 | 0.608 | 0.572 |
| 4 | 1.000 | 0.963 | 0.893 | 0.195 | 0.000 | 1.000 | 0.050 | 0.608 | 0.051 |
| 5 | 0.870 | 0.998 | 0.209 | 0.040 | 0.349 | 1.000 | 0.104 | 0.608 | 0.075 |
| 6 | 0.888 | 0.943 | 0.085 | 0.068 | 0.206 | 1.000 | 0.072 | 0.608 | 0.388 |
| 7 | 0.874 | 0.739 | 0.209 | 0.054 | 0.476 | 1.000 | 0.091 | 0.608 | 0.289 |
| 8 | 0.707 | 0.590 | 0.737 | 0.000 | 0.434 | 1.000 | 0.064 | 0.608 | 0.210 |
| 9 | 0.902 | 0.898 | 0.046 | 0.074 | 0.429 | 1.000 | 0.039 | 0.608 | 0.140 |
| 10 | 0.791 | 0.916 | 0.072 | 0.037 | 0.409 | 1.000 | 0.142 | 0.608 | 0.119 |
| 11 | 0.602 | 0.747 | 0.136 | 0.340 | 0.375 | 0.746 | 0.971 | 0.125 | 0.138 |
| 12 | 0.516 | 0.281 | 0.437 | 0.546 | 0.148 | 0.746 | 1.000 | 0.125 | 1.000 |
| 13 | 0.000 | 0.939 | 0.000 | 0.209 | 0.600 | 0.232 | 0.632 | 0.000 | 0.067 |
| 14 | 0.381 | 0.514 | 0.098 | 0.309 | 0.417 | 0.000 | 0.195 | 0.776 | 0.064 |
| 15 | 0.837 | 0.000 | 0.365 | 0.546 | 0.811 | 0.000 | 0.062 | 0.776 | 0.039 |
| 16 | 0.386 | 0.394 | 0.387 | 0.561 | 1.000 | 0.735 | 0.175 | 1.000 | 0.132 |
| 17 | 0.428 | 0.339 | 1.000 | 1.000 | 0.594 | 0.735 | 0.659 | 1.000 | 0.294 |
| 18 | 0.874 | 0.860 | 0.157 | 0.345 | 0.143 | 0.119 | 0.841 | 0.056 | 0.085 |

## 7.3.2　FAHP 确定综合评价等级

AHP 结合模糊数学理论，根据已有的评价集 $V$，建立隶属度矩阵：

$$R = \begin{bmatrix} R_1 \\ R_2 \\ \vdots \\ R_k \end{bmatrix} = \begin{bmatrix} r_{11} & r_{12} & \cdots & r_{1l} \\ r_{21} & r_{22} & \cdots & r_{2l} \\ \vdots & \vdots & \ddots & \vdots \\ r_{k1} & r_{k2} & \cdots & r_{kl} \end{bmatrix} \quad (7\text{-}13)$$

其中，$R$ 指第 $i$ 个指标对第 $j$ 级别的隶属度，$k$ 指准则层的指标数量，$l$ 指级别数量。这里 $k$ 为 4，$l$ 为 5。

由于三角模糊隶属函数在文物保护领域已得到广泛的应用，诸如敦煌莫高窟崖体风险评估、广元千佛洞病害量化评估、大足石刻风化评价等，本研究依据表 7-6 青海明长城遗址破坏评价标准，应用该函数（图 7-2）来构建隶属度矩阵中的元素：

$$r_{k1} = \begin{cases} 1 & f \geqslant 0.9 \\ \dfrac{f-0.7}{0.2} & 0.7 < f < 0.9 \\ 0 & f < 0.7 \end{cases}$$

$$r_{k2} = \begin{cases} 0 & f \geqslant 0.9 \\ \dfrac{0.9-f}{0.2} & 0.7 \leqslant f < 0.9 \\ \dfrac{f-0.5}{0.2} & 0.5 \leqslant f < 0.7 \\ 0 & f < 0.5 \end{cases}$$

$$r_{k3} = \begin{cases} 0 & f \geqslant 0.7 \\ \dfrac{0.7-f}{0.2} & 0.5 \leqslant f < 0.7 \\ \dfrac{f-0.3}{0.2} & 0.3 \leqslant f < 0.5 \\ 0 & f < 0.3 \end{cases} \quad (7\text{-}14)$$

$$r_{k4} = \begin{cases} 0 & f \geqslant 0.5 \\ \dfrac{0.5-f}{0.2} & 0.3 \leqslant f < 0.5 \\ \dfrac{f-0.1}{0.2} & 0.1 \leqslant f < 0.3 \\ 0 & f < 0.1 \end{cases}$$

$$r_{k5} = \begin{cases} 1 & f < 0.1 \\ \dfrac{0.3-f}{0.2} & 0.1 \leqslant f < 0.3 \\ 0 & f \geqslant 0.3 \end{cases}$$

式中 $f$——归一化决策矩阵 $F$ 中的元素,即归一化后的评价指标。

将 AHP 计算得出的权重代入模糊评价系统之中,得出指标层综合评价向量:

$$B_i = W_{1i} \times R_i \tag{7-15}$$

式中 $W_{1i}$——指标层中的权重向量,其各元素数值见表 7-5。

指标层综合评价向量构成了准则层评价向量:

$$B = [B_1 \quad B_2 \quad \cdots \quad B_k]^\mathrm{T} \tag{7-16}$$

进而得出目标层评价向量:

$$T = W_{2i} \times B \tag{7-17}$$

式中 $W_{2i}$——准则层中的权重向量,其各元素数值见表 7-5。

最终计算得出易损性评价结果分值:

$$K = T \times S^\mathrm{T} \tag{7-18}$$

其中,由于已将明长城遗址破坏程度划分为 5 个等级,即极低（$0 \leqslant K < 0.2$）、低（$0.2 \leqslant K < 0.4$）、中等（$0.4 \leqslant K < 0.6$）、高（$0.6 \leqslant K < 0.8$）、极高（$0.8 \leqslant K \leqslant 1$），而 $S$

为每一个等级的中间值，即 $S = [0.9, 0.7, 0.5, 0.3, 0.1]$。

依据以上计算步骤，以 1 号遗址点（水洞村段夯土墙）为例，计算其易损性分值：
其归一化数值见表 7-7，根据式（7-14）计算其模糊关系矩阵：

$$R_1 = \begin{bmatrix} 1 & 0 & 0 & 0 & 0 \end{bmatrix} \quad (7\text{-}19)$$

$$R_2 = \begin{bmatrix} 1 & 0 & 0 & 0.0000 & 0.0000 \\ 0 & 0 & 0 & 0.7060 & 0.2940 \\ 0 & 0 & 0 & 0.1227 & 0.8773 \\ 0 & 0 & 0 & 0.0000 & 1.0000 \end{bmatrix} \quad (7\text{-}20)$$

$$R_3 = \begin{bmatrix} 1 & 0.0000 & 0.0000 & 0 & 0 \\ 0 & 0.0000 & 0.0000 & 0 & 1 \\ 0 & 0.5402 & 0.4598 & 0 & 0 \end{bmatrix} \quad (7\text{-}21)$$

$$R_4 = \begin{bmatrix} 0 & 0 & 0 & 0 & 1 \end{bmatrix} \quad (7\text{-}22)$$

根据式（7-15）计算指标层综合评价向量，进而构成准则层评价向量：

$$B = \begin{bmatrix} 1.0000 & 0.0000 & 0.0000 & 0.0000 & 0.0000 \\ 0.0699 & 0.0000 & 0.0000 & 0.1899 & 0.7401 \\ 0.3196 & 0.0659 & 0.0561 & 0.0000 & 0.5584 \\ 0.0000 & 0.0000 & 0.0000 & 0.0000 & 1.0000 \end{bmatrix} \quad (7\text{-}23)$$

由式（7-17）计算得出目标层评价向量：

$$T = \begin{bmatrix} 0.1854 & 0.0146 & 0.0124 & 0.1134 & 0.6740 \end{bmatrix} \quad (7\text{-}24)$$

最终计算得出 1 号遗址点易损性评价结果分值：

$$K = T \times S^{\mathrm{T}} = 0.2847 \quad (7\text{-}25)$$

其余 17 处遗址点按照相同计算步骤得出相应的易损性分值，进而确定对应的遗址点破坏等级。如表 7-8 所示，所遴选的 18 处遗址点中，有 11 处遗址破坏等级为低级状态、6 处为中等状态、1 处为高级状态。

**FAHP 确定青海明长城遗址易损性综合评价等级** 表 7-8

| 遗址点序号 | 易损性分值 $K$ | 破坏等级 | 遗址点序号 | 易损性分值 $K$ | 破坏等级 |
|---|---|---|---|---|---|
| 1 | 0.2847 | 低 | 10 | 0.3606 | 低 |
| 2 | 0.3654 | 低 | 11 | 0.4425 | 中等 |
| 3 | 0.3305 | 低 | 12 | 0.4741 | 中等 |
| 4 | 0.3855 | 低 | 13 | 0.3788 | 低 |
| 5 | 0.3560 | 低 | 14 | 0.2880 | 低 |
| 6 | 0.3264 | 低 | 15 | 0.4784 | 中等 |
| 7 | 0.4103 | 中等 | 16 | 0.5519 | 中等 |
| 8 | 0.4466 | 中等 | 17 | 0.6367 | 高 |
| 9 | 0.3720 | 低 | 18 | 0.3250 | 低 |

### 7.3.3 AHP-TOPSIS 确定综合评价等级

为了对比 FAHP 确定的遗址易损性综合评价等级的准确性和合理性,同样应用 AHP-TOPSIS,即 AHP 与逼近理想解排序法相结合的方法对以上 18 处青海明长城遗址点进行易损性综合评价。

在 7.3.2 节,根据式(7-7)得出决策矩阵 $D$,以及根据式(7-10)和式(7-11)归一化处理得出的归一化决策矩阵 $F$,见式(7-9),紧接着计算加权标准化决策矩阵:

$$C=(c_{ij})_{m\times n}=\begin{bmatrix} w_1f_{11} & w_2f_{12} & \cdots & w_nf_{1n} \\ w_1f_{21} & w_2f_{22} & \cdots & w_nf_{2n} \\ \vdots & \vdots & \ddots & \vdots \\ w_1f_{m1} & w_2f_{m2} & \cdots & w_nf_{mn} \end{bmatrix} \quad (7\text{-}26)$$

其中,$f$ 同样为归一化决策矩阵中 $F$ 的元素,$w_n$ 为总排序权重(表 7-5)。

然后计算评判对象的贴近度,首先确定理想解:

$$\begin{cases} C^+ = \{(\max_i c_{ij} \mid j \in J_1),(\min_i c_{ij} \mid j \in J_2)\} \\ C^- = \{(\min_i c_{ij} \mid j \in J_1),(\max_i c_{ij} \mid j \in J_2)\} \end{cases} \quad (7\text{-}27)$$

其中,$C^+$ 和 $C^-$ 为正负理想解,$J_1$ 和 $J_2$ 分别为正相关指标集和负相关指标集。在这里,抗压强度($C_1$)和崩解速度($C_2$)是负相关指标,因此这两组数据集归于负相关指标集;其余 7 个指标($C_3$-$C_9$)为正相关指标,这 7 组数据集归于正相关指标集。

评判对象与理想解的距离:

$$\begin{cases} S_i^+ = \sqrt{\sum_{j=1}^{n}(c_{ij}-c_j^+)^2} \\ S_i^- = \sqrt{\sum_{j=1}^{n}(c_{ij}-c_j^-)^2} \end{cases} \quad (7\text{-}28)$$

其中,$S_i^+$ 和 $S_i^-$ 分别是评判对象与正负理想解的距离,$c_{ij}$ 是加权标准化决策矩阵中的元素,$c_j^+$ 和 $c_j^-$ 分别是 $C^+$ 与 $C^-$ 中对应的元素。

根据评判对象与理想解的距离计算得出相对贴近度:

$$E_i^* = \frac{S_i^-}{S_i^+ + S_i^-} \quad (7\text{-}29)$$

该值在 0~1 的区间内。

最终,由 AHP-TOPSIS 所计算得出易损性评价结果分值:

$$H = W_{2i} \times E \quad (7\text{-}30)$$

其中,$W_{2i}$ 是准则层中的权重向量,其各元素数值见表 7-5,$E$ 是由各指标评判相对贴近度构造的评判矩阵。

依据以上步骤,对 18 处遗址点易损性进行系统评价:

首先,结合表 7-5 所得总排序权重,根据式(7-12)和式(7-26)计算得出加权标准化决策矩阵 $C$(式 7-31),由此得出加权标准化决策矩阵 $C$ 中的各元素,并根据式(7-27)

得出理想解数据（表7-9）；

$$C = \begin{bmatrix} 0.0701 & 0.0395 & 0.0350 & 0.0111 & 0.0081 & 0.0709 & 0.0036 & 0.0164 & 0.0000 \\ 0.0609 & 0.0417 & 0.0473 & 0.0038 & 0.0685 & 0.0709 & 0.0000 & 0.0164 & 0.0496 \\ 0.0565 & 0.0409 & 0.0132 & 0.0083 & 0.0553 & 0.0709 & 0.0155 & 0.0164 & 0.0620 \\ 0.0728 & 0.0402 & 0.1296 & 0.0174 & 0.0000 & 0.0709 & 0.0062 & 0.0164 & 0.0055 \\ 0.0633 & 0.0417 & 0.0303 & 0.0035 & 0.1120 & 0.0709 & 0.0129 & 0.0164 & 0.0081 \\ 0.0647 & 0.0394 & 0.0123 & 0.0061 & 0.0660 & 0.0709 & 0.0089 & 0.0164 & 0.0421 \\ 0.0637 & 0.0308 & 0.0303 & 0.0048 & 0.1528 & 0.0709 & 0.0113 & 0.0164 & 0.0313 \\ 0.0515 & 0.0246 & 0.1069 & 0.0000 & 0.1394 & 0.0709 & 0.0079 & 0.0164 & 0.0228 \\ 0.0657 & 0.0375 & 0.0066 & 0.0066 & 0.1378 & 0.0709 & 0.0049 & 0.0164 & 0.0152 \\ 0.0576 & 0.0382 & 0.0104 & 0.0033 & 0.1314 & 0.0709 & 0.0176 & 0.0164 & 0.0129 \\ 0.0438 & 0.0312 & 0.0197 & 0.0303 & 0.1204 & 0.0529 & 0.1201 & 0.0034 & 0.0149 \\ 0.0376 & 0.0117 & 0.0634 & 0.0487 & 0.0475 & 0.0529 & 0.1238 & 0.0034 & 0.1084 \\ 0.0000 & 0.0392 & 0.0000 & 0.0187 & 0.1927 & 0.0164 & 0.0782 & 0.0000 & 0.0073 \\ 0.0278 & 0.0215 & 0.0142 & 0.0275 & 0.1337 & 0.0000 & 0.0241 & 0.0210 & 0.0069 \\ 0.0609 & 0.0000 & 0.0530 & 0.0487 & 0.2603 & 0.0000 & 0.0076 & 0.0210 & 0.0043 \\ 0.0281 & 0.0165 & 0.0561 & 0.0501 & 0.3209 & 0.0521 & 0.0216 & 0.0270 & 0.0143 \\ 0.0312 & 0.0142 & 0.1451 & 0.0892 & 0.1908 & 0.0521 & 0.0815 & 0.0270 & 0.0319 \\ 0.0637 & 0.0359 & 0.0228 & 0.0308 & 0.0458 & 0.0084 & 0.1042 & 0.0015 & 0.0092 \end{bmatrix}$$

(7-31)

加权标准化决策矩阵及理想解数据    表 7-9

| 遗址序号 | 力学强度 | 冲沟 | | | | 掏蚀 | | | 裂隙 |
|---|---|---|---|---|---|---|---|---|---|
| | $C_1$ | $C_2$ | $C_3$ | $C_4$ | $C_5$ | $C_6$ | $C_7$ | $C_8$ | $C_9$ |
| 1 | 0.0701 | 0.0395 | 0.0350 | 0.0111 | 0.0081 | 0.0709 | 0.0036 | 0.0164 | 0.0000 |
| 2 | 0.0609 | 0.0417 | 0.0473 | 0.0038 | 0.0685 | 0.0709 | 0.0000 | 0.0164 | 0.0496 |
| 3 | 0.0565 | 0.0409 | 0.0132 | 0.0083 | 0.0553 | 0.0709 | 0.0155 | 0.0164 | 0.0620 |
| 4 | 0.0728 | 0.0402 | 0.1296 | 0.0174 | 0.0000 | 0.0709 | 0.0062 | 0.0164 | 0.0055 |
| 5 | 0.0633 | 0.0417 | 0.0303 | 0.0035 | 0.1120 | 0.0709 | 0.0129 | 0.0164 | 0.0081 |
| 6 | 0.0647 | 0.0394 | 0.0123 | 0.0061 | 0.0660 | 0.0709 | 0.0089 | 0.0164 | 0.0421 |
| 7 | 0.0637 | 0.0308 | 0.0303 | 0.0048 | 0.1528 | 0.0709 | 0.0113 | 0.0164 | 0.0313 |
| 8 | 0.0515 | 0.0246 | 0.1069 | 0.0000 | 0.1394 | 0.0709 | 0.0079 | 0.0164 | 0.0228 |
| 9 | 0.0657 | 0.0375 | 0.0066 | 0.0066 | 0.1378 | 0.0709 | 0.0049 | 0.0164 | 0.0152 |

续表

| 遗址序号 | 力学强度 | 冲沟 | | | | 掏蚀 | | | 裂隙 |
|---|---|---|---|---|---|---|---|---|---|
| | $C_1$ | $C_2$ | $C_3$ | $C_4$ | $C_5$ | $C_6$ | $C_7$ | $C_8$ | $C_9$ |
| 10 | 0.0576 | 0.0382 | 0.0104 | 0.0033 | 0.1314 | 0.0709 | 0.0176 | 0.0164 | 0.0129 |
| 11 | 0.0438 | 0.0312 | 0.0197 | 0.0303 | 0.1204 | 0.0529 | 0.1201 | 0.0034 | 0.0149 |
| 12 | 0.0376 | 0.0117 | 0.0634 | 0.0487 | 0.0475 | 0.0529 | 0.1238 | 0.0034 | 0.1084 |
| 13 | 0.0000 | 0.0392 | 0.0000 | 0.0187 | 0.1927 | 0.0164 | 0.0782 | 0.0000 | 0.0073 |
| 14 | 0.0278 | 0.0215 | 0.0142 | 0.0275 | 0.1337 | 0.0000 | 0.0241 | 0.0210 | 0.0069 |
| 15 | 0.0609 | 0.0000 | 0.0530 | 0.0487 | 0.2603 | 0.0000 | 0.0076 | 0.0210 | 0.0043 |
| 16 | 0.0281 | 0.0165 | 0.0561 | 0.0501 | 0.3209 | 0.0521 | 0.0216 | 0.0270 | 0.0143 |
| 17 | 0.0312 | 0.0142 | 0.1451 | 0.0892 | 0.1908 | 0.0521 | 0.0815 | 0.0270 | 0.0319 |
| 18 | 0.0637 | 0.0359 | 0.0228 | 0.0308 | 0.0458 | 0.0084 | 0.1042 | 0.0015 | 0.0092 |
| $C^+$ | 0.0000 | 0.0000 | 0.1451 | 0.0892 | 0.3209 | 0.0709 | 0.1238 | 0.0270 | 0.1084 |
| $C^-$ | 0.0728 | 0.0417 | 0.0000 | 0.0000 | 0.0000 | 0.0000 | 0.0000 | 0.0000 | 0.0000 |

其次，依据式（7-28）计算得出评判对象与理想解的距离，并根据式（7-29）计算进而得出相对贴近度（表7-10）；

最后，根据表7-10得出的相对贴近度构造评判矩阵$E$［式（7-32）］，并结合表7-5准则层权重组成的权重向量，根据式（7-30）计算得出易损性评价结果分值$H$，如表7-11所示。

$$E = \begin{bmatrix} 0.0372 & 0.0990 & 0.3764 & 0.0000 \\ 0.1628 & 0.2250 & 0.3693 & 0.4576 \\ 0.2233 & 0.1564 & 0.4059 & 0.5720 \\ 0.0000 & 0.2827 & 0.3820 & 0.0507 \\ 0.1302 & 0.3115 & 0.3987 & 0.0746 \\ 0.1116 & 0.1828 & 0.3885 & 0.3884 \\ 0.1256 & 0.4124 & 0.3944 & 0.2890 \\ 0.2930 & 0.4598 & 0.3861 & 0.2102 \\ 0.0977 & 0.3588 & 0.3791 & 0.1402 \\ 0.2093 & 0.3447 & 0.4122 & 0.1186 \\ 0.3977 & 0.3392 & 0.8142 & 0.1378 \\ 0.4837 & 0.2531 & 0.8191 & 1.0000 \\ 1.0000 & 0.4799 & 0.5127 & 0.0671 \\ 0.6186 & 0.3687 & 0.2069 & 0.0640 \\ 0.1628 & 0.6994 & 0.1409 & 0.0393 \\ 0.6140 & 0.7703 & 0.3758 & 0.1318 \\ 0.5721 & 0.6626 & 0.6847 & 0.2943 \\ 0.1256 & 0.1626 & 0.5981 & 0.0849 \end{bmatrix}^T \quad (7\text{-}32)$$

第7章 土遗址易损性评价实践

评判对象与正负理想解的距离及相对贴近度　　　　　　　　　　表 7-10

| 遗址序号 | 力学强度 | | | 冲沟 | | | 掏蚀 | | | 裂隙 | | |
|---|---|---|---|---|---|---|---|---|---|---|---|---|
| | $S_1^+$ | $S_1^-$ | $E_1^*$ | $S_2^+$ | $S_2^-$ | $E_2^*$ | $S_3^+$ | $S_3^-$ | $E_3^*$ | $S_4^+$ | $S_4^-$ | $E_4^*$ |
| 1 | 0.0701 | 0.0027 | 0.0372 | 0.3430 | 0.0377 | 0.0990 | 0.1207 | 0.0728 | 0.3764 | 0.1084 | 0.0000 | 0.0000 |
| 2 | 0.0609 | 0.0119 | 0.1628 | 0.2869 | 0.0833 | 0.2250 | 0.1243 | 0.0727 | 0.3693 | 0.0588 | 0.0496 | 0.4576 |
| 3 | 0.0565 | 0.0163 | 0.2233 | 0.3101 | 0.0575 | 0.1564 | 0.1088 | 0.0744 | 0.4059 | 0.0464 | 0.0620 | 0.5720 |
| 4 | 0.0728 | 0.0000 | 0.0000 | 0.3317 | 0.1307 | 0.2827 | 0.1181 | 0.0730 | 0.3820 | 0.1029 | 0.0055 | 0.0507 |
| 5 | 0.0633 | 0.0095 | 0.1302 | 0.2567 | 0.1161 | 0.3115 | 0.1114 | 0.0739 | 0.3987 | 0.1003 | 0.0081 | 0.0746 |
| 6 | 0.0647 | 0.0081 | 0.1116 | 0.3018 | 0.0675 | 0.1828 | 0.1153 | 0.0733 | 0.3885 | 0.0663 | 0.0421 | 0.3884 |
| 7 | 0.0637 | 0.0091 | 0.1256 | 0.2226 | 0.1562 | 0.4124 | 0.1130 | 0.0736 | 0.3944 | 0.0771 | 0.0313 | 0.2890 |
| 8 | 0.0515 | 0.0213 | 0.2930 | 0.2073 | 0.1765 | 0.4598 | 0.1163 | 0.0732 | 0.3861 | 0.0856 | 0.0228 | 0.2102 |
| 9 | 0.0657 | 0.0071 | 0.0977 | 0.2469 | 0.1382 | 0.3588 | 0.1194 | 0.0729 | 0.3791 | 0.0932 | 0.0152 | 0.1402 |
| 10 | 0.0576 | 0.0152 | 0.2093 | 0.2508 | 0.1319 | 0.3447 | 0.1067 | 0.0748 | 0.4122 | 0.0955 | 0.0129 | 0.1186 |
| 11 | 0.0438 | 0.0290 | 0.3977 | 0.2457 | 0.1261 | 0.3392 | 0.0300 | 0.1313 | 0.8142 | 0.0935 | 0.0149 | 0.1378 |
| 12 | 0.0376 | 0.0352 | 0.4837 | 0.2884 | 0.0977 | 0.2531 | 0.0297 | 0.1347 | 0.8191 | 0.0000 | 0.1084 | 1.0000 |
| 13 | 0.0000 | 0.0728 | 1.0000 | 0.2098 | 0.1936 | 0.4799 | 0.0760 | 0.0799 | 0.5127 | 0.1011 | 0.0073 | 0.0671 |
| 14 | 0.0278 | 0.0450 | 0.6186 | 0.2376 | 0.1387 | 0.3687 | 0.1225 | 0.0319 | 0.2069 | 0.1015 | 0.0069 | 0.0640 |
| 15 | 0.0609 | 0.0119 | 0.1628 | 0.1175 | 0.2733 | 0.6994 | 0.1362 | 0.0223 | 0.1409 | 0.1041 | 0.0043 | 0.0393 |
| 16 | 0.0281 | 0.0447 | 0.6140 | 0.0986 | 0.3306 | 0.7703 | 0.1039 | 0.0625 | 0.3758 | 0.0941 | 0.0143 | 0.1318 |
| 17 | 0.0312 | 0.0416 | 0.5721 | 0.1309 | 0.2572 | 0.6626 | 0.0462 | 0.1005 | 0.6847 | 0.0765 | 0.0319 | 0.2943 |
| 18 | 0.0637 | 0.0091 | 0.1256 | 0.3088 | 0.0600 | 0.1626 | 0.0702 | 0.1045 | 0.5981 | 0.0992 | 0.0092 | 0.0849 |

如表 7-11 所示：在所遴选的 18 处典型遗址点中，应用 AHP-TOPSIS 最终计算确定遗址的坍塌破坏等级，有 1 处为极低、10 处为低级、5 处为中等、2 处为高级。

**AHP-TOPSIS 确定遗址易损性综合评价等级**　　　　表 7-11

| 遗址点序号 | 易损性分值 $H$ | 破坏等级 | 遗址点序号 | 易损性分值 $H$ | 破坏等级 |
|---|---|---|---|---|---|
| 1 | 0.1452 | 极低 | 10 | 0.3252 | 低 |
| 2 | 0.2777 | 低 | 11 | 0.4269 | 中等 |
| 3 | 0.2616 | 低 | 12 | 0.4763 | 中等 |
| 4 | 0.2590 | 低 | 13 | 0.4803 | 中等 |
| 5 | 0.2919 | 低 | 14 | 0.3179 | 低 |
| 6 | 0.2455 | 低 | 15 | 0.4649 | 中等 |
| 7 | 0.3741 | 低 | 16 | 0.6022 | 高 |
| 8 | 0.4042 | 中等 | 17 | 0.6209 | 高 |
| 9 | 0.3206 | 低 | 18 | 0.2480 | 低 |

## 7.3.4　评价结果对比及验证

FAHP 和 AHP-TOPSIS 计算得出青海明长城 18 处典型遗址的易损性评价结果，如

图 7-3 所示:由 FAHP 方法计算得出的遗址点易损性分值在 0.2847～0.6367 的范围内,而由 AHP-TOPSIS 计算的分值在 0.1452～0.6209 范围内,按照表 7-6 遗址破坏评价标准,其各个遗址点易损性分值对应于相应的破坏等级之中。因此,处于各个坍塌破坏等级的遗址点数量可以得到,如图 7-4 所示。

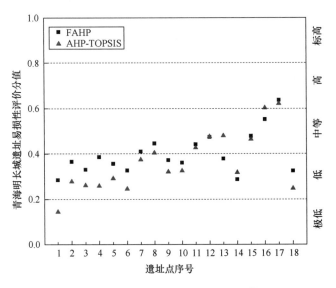

图 7-3　青海明长城遗址易损性评价结果

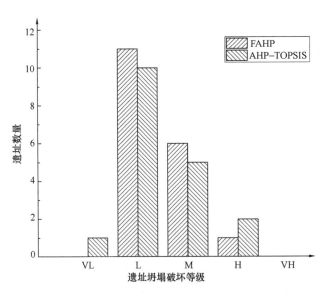

图 7-4　处于各坍塌破坏等级的相应遗址数量

由图 7-4 可知,没有遗址点为极高的坍塌破坏等级,这是因为根据青海明长城遗址破坏评价标准(表 7-6),若遗址破坏等级为极高,则意味着完全被病害发育所威胁,进而接近消亡状态,然而所选的 18 处遗址点并不属于消失段或接近消亡的状态,因此这样的结果符合实际情况。同时,在所研究的 18 处遗址点中有超过一半的遗址的坍塌破坏等级为低级,接近一半的遗址的破坏等级为中等或高级,急需保护。由此可知,几乎所有的遗址点在以不同程度遭受病害发育的威胁，因此应按照遗址坍塌破坏等级的大小，迫切需要对青海明长城遗址制定并采取相应的保护措施。

由图7-3所示，FAHP和AHP-TOPSIS两种评价方法所计算的结果存在一定的偏差，特别是对低级或极低破坏等级的明长城遗址点，以1号遗址点为例，两种评价方法的计算结果差距相对较大：FAHP计算得出该遗址点的坍塌破坏等级为低级，而AHP-TOPSIS计算得出其破坏等级为极低。造成计算结果偏差的主要原因在于两种方法所应用的评判矩阵不同：FAHP主要应用模糊三角数学函数构建隶属度矩阵，进而对遗址点易损性进行综合评价；而AHP-TOPSIS主要根据各评判对象与正、负理想解的相对贴近度构建的评判矩阵进行综合评价，然而从总体来看，两种方法的计算结果比较接近，特别是对于破坏等级为中等或高级的遗址点。

为了判断并确定以上两种方法中更加适用于青海明长城遗址易损性评价的方法，在此通过对比6号遗址点（董家庄堡）及14号遗址点（碾伯古城）的评价结果和遗址病害实际发育规模来遴选更接近实际结果的易损性评价方法。选择以上两处遗址点的原因如下：

第一，为消除建筑类型或形制等方面对评价结果的影响而选择了以上两处遗址点（6号和14号遗址类型均为堡）；

第二，根据计算结果（图7-3），两处遗址点的坍塌破坏等级均为低级，FAHP计算得出6号遗址点易损性分值高于14号，然而AHP－TOPSIS计算结果相反（14号遗址点易损性分值高于6号）。

为比较两者实际病害发育规模，依据《土遗址保护工程勘察规范》WW/T 0040—2012对两处遗址点发育的裂隙长度、片状剥离厚度、冲沟沟头宽度以及掏蚀和坍塌深度进行勘察统计，并且对病害数据进行平均化处理，其病害数据如图7-5所示：14号遗址点的病害指标明显高于6号遗址点，集中体现在裂隙平均长度、冲沟沟头平均宽度、坍塌平均深度和片状剥离平均厚度等4个指标上，而这两处遗址点发育的掏蚀平均深度比较接

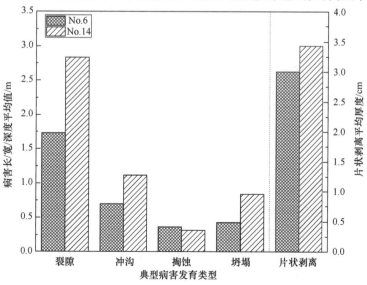

图7-5　6号与14号遗址点病害发育比较

近。因此，从病害发育程度上可以判断14号遗址点的破坏程度要高于6号点，这与AHP-TOPSIS计算结果相吻合。由此，可以初步确定AHP-TOPSIS评价方法与遗址病害的实际发育规模更加接近，因此更适用于遗址易损性评价。

为进一步验证AHP-TOPSIS计算结果的准确性和合理性，对图7-4中通过AHP-TOPSIS计算得出的处于各个破坏等级的遗址点的坍塌发育情况进行现场勘察，获取坍塌发育的面积、深度和体积数据，并通过处理得到处于极低（VL）、低（L）、中等（M）、高（H）4个破坏等级的相应所有遗址点的坍塌平均面积、深度及体积数值。如图7-6所示，随着遗址坍塌破坏等级的增高，遗址点的坍塌平均面积和体积明显增大，而坍塌平均深度总体也呈增大的趋势（尽管与面积、体积相比其增长趋势较小）。由此可以证明，AHP-TOPSIS计算得出的明长城遗址易损性数值（破坏等级）与遗址病害实际发育程度相符合，将该方法应用在青海明长城遗址易损性评价问题是具有一定准确性和合理性的。

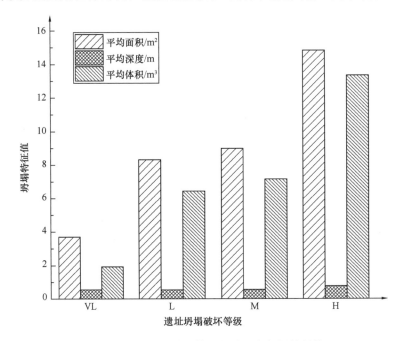

图7-6 处于相应破坏等级的遗址点坍塌特征值

根据AHP-TOPSIS对18处明长城遗址的易损性评价结果（图7-3），得出16号和17号遗址点坍塌破坏等级最高，应该首先采取相应的抢险加固及保护措施；对8号、11号、12号、13号以及15号遗址应采取系统的保护措施手段；建议对除1号遗址点外的其余10处遗址点采取相应措施以防止病害进一步发育而构成对遗址的威胁；1号遗址点保存状况较为良好。总体来讲，大部分遗址点均因病害发育而受到不同程度的破坏，因此相关保护部门以及决策者应该依据青海明长城遗址破坏等级的高低采取相应的保护措施。本研究所构建的遗址易损性评价标准及模型对青海省明长城遗址的科学管理以及保护规划工作的制定具有参考价值和指导意义，同时为后续遗址抢险加固工作的开展及保护措施的制定奠定了重要基础，并且对该研究区域的土遗址病害评估及保存状况的定量化评价研究具有一定的借鉴作用。

## 7.4 易损性预测初探

在 7.3 节,研究团队应用 AHP-TOPSIS 评价方法计算得出 18 处青海明长城遗址点的易损性分值,且通过对比病害实际发育规模,使计算结果得到验证。然而,该方法仍然存在一些不足,比如权重计算存在一定主观性,而且计算过程较为复杂。因此,本节旨在探寻一种更为高效、客观的评价方法,并以此为基础建立遗址易损性预测模型。为此,研究团队尝试运用支持向量机(SVM)及 BP 神经网络两种高效的机器学习方法对 18 处遗址点的易损性评价结果进行学习训练、预测,通过对比预测结果遴选出更优的预测方法,并将预测模型应用于遗址点对其进行易损性评价,进而初步探寻一种将文物保护与机器学习方法高效结合的保护思路。

### 7.4.1 预测方法及流程

以上研究已经确定青海明长城遗址易损性评价指标(图 7-1),包括夯土抗压强度($C_1$)、崩解速度($C_2$)、塑性指数($C_3$)、液限($C_4$)、裂隙长度($C_5$)、年均降雨量($C_6$)、易溶盐含量($C_7$)、年平均最大风速($C_8$)以及线裂隙率($C_9$),在 7.3.3 节得出由 AHP-TOPSIS 计算确定 18 处遗址点的易损性分值及破坏等级。在此,以 18 处遗址点易损性分值作为数据源,随机选取 15 处遗址点作为训练样本,其余 3 处遗址点作为检验样本,应用 Mesh v1.82 软件建立 SVM 和 BP 神经网络预测模型,并通过对比两种预测方法的精度参数(均方误差($MSE$)、绝对方差($R^2$)、相对均方根误差($RRMSE$)和平均绝对百分误差($MAPE$)),以确定更加适用于青海明长城遗址易损性预测的模型方法,其具体预测流程如图 7-7 所示。

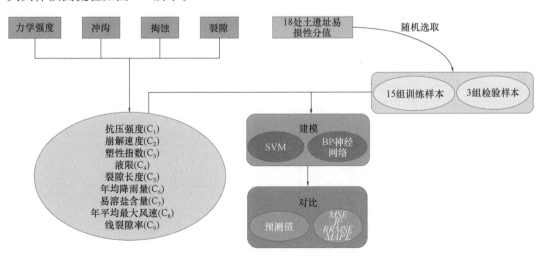

图 7-7 青海明长城遗址易损性预测流程图

在建模过程中,$C_1 \sim C_9$ 等 9 个评价指标作为输入数据;SVM 核函数选择径向基函数;以 9-18-1 结构作为 BP 神经网络模型,即输入层包含以上 9 个评价指标、隐藏层包含

18个神经元、输出层包含易损性分值1个神经元，如图7-8所示。

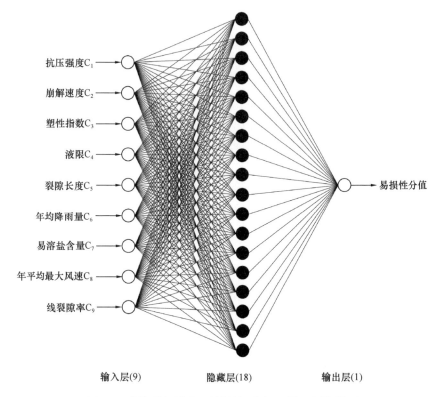

图 7-8 青海明长城遗址易损性预测 BP 神经网络模型

## 7.4.2 数据处理及预测结果

将 7.3 节已得到的 18 处遗址点的归一化输入数据及易损性评价结果作为数据源，随机选取 5 号、6 号和 11 号遗址点数据作为检验样本（占总样本数约 20%），其余 15 处遗址点数据作为训练样本（占总样本数约 80%），如表 7-12 所示。

青海明长城遗址归一化评价指标数据及易损性分值　　表 7-12

| 样本分组 | 遗址点序号 | 输入数据（归一化） | | | | | | | | | 易损性分值 | 破坏等级 |
|---|---|---|---|---|---|---|---|---|---|---|---|---|
| | | $C_1$ | $C_2$ | $C_3$ | $C_4$ | $C_5$ | $C_6$ | $C_7$ | $C_8$ | $C_9$ | | |
| 训练样本 | 1 | 0.9628 | 0.9462 | 0.2412 | 0.1245 | 0.0254 | 1.0000 | 0.0291 | 0.6080 | 0.0000 | 0.1452 | VL |
| | 2 | 0.8372 | 1.0000 | 0.3259 | 0.0425 | 0.2134 | 1.0000 | 0.0000 | 0.6080 | 0.4576 | 0.2777 | L |
| | 3 | 0.7767 | 0.9799 | 0.0913 | 0.0934 | 0.1724 | 1.0000 | 0.1250 | 0.6080 | 0.5720 | 0.2616 | L |
| | 4 | 1.0000 | 0.9626 | 0.8931 | 0.1953 | 0.0000 | 1.0000 | 0.0500 | 0.6080 | 0.0507 | 0.2590 | L |
| | 7 | 0.8744 | 0.7388 | 0.2086 | 0.0538 | 0.4760 | 1.0000 | 0.0911 | 0.6080 | 0.2890 | 0.3741 | L |
| | 8 | 0.7070 | 0.5899 | 0.7366 | 0.0000 | 0.4342 | 1.0000 | 0.0641 | 0.6080 | 0.2102 | 0.4042 | M |
| | 9 | 0.9023 | 0.8977 | 0.0456 | 0.0736 | 0.4293 | 1.0000 | 0.0393 | 0.6080 | 0.1402 | 0.3206 | L |
| | 10 | 0.7907 | 0.9161 | 0.0717 | 0.0368 | 0.4094 | 1.0000 | 0.1422 | 0.6080 | 0.1186 | 0.3252 | L |
| | 12 | 0.5163 | 0.2805 | 0.4368 | 0.5463 | 0.1481 | 0.7460 | 1.0000 | 0.1247 | 1.0000 | 0.4763 | M |

续表

| 样本分组 | 遗址点序号 | 输入数据（归一化） | | | | | | | | | 易损性分值 | 破坏等级 |
|---|---|---|---|---|---|---|---|---|---|---|---|---|
| | | $C_1$ | $C_2$ | $C_3$ | $C_4$ | $C_5$ | $C_6$ | $C_7$ | $C_8$ | $C_9$ | | |
| 训练样本 | 13 | 0.0000 | 0.9387 | 0.0000 | 0.2095 | 0.6003 | 0.2318 | 0.6319 | 0.0000 | 0.0671 | 0.4803 | M |
| | 14 | 0.3814 | 0.5142 | 0.0978 | 0.3085 | 0.4167 | 0.0000 | 0.1945 | 0.7760 | 0.0640 | 0.3179 | L |
| | 15 | 0.8372 | 0.0000 | 0.3651 | 0.5463 | 0.8111 | 0.0000 | 0.0617 | 0.7760 | 0.0393 | 0.4649 | M |
| | 16 | 0.3860 | 0.3944 | 0.3866 | 0.5613 | 1.0000 | 0.7351 | 0.1746 | 1.0000 | 0.1318 | 0.6022 | H |
| | 17 | 0.4279 | 0.3395 | 1.0000 | 1.0000 | 0.5944 | 0.7351 | 0.6586 | 1.0000 | 0.2943 | 0.6209 | H |
| | 18 | 0.8744 | 0.8596 | 0.1572 | 0.3454 | 0.1426 | 0.1192 | 0.8414 | 0.0563 | 0.0849 | 0.2480 | L |
| 检验样本 | 5 | 0.8698 | 0.9982 | 0.2086 | 0.0396 | 0.3491 | 1.0000 | 0.1042 | 0.6080 | 0.0746 | 0.2919 | L |
| | 6 | 0.8884 | 0.9431 | 0.0847 | 0.0679 | 0.2058 | 1.0000 | 0.0723 | 0.6080 | 0.3884 | 0.2455 | L |
| | 11 | 0.6023 | 0.7467 | 0.1359 | 0.3395 | 0.3751 | 0.7460 | 0.9705 | 0.1247 | 0.1378 | 0.4269 | M |

随后，应用 Mesh v1.82 软件建立 SVM 和 BP 神经网络预测模型，设置参数。经过反复测试，当 SVM 模型终止误差 $\varepsilon$ 设置为 0.001，惩罚因子 $C$ 设置为 100，核函数参数 $\gamma$ 设置为 0.025 时，其余参数为默认值，达到最佳预测效果（训练阶段 $MSE$ 为 $4.70793 \times 10^{-9}$）；BP 神经网络模型终止误差 $\varepsilon$ 设置为 $1 \times 10^{-7}$，最大迭代数设置为 220000，学习率设置为 0.7，其余参数为默认值，达到最佳预测效果（训练阶段 $MSE$ 为 $2.88262 \times 10^{-8}$）。数据样本训练阶段及检验阶段的输出结果如表 7-13 所示。

预测模型输出结果      表 7-13

| 阶段 | 遗址点序号 | 易损性实际分值 ($O$) | 输出数据 ($T$) | |
|---|---|---|---|---|
| | | | SVM 模型 | BP 神经网络模型 |
| 训练阶段 | 1 | 0.145200 | 0.145264 | 0.145678 |
| | 2 | 0.277700 | 0.277702 | 0.277859 |
| | 3 | 0.261600 | 0.261729 | 0.261780 |
| | 4 | 0.259000 | 0.258948 | 0.259010 |
| | 7 | 0.374100 | 0.373985 | 0.374255 |
| | 8 | 0.404200 | 0.404217 | 0.404323 |
| | 9 | 0.320600 | 0.320597 | 0.320585 |
| | 10 | 0.325200 | 0.325144 | 0.325392 |
| | 12 | 0.476300 | 0.476388 | 0.476325 |
| | 13 | 0.480300 | 0.480289 | 0.480287 |
| | 14 | 0.317900 | 0.317824 | 0.317915 |
| | 15 | 0.464900 | 0.464864 | 0.464875 |
| | 16 | 0.602200 | 0.602311 | 0.602294 |
| | 17 | 0.620900 | 0.620844 | 0.620682 |
| | 18 | 0.248000 | 0.247989 | 0.247891 |
| 检验阶段 | 5 | 0.291900 | 0.301274 | 0.269770 |
| | 6 | 0.245500 | 0.247053 | 0.217251 |
| | 11 | 0.426900 | 0.422526 | 0.465179 |

### 7.4.3　预测结果对比

通过 SVM 和 BP 神经网络两种模型对检验样本的预测结果进行对比，如图 7-9 所示。与 BP 神经网络模型结果相比，SVM 模型预测值更加接近遗址易损性实际分值，为进一步衡量两种模型的预测精度，引入均方误差（$MSE$）、绝对方差（$R^2$）、相对均方根误差（$RRMSE$）以及平均绝对百分误差（$MAPE$）4 个指标对训练阶段和检验阶段的预测精度进行计算，具体公式如下：

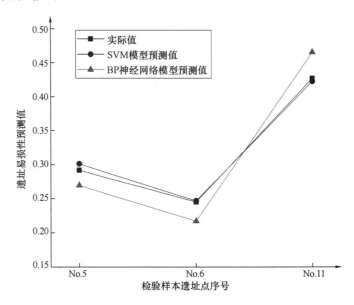

图 7-9　SVM 及 BP 神经网络模型预测值

$$MSE = \frac{1}{N}\sum_{i=1}^{N}(O_i - T_i)^2 \tag{7-33}$$

$$R^2 = 1 - \left(\frac{\sum_{i=1}^{N}(O_i - T_i)^2}{\sum_{i=1}^{N}T_i^2}\right) \tag{7-34}$$

$$RRMSE = \sqrt{\frac{N\sum_{i=1}^{N}(O_i - T_i)^2}{(N-1)\sum_{i=1}^{N}O_i^2}} \tag{7-35}$$

$$MAPE = \frac{1}{N}\sum_{i=1}^{N}100 \times \left|\frac{O_i - T_i}{O_i}\right| \tag{7-36}$$

其中，$O$ 为 AHP-TOPSIS 计算得出的遗址点易损性实际分值，$T$ 为预测模型的输出数据，$N$ 为训练阶段或检验阶段的样本数量（训练样本数量为 15，检验样本数量为 3）。$MSE$、$RRMSE$、$MAPE$ 越小，$R^2$ 越大，代表预测精度越高。

由式（7-33）～式（7-36）计算得出 SVM 和 BP 神经网络预测模型在训练和检验阶段的预测精度，如表 7-14 所示。SVM 模型在训练和检验阶段的 $MSE$、$RRMSE$、$MAPE$ 均小于 BP 神经网络模型，同时其 $R^2$ 大于或等于 BP 神经网络模型，说明本研究建立的 SVM 预测模型精度明显高于 BP 神经网络模型。

**SVM 和 BP 神经网络模型预测精度** 表 7-14

| 研究内容 | 精度指标 | 阶段 | SVM | BP 神经网络 |
|---|---|---|---|---|
| 青海明长城遗址易损性预测 | $MSE$ | 训练 | $4.7079 \times 10^{-9}$ | $2.8826 \times 10^{-8}$ |
| | | 检验 | $3.6472 \times 10^{-5}$ | 0.0009 |
| | $R^2$ | 训练 | 1.0000 | 1.0000 |
| | | 检验 | 0.9997 | 0.9918 |
| | $RRMSE$ | 训练 | 0.0002 | 0.0004 |
| | | 检验 | 0.0224 | 0.1122 |
| | $MAPE$ | 训练 | 0.0168 | 0.0472 |
| | | 检验 | 1.6228 | 9.3516 |

为验证所选样本合理性，对所选检验样本进一步做出多折交叉验证：由于样本总数为 18，而检验样本数为 3，研究团队采用 6 折交叉，即将样本随机分为 6 组，每组有 3 个样本，在每次验证中将其中 1 组作为检验样本，其余 5 组作为训练样本，依次在预测模型中输入数据并计算训练阶段及检验阶段的均方误差（$MSE$）平均值，共检验 6 次，结果如表 7-15 所示。

**SVM 和 BP 神经网络模型多折交叉验证结果** 表 7-15

| 交叉验证组别 | 检验样本遗址点 | SVM 模型 | | BP 神经网络模型 | |
|---|---|---|---|---|---|
| | | $MSE$（训练） | $MSE$（检验） | $MSE$（训练） | $MSE$（检验） |
| 1 | 5，6，11 | $4.7079 \times 10^{-9}$ | $3.6472 \times 10^{-5}$ | $2.8826 \times 10^{-8}$ | 0.0009 |
| 2 | 2，3，8 | $4.6412 \times 10^{-9}$ | $1.7775 \times 10^{-4}$ | $4.1065 \times 10^{-8}$ | 0.0094 |
| 3 | 4，7，12 | $5.0168 \times 10^{-9}$ | 0.0013 | $4.9846 \times 10^{-8}$ | 0.0143 |
| 4 | 1，9，10 | $3.3705 \times 10^{-9}$ | $1.6334 \times 10^{-4}$ | $1.9230 \times 10^{-8}$ | 0.0031 |
| 5 | 13，14，16 | $6.5579 \times 10^{-9}$ | 0.0011 | $3.1610 \times 10^{-7}$ | 0.0467 |
| 6 | 15，17，18 | $3.8774 \times 10^{-9}$ | $3.9502 \times 10^{-4}$ | $3.6854 \times 10^{-8}$ | 0.0017 |

根据交叉验证的结果，SVM 模型中的第 2 组、第 4 组和第 6 组训练阶段的均方误差（$MSE$）小于本研究所选样本组别（第 1 组），同时 BP 神经网络模型中仅第 4 组训练阶段 $MSE$ 小于本研究所选样本组别（第 1 组），然而在这两种预测模型中，第 1 组在检验阶段的 $MSE$ 明显小于其他 5 组。综合 SVM 模型和 BP 神经网络模型对以上 6 组数据进行训练、检验，得出各组数据在训练和检验阶段的 $MSE$，最终确定本研究所选样本组别即第 1 组相较于其余 5 组具有较高的准确性，因此证明本研究所选样本具有合理性。

### 7.4.4 易损性评价预测实例

为了进一步验证并应用本研究建立的易损性预测模型，在此选择刘屯长城墙体

(图 7-10)作为易损性评价预测实例,通过应用 SVM 及 BP 神经网络模型对该遗址点进行易损性评价,以检验预测模型的实用性。

图 7-10  刘屯长城卫星影像图

刘屯长城地处青海省贵德县,不属于本章节遴选的 18 处遗址点易损性数据源,通过对 18 处遗址点易损性数据进行训练、检验,从而建立预测模型,并直接将其应用在该遗址点对其进行易损性评价,旨在探寻一种将机器学习方法与遗址保护高效相结合的研究思路。

如图 7-11 所示,首先对刘屯长城遗址进行现场勘察获得病害发育数据,同时通过在坍塌处取样进行室内测试,得到遗址夯土工程性质指标,并在青海省气象局收集相关气象数据,进而获得该遗址点 9 个基本评价指标数据,并根据式(7-10)和式(7-11)计算得出归一化数据,如表 7-16 所示。将归一化数据直接输入所建立的 SVM 和 BP 神经网络模型中,计算得出刘屯长城易损性分值:其中,SVM 模型计算得出刘屯长城的易损性分值为 0.24,即该遗址的破坏等级为低级(L);BP 神经网络模型计算其易损性分值为 0.1854,即该遗址破坏等级为极低(VL)。

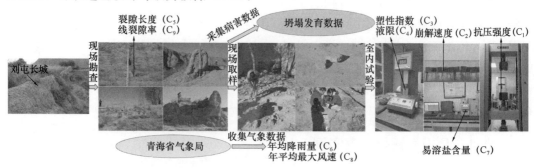

图 7-11  刘屯长城评价指标相关数据采集流程图

刘屯长城评价指标数据及模型预测值　　　　表 7-16

| 评价指标 | 初始数据 | 归一化数据 | SVM 预测值 | BP 神经网络预测值 |
|---|---|---|---|---|
| $C_1$ | 1.7500 | 0.2512 | | |
| $C_2$ | 13.9600 | 0.9368 | | |
| $C_3$ | 13.0500 | 0.3162 | | |
| $C_4$ | 31.9500 | 0.5052 | | |
| $C_5$ | 0.8410 | 0.0363 | 0.2400 (L) | 0.1854 (VL) |
| $C_6$ | 368.0000 | 0.2318 | | |
| $C_7$ | 2966.0000 | 0.3464 | | |
| $C_8$ | 8.4730 | 0.0000 | | |
| $C_9$ | 0.0100 | 0.0000 | | |

为验证模型预测结果，对刘屯长城遗址进行现场勘察，得到其坍塌平均体积数据为 3.155m³，由图 7-6 可知处于极低坍塌破坏等级的遗址点平均坍塌体积为 1.931m³，处于中等坍塌破坏等级的遗址点平均坍塌体积为 6.448m³，而刘屯长城发育的坍塌平均体积数值正处于两者的区间内，因此可以初步推测该遗址点的坍塌破坏等级应该为低级（L），为进一步验证易损性预测结果，应用 AHP-TOPSIS 对该遗址点的易损性进行评价计算，得出其易损性分值为 0.2225，坍塌破坏等级为低级（L）。由坍塌实际数据及 AHP-TOPSIS 计算数值可以证明 SVM 模型预测结果与实际易损性分值更加接近，明显优于 BP 神经网络模型，该模型可以初步应用在遗址的易损性评价问题中。

根据以上研究结果可知 SVM 模型比 BP 神经网络模型预测效果更好，其原因有如下几点：

1) 通过 SVM 和 BP 神经网络两种模型对检验样本的预测结果进行对比（图 7-9），SVM 模型的预测值更加接近遗址易损性实际分值；

2) 如表 7-14 所示，通过计算 SVM 和 BP 神经网络预测模型在训练和检验阶段的均方误差（$MSE$）、绝对方差（$R^2$）、相对均方根误差（$RRMSE$）以及平均绝对百分误差（$MAPE$），得出 SVM 模型在训练和检验阶段的 $MSE$、$RRMSE$、$MAPE$ 均小于 BP 神经网络模型，同时其 $R^2$ 大于或等于 BP 神经网络模型，说明本研究建立的 SVM 预测模型精度明显高于 BP 神经网络模型；

3) 通过交叉验证得出 SVM 在各验证组训练和检验阶段的均方误差（$MSE$）明显小于 BP 神经网络；

4) 通过对刘屯长城进行易损性预测，可以得出 SVM 的预测值更加接近实际结果。

由以上数据结果可以综合得出 SVM 模型优于 BP 神经网络，其根本原因在于 SVM 模型具有优秀的泛化能力，即对新样本的适应能力更强，该算法是对结构风险最小化建模的，而其他算法大多只是对经验风险最小化建模，由于本研究样本数量较少，而 SVM 与 BP 神经网络相比更加适用于小样本问题，其表现更加稳定，准确率更高。然而，由于样本数量的限制，本研究仅对 18 处遗址点易损性数据进行学习训练，并将该模型应用在 1

处遗址点对其进行易损性评价，因此将机器学习应用于遗址易损性评价研究仅为初步探索阶段，其应用范围需要随数据源的扩充而逐渐扩大，所以将机器学习预测方法直接应用在文物保护工程的研究思路仍然需要建立在大量的试验基础之上，因此在今后仍需要进行更深入的探究工作。

# 参 考 文 献

[1] 谢端琚. 甘青地区史前考古[M]. 北京：文物出版社，2002.

[2] 赵燕宁，时兴合，王式功，等. 青海河湟谷地气候及干旱变化研究[J]. 中国沙漠，2006(01)：54-59.

[3] 李旻泽. 青海河湟谷地传统民居地域性研究[D]. 西安：长安大学，2016.

[4] 朱平，俞小鼎，王振会，等. 青海高原致灾性对流天气时空分布特征[J]. 干旱气象，2019，37(03)：377-383.

[5] 周瑶，张鑫，徐静. 青海省东部农业区参考作物蒸散量的变化及对气象因子的敏感性分析[J]. 自然资源学报，2013，28(05)：765-775.

[6] 赵新全. 高寒草甸生态系统与全球变化[M]. 北京：科学出版社，2009.

[7] 谌文武，苏娜，杨光. 风场对半湿润山脊土遗址掏蚀量的影响[J]. 岩土工程学报，2016，38(02)：305-310.

[8] 崔凯，陈蒙蒙，谌文武，等. 干湿与盐渍耦合作用下土遗址强度劣化机理[J]. 兰州大学学报（自然科学版），2017，53(05)：582-587＋592.

[9] 任晓燕. 青海省明长城资源调查报告[M]. 北京：文物出版社，2012.

[10] 陈军，金舒平，廖安平，等. 基于遥感的明长城立体量测[J]. 科学通报，2010，55(16)：1613-1617.

[11] 卞敬玲. 西部大开发中青海水资源合理开发利用的探讨[J]. 青海大学学报（自然科学版），2002，20(02)：33-34＋37.

[12] 孙洪斌，都昌庭，常振广，等. 昆仑山口西8.1级地震灾害损失调查与评估[J]. 高原地震，2002，14(01)：92-98.

[13] 赵海英，李最雄，韩文峰，等. 西北干旱区土遗址的主要病害及成因[J]. 岩石力学与工程学报，2003，22(S2)：2875-2880.

[14] 赵海英，张国军，杨涛，等. 成纪古城发育主要病害及保护加固研究[J]. 敦煌研究，2005，(05)：94-96.

[15] Jaquin P A, Augarde C E, Gallipoli D, et al. The strength of unstabilised rammed earth materials [J]. Géotechnique, 2009, 59(05): 487-490.

[16] Mingshen Shao, Li Li, Sijing Wang, et al. Deterioration mechanisms of building materials of Jiaohe ruins in China[J]. Journal of Cultural Heritage, 2013, 14(01): 38-44.

[17] 苏娜. 青海明长城气候环境与病害发育特征研究[D]. 兰州：兰州大学，2015.

[18] 李智毅. 工程地质概论[M]. 北京：中国地质大学出版社，1994.

[19] 王旭东，李最雄，谌文武，等. 土遗址保护关键技术研究[M]. 北京：科学出版社，2013.

[20] 崔凯，谌文武，韩琳，等. 干旱区土遗址掏蚀区土盐渍劣化与风蚀损耗效应[J]. 岩土工程学报，2011，33(09)：1412-1418.

[21] 崔凯，关喜鹏，谌文武，等. 干旱区土遗址掏蚀区土盐渍劣化与风蚀损耗效应（Ⅱ）[J]. 岩土工程学报，2017，39(10)：1777-1784.

[22] 崔凯, 谌文武, 王旭东, 等. 干旱区土遗址盐渍带风蚀损耗效应微观机制研究[J]. 岩土力学, 2012, 33(04): 1167-1172.

[23] 崔凯, 谌文武, 王旭东, 等. 干旱区夯土遗址干湿盐渍耦合劣化微观结构分析[J]. 中南大学学报(自然科学版), 2013, 44(07): 2927-2933.

[24] 蒲天彪. 青海明长城夯土特性研究[J]. 青海民族大学学报(社会科学版), 2011, 37(04): 92-94.

[25] Ford J, Pearce T, McDowell G, et al. Vulnerability and its discontents: the past, present, and future of climate change vulnerability research[J]. Climatic Change, 2018, 151: 189-203.

[26] 詹长法. 意大利文化遗产风险评估系统概览[J]. 东南文化, 2009(02): 109-114+129.

[27] 齐信, 唐川, 陈州丰, 等. 地质灾害风险评价研究[J]. 自然灾害学报, 2012, 21(05): 33-40.

[28] J. L. Gill. Risks, legalities and insurance of slope stability[C]// Proceedings of the Institution of Professional Engineers, New Zealand, 1974.

[29] Piers Blaikie, Terry Cannon, Ian Davis, et al. At Risk: Natural Hazards, People's Vulnerability and Disasters[M]. London: Routledge, 2005.

[30] Gary Shook. An assessment of disaster risk and its management in Thailand[J]. Disasters, 1997, 21(1): 77-88.

[31] L. B. Devin, LJ Hobba. Considerations for establishing flood mitigation priorities and the appropriate level of adjustment[C]// Proceedings of the Floodplain Management Conference, Australian Water Resources Council, Canberra, 1980.

[32] Robin Fell. Landslide risk assessment and acceptable risk[J]. Canadian Geotechnical Journal, 1994, 31(2): 261-272.

[33] Keith Smith. Environmental Hazards: Assessing Risk and Reducing Disaster[M]. London: Routledge, 2003.

[34] E. M. Fournier d'Albe. An approach to earthquake risk management[J]. Engineering Structures, 1982, 4(3): 147-152.

[35] David J. Varnes. Landslide Hazard Zonation: A Review of Principles and Practice[M]. Paris: UNESCO Press, 1984.

[36] H. H. Einstein. Landslide risk-systematic approaches to assessment and management[C]// Proceedings of the International workshop on Landslide risk Assessment, Rotterdam, 1997.

[37] C. J. Van Westen. Geo-information tools for landslide risk assessment: an overview of recent developments[C]// Proceedings of the 9th International Symposium on Landslides, Rio de Janeiro, 2004.

[38] G. H. Brundtland. Report of the World Commission on Environment and Development: Our Common Future[M]. Oxford: Oxford University Press, 1987.

[39] Joern Birkmann, Omar D Cardona, Martha L Carreño, et al. Framing vulnerability, risk and societal responses: the MOVE framework[J]. Natural Hazards, 2013, 67(2): 193-211.

[40] 孙满利. 土遗址病害的评估体系研究[J]. 文物保护与考古科学, 2012, 24(03): 27-32.

[41] 周双林. 土遗址防风化保护概况[J]. 中原文物, 2003, (06): 78-83.

[42] 戴鹏飞. 纳米钙基材料加固遗址土检测方法和效果评价[D]. 兰州: 兰州大学, 2016.

[43] R. U. Cooke. Salt weathering in deserts[J]. Proceedings of the Geologists' Association, 1981, 92(1): 1-16.

[44] Heather A. Viles. Linking weathering and rock slope instability: non-linear perspectives[J]. Earth

Surface Processes and Landforms，2013，38(1)：62-70.

[45] Avigail A. Charnov. 100 years of site maintenance and repair：Conservation of earthen archaeological sites in the American southwest[J]. Journal of Architectural Conservation，2011，17(2)：59-75.

[46] Małgorzata Labus, Jerzy Bochen. Sandstone degradation：an experimental study of accelerated weathering[J]. Environmental Earth Sciences，2012，67(7)：2027-2042.

[47] 杜栋，庞庆华，吴炎. 现代综合评价方法与案例精选[M]. 北京：清华大学出版社，2008.

[48] 姚雪，孙满利. 基于灰色关联度分析法的土遗址病害程度量化评价——以陕北明长城单体建筑为例[J]. 敦煌研究，2016(01)：128-134.

[49] 雷宏. 嘉峪关墩台遗址病害发育特征及危险性评估[D]. 兰州：兰州大学，2020.

[50] 李桐林，石玉成，刘琨，等. 基于IDA方法的交河故城金刚宝座式塔土建筑遗址地震易损性分析[J]. 世界地震工程，2019，35(02)：116-122.

[51] Karanikoloudis G, Lourenço P. Structural assessment and seismic vulnerability of earthen historic structures. Application of sophisticated numerical and simple analytical models[J]. Engineering Structures，2018，160：488-509.

[52] Campiani A, Lingle A, Lercari N. Spatial analysis and heritage conservation：Leveraging 3-D data and GIS for monitoring earthen architecture[J]. Journal of Cultural Heritage，2019，39：166-176.

[53] Richards J, Mayaud J, Zhan H, et al. Modelling the risk of deterioration at earthen heritage sites in drylands[J]. Earth Surface Processes and Landforms，2020，45(11)：2401-2416.

[54] Misseri G，Palazzi C，Rovero L. Seismic vulnerability of timber-reinforced earthen structures through standard and non-standard limit analysis[J]. Engineering Structures，2020，215：110663.

[55] Chen J, Jin S P, Liao A P, et al. Stereo mapping of Ming Great Wall with remote sensing[J]. Chinese Science Bulletin，2010，55(21)：2290-2294.

[56] Deere D. The rock quality designation (RQD) index in practice[M]//Rock classification systems for engineering purposes. ASTM International，1988.

[57] E. H. Mamdani, Brian R. Gaines. Fuzzy Reasoning and Its Applications[M]. New York：Academic Press，1981.

[58] 刘希林，莫多闻，王小丹. 区域泥石流易损性评价[J]. 中国地质灾害与防治学报，2001，12(02)：10-15.

[59] 刘希林，莫多闻. 泥石流风险评价[M]. 四川：四川科技出版社，2003.

[60] 张梁，张业成. 地质灾害经济损失评价方法研究[J]. 中国地质灾害与防治学报，1999，10(02)：97-103.

[61] 代博洋，李志强，李晓丽. 基于物元理论的自然灾害损失等级划分方法[J]. 灾害学，2009，24(01)：1-5.

[62] Martin Riedmiller, Heinrich Braun. A direct adaptive method for faster backpropagation learning：The RPROP algorithm[C]// Proceedings of the IEEE international Conference on Neural Networks，San Francisco，1993.

[63] Y. Sun, W. D. Zeng, Y. Q. Zhao, et al. Development of constitutive relationship model of Ti600 alloy using artificial neural network[J]. Computational Materials Science，2010，48(3)：686-691.

[64] Edmundas Kazimieras Zavadskas, Zenonas Turskis. Multiple criteria decision making (MCDM) methods in economics：an overview[J]. Technological and Economic Development of Economy,

2011, 17(2): 397-427.

[65] Gwo-Jen Hwang, Judy C. R. Tseng, Gwo-Haur Hwang. Diagnosing student learning problems based on historical assessment records[J]. Innovations in Education and Teaching International, 2008, 45(1): 77-89.

[66] Thomas L. Saaty. Applications of analytical hierarchies[J]. Mathematics and Computers in Simulation, 1979, 21(1): 1-20.

[67] Thomas L. Saaty. The Analytic Hierarchy Process: Planning, Priority Setting, Resource Allocation [M]. New York: McGraw-Hill, 1980.

[68] Ami Arbel, Yair E. Orgler. An application of the AHP to bank strategic planning: The mergers and acquisitions process[J]. European Journal of Operational Research, 1990, 48(1): 27-37.

[69] Mohammad H. Vahidnia, Ali A. Alesheikh, Abbas Alimohammadi. Hospital site selection using fuzzy AHP and its derivatives [J]. Journal of Environmental Management, 2009, 90 (10): 3048-3056.

[70] Gülfem Tuzkaya, Semih Önüt, Umut R Tuzkaya, et al. An analytic network process approach for locating undesirable facilities: an example from Istanbul, Turkey[J]. Journal of Environmental Management, 2008, 88(4): 970-983.

[71] Huiru Zhao, Sen Guo. Risk evaluation on UHV power transmission construction project based on AHP and FCE method[J]. Mathematical Problems in Engineering, 2014, 2014: 1-14.

[72] Chingfu Chen. Applying the analytical hierarchy process (AHP) approach to convention site selection[J]. Journal of Travel Research, 2006, 45(2): 167-174.

[73] Andreolli F, Bragolusi P, D'Alpaos C, et al. An AHP model for multiple-criteria prioritization of seismic retrofit solutions in gravity-designed industrial buildings[J]. Journal of Building Engineering, 2022, 45: 103-493.

[74] Aminbakhsh S, Gunduz M, Sonmez R. Safety risk assessment using analytic hierarchy process (AHP) during planning and budgeting of construction projects[J]. Journal of safety research, 2013, 46: 99-105.

[75] Guo X, Wang Z, Jiao R, et al. Comprehensive evaluation method of geological environment quality in Beijing based on AHP[J]. The Chinese Journal of Geological Hazard and Control, 2021, 32(1): 70-76.

[76] Aguarón J, Escobar M T, Moreno-Jiménez J M, et al. AHP-group decision making based on consistency[J]. Mathematics, 2019, 7(3): 242.

[77] C. K. Kwong, H. Bai. A fuzzy AHP approach to the determination of importance weights of customer requirements in quality function deployment[J]. Journal of Intelligent Manufacturing, 2002, 13(5): 367-377.

[78] Cengiz Kahraman, Ufuk Cebeci, Ziya Ulukan. Multi-criteria supplier selection using fuzzy AHP[J]. Logistics Information Management, 2003, 16(6): 382-394.

[79] Lotfi A. Zadeh. Fuzzy sets[J]. Information and Control, 1965, 8(3): 338-353.

[80] Ludmil Mikhailov, Petco Tsvetinov. Evaluation of services using a fuzzy analytic hierarchy process [J]. Applied Soft Computing, 2004, 5(1): 23-33.

[81] Bakhtiar Feizizadeh, Majid Shadman Roodposhti, Piotr Jankowski, et al. A GIS-based extended

fuzzy multi-criteria evaluation for landslide susceptibility mapping[J]. Computers & Geosciences, 2014, 73: 208-221.

[82] P. J. M. Laarhoven, W. Pedrycz. A fuzzy extension of Saaty's priority theory[J]. Fuzzy Sets and Systems, 1983, 11(1-3): 229-241.

[83] James J. Buckley. Fuzzy hierarchical analysis[J]. Fuzzy Sets and Systems, 1985, 17(3): 233-247.

[84] Da-Yong Chang. Applications of the extent analysis method on fuzzy AHP[J]. European Journal of Operational Research, 1996, 95(3): 649-655.

[85] Hepu Deng. Multicriteria analysis with fuzzy pairwise comparison[J]. International Journal of Approximate Reasoning, 1999, 21(3): 215-231.

[86] Ke-Jun Zhu, Yu Jing, Da-Yong Chang. A discussion on extent analysis method and applications of fuzzy AHP[J]. European Journal of Operational Research, 1999, 116(2): 450-456.

[87] Mahtani U S, Garg C P. An analysis of key factors of financial distress in airline companies in India using fuzzy AHP framework[J]. Transportation Research Part A: Policy and Practice, 2018, 117: 87-102.

[88] Tadic D, Aleksic A, Popovic P, et al. The evaluation and enhancement of quality, environmental protection and seaport safety by using FAHP[J]. Natural Hazards and Earth System Sciences, 2017, 17(2): 261-275.

[89] Sur U, Singh P, Meena S R. Landslide susceptibility assessment in a lesser Himalayan road corridor (India) applying fuzzy AHP technique and earth-observation data[J]. Geomatics, Natural Hazards and Risk, 2020, 11(1): 2176-2209.

[90] Guo Z, Chen W, Zhang J, et al. Hazard assessment of potentially dangerous bodies within a cliff based on the Fuzzy-AHP method: a case study of the Mogao Grottoes, China[J]. Bulletin of Engineering Geology and the Environment, 2017, 76(3): 1009-1020.

[91] Yao X, Zhao F. A quantitative evaluation based on an analytic hierarchy process for the deterioration degree of the Guangyuan Thousand-Buddha grotto from the Tang Dynasty in Sichuan, China[J]. Heritage Science, 2022, 10(1): 1-18.

[92] Shao M, Xu D, Wang Y, et al. Quantitative evaluation of weathering degree through Fuzzy-AHP method and petrophysics analysis for sandstone carvings[J]. Natural Hazards, 2022, 112(2): 1547-1566.

[93] Lotfi A. Zadeh. Outline of a new approach to the analysis of complex systems and decision processes[J]. IEEE Transactions on Systems, Man, and Cybernetics, 1973, SMC-3(1): 28-44.

[94] Tolga Kaya, Cengiz Kahraman. An integrated fuzzy AHP-ELECTRE methodology for environmental impact assessment[J]. Expert Systems with Applications, 2011, 38(7): 8553-8562.

[95] M. Ercanoglu, O. Kasmer, N. Temiz. Adaptation and comparison of expert opinion to analytical hierarchy process for landslide susceptibility mapping[J]. Bulletin of Engineering Geology and the Environment, 2008, 67(4): 565-578.

[96] Felix T. S. Chan, Niraj Kumar, Manoj Kumar Tiwari, et al. Global supplier selection: a fuzzy-AHP approach[J]. International Journal of Production Research, 2008, 46(14): 3825-3857.

[97] Mei-Fang Chen, Gwo-Hshiung Tzeng, Cherng G. Ding. Combining fuzzy AHP with MDS in identifying the preference similarity of alternatives[J]. Applied Soft Computing, 2008, 8(1): 110-117.

[98] Tien-Chin Wang, Su-Yuan Tsai. Solar panel supplier selection for the photovoltaic system design by using fuzzy multi-criteria decision making (MCDM) approaches[J]. Energies, 2018, 11(8): 1-22.

[99] Ching-Lai Hwang, Kwangsun Yoon. Multiple Attribute Decision Making: Methods and Applications a State-of-the-art Survey[M]. Berlin: Springer Science & Business Media, 2012.

[100] Arvind Jayant, P. Gupta, S. K. Garg, et al. TOPSIS-AHP based approach for selection of reverse logistics service provider: a case study of mobile phone industry[J]. Procedia Engineering, 2014, 97: 2147-2156.

[101] T. C. Chu. Selecting plant location via a fuzzy TOPSIS approach[J]. The International Journal of Advanced Manufacturing Technology, 2002, 20(11): 859-864.

[102] Yong Deng. Plant location selection based on fuzzy TOPSIS[J]. The International Journal of Advanced Manufacturing Technology, 2006, 28(7-8): 839-844.

[103] Yong Deng, Qi Liu. A TOPSIS-based centroid-index ranking method of fuzzy numbers and its application in decision-making[J]. Cybernetics and Systems: An International Journal, 2005, 36(6): 581-595.

[104] Hsu-Shih Shih, Huan-Jyh Shyur, E. Stanley Lee. An extension of TOPSIS for group decision making[J]. Mathematical and Computer Modelling, 2007, 45(7-8): 801-813.

[105] A. Majumdar, B. Sarkar, P. K. Majumdar. Determination of quality value of cotton fibre using hybrid AHP-TOPSIS method of multi-criteria decision-making[J]. Journal of the Textile Institute, 2005, 96(5): 303-309.

[106] C. Parkan, M. L. Wu. On the equivalence of operational performance measurement and multiple attribute decision making[J]. International Journal of Production Research, 1997, 35(11): 2963-2988.

[107] V. P. Agrawal, A. Verma, S. Agarwal. Computer-aided evaluation and selection of optimum grippers[J]. The International Journal of Production Research, 1992, 30(11): 2713-2732.

[108] Gyutai Kim, Chan S. Park, K. Paul Yoon. Identifying investment opportunities for advanced manufacturing systems with comparative-integrated performance measurement[J]. International Journal of Production Economics, 1997, 50(1): 23-33.

[109] Hepu Deng, Chung-Hsing Yeh, Robert J. Willis. Inter-company comparison using modified TOPSIS with objective weights[J]. Computers & Operations Research, 2000, 27(10): 963-973.

[110] Selçuk Perçin. Evaluation of third-party logistics (3PL) providers by using a two-phase AHP and TOPSIS methodology[J]. Benchmarking: An International Journal, 2009, 16(5): 588-604.

[111] Muhammet Gul, Erkan Celik, Nezir Aydin, et al. A state of the art literature review of VIKOR and its fuzzy extensions on applications[J]. Applied Soft Computing, 2016, 46: 60-89.

[112] Muhsen D H, Haider H T, Al-Nidawi Y M, et al. Domestic load management based on integration of MODE and AHP-TOPSIS decision making methods[J]. Sustainable Cities and Society, 2019, 50: 101651.

[113] Keklikcioglu O, Günes S, Senyigit E, et al. The optimization of the thermal and hydraulic characteristics of a tube with twisted tapes using Taguchi-based-AHP-TOPSIS approach[J]. Journal of Thermal Analysis and Calorimetry, 2022: 1-13.

[114] Yari M, Monjezi M, Bagherpour R. Selecting the most suitable blasting pattern using AHP-TOP-

SIS method: Sungun copper mine[J]. Journal of Mining Science, 2013, 49(6): 967-975.

[115] Lixin Yi, Cheng Ke, Cao Xiaoying, et al. Analysis of social vulnerability of residential community to hazards in Tianjin, China[J]. Natural Hazards, 2017, 87(2): 1223-1243.

[116] James A T, Vaidya D, Sodawala M, et al. Selection of bus chassis for large fleet operators in India: An AHP-TOPSIS approach[J]. Expert Systems with Applications, 2021, 186: 115760.

[117] 王珏, 周志华, 周傲英. 机器学习及其应用[M]. 北京: 清华大学出版社, 2006.

[118] Ethem Alpaydin. 机器学习导论[M]. 北京: 机械工业出版社, 2009.

[119] Tom Mitchell, Bruce Buchanan, Gerald DeJong, et al. Machine learning[J]. Annual Review of Computer Science, 1990, 4(1): 417-433

[120] 杨金芳. 支持向量回归在预测控制中的应用研究[D]. 保定: 华北电力大学(河北), 2007.

[121] Taiwo Oladipupo Ayodele. Types of Machine Learning Algorithms [M]. Shanghai: IntechOpen, 2010.

[122] 杨剑锋, 乔佩蕊, 李永梅, 等. 机器学习分类问题及算法研究综述[J]. 统计与决策, 2019, 35(06): 36-40.

[123] Luiz Fernando Carvalho, Sylvio Barbon, Leonardo de Souza Mendes, et al. Unsupervised learning clustering and self-organized agents applied to help network management[J]. Expert Systems With Applications, 2016, 54: 29-47.

[124] Mikhail Belkin, Partha Niyogi. Semi-Supervised learning on riemannian manifolds[J]. Machine Learning, 2004, 56(1-3): 209-239.

[125] Madalina M. Drugan. Reinforcement learning versus evolutionary computation: A survey on hybrid algorithms[J]. Swarm and Evolutionary Computation, 2019, 44: 228-246.

[126] Philip Derbeko, Ran El-Yaniv, Ron Meir. Explicit learning curves for transduction and application to clustering and compression algorithms[J]. Journal of Artificial Intelligence Research, 2004, 22: 117-142.

[127] M. I. Jordan, T. M. Mitchell. Machine learning: trends, perspectives, and prospects[J]. Science, 2015, 349(6245): 255-260.

[128] Vladimir Vapnik. The Nature of Statistical Learning Theory[M]. New York: Springer, 1995.

[129] Miloš Marjanović, Miloš Kovačević, Branislav Bajat, et al. Landslide susceptibility assessment using SVM machine learning algorithm[J]. Engineering Geology, 2011, 123(3): 225-234.

[130] J. J. González Costa, MJ Reigosa, JM Matías, et al. Soil Cd, Cr, Cu, Ni, Pb and Zn sorption and retention models using SVM: variable selection and competitive model[J]. Science of the Total Environment, 2017, 593-594: 508-522.

[131] Cristiano Ballabio, Simone Sterlacchini. Support vector machines for landslide susceptibility mapping: the Staffora River Basin case study, Italy[J]. Mathematical Geosciences, 2012, 44(1): 47-70.

[132] Sanders W S, Johnston C I, Bridges S M, et al. Prediction of cell penetrating peptides by support vector machines[J]. PLoS Computational Biology, 2011, 7(7): e1002101.

[133] Trustorff J H, Konrad P M, Leker J. Credit risk prediction using support vector machines[J]. Review of Quantitative Finance and Accounting, 2011, 36(4): 565-581.

[134] Fan J, Yue W, Wu L, et al. Evaluation of SVM, ELM and four tree-based ensemble models for predicting daily reference evapotranspiration using limited meteorological data in different climates

of China[J]. Agricultural and Forest Meteorology, 2018, 263: 225-241.

[135] Yagiz S, Gokceoglu C, Sezer E, et al. Application of two non-linear prediction tools to the estimation of tunnel boring machine performance[J]. Engineering Applications of Artificial Intelligence, 2009, 22(4-5): 808-814.

[136] Alireza Khotanzad, Hassan Elragal, T-L Lu. Combination of artificial neural-network forecasters for prediction of natural gas consumption[J]. IEEE Transactions on Neural Networks, 2000, 11(2): 464-473.

[137] Esmaeil Hadavandi, Hassan Shavandi, Arash Ghanbari. Integration of genetic fuzzy systems and artificial neural networks for stock price forecasting[J]. Knowledge-Based Systems, 2010, 23(8): 800-808.

[138] Abbas Khosravi, Saeid Nahavandi, Doug Creighton. Quantifying uncertainties of neural network-based electricity price forecasts[J]. Applied Energy, 2013, 112: 120-129.

[139] D. E. Rumerlhar. Learning representation by back-propagating errors[J]. Nature, 1986, 323: 533-536.

[140] Jing Li, Jihang Cheng, Jingyuan Shi, et al. Brief Introduction of Back Propagation (BP) Neural Network Algorithm and Its Improvement [M]. New York: Springer. 2012.

[141] T. F. Burks, S. A. Shearer, J. R. Heath, et al. Evaluation of neural-network classifiers for weed species discrimination[J]. Biosystems Engineering, 2005, 91(3): 293-304.

[142] Qiang Li, Jingyuan Yu, Baichun Mu, et al. BP neural network prediction of the mechanical properties of porous NiTi shape memory alloy prepared by thermal explosion reaction[J]. Materials Science and Engineering: A, 2006, 419(1-2): 214-217.

[143] Wang Y, Sha A, Li X, et al. Prediction of the mechanical properties of titanium alloy castings based on a back-propagation neural network[J]. Journal of Materials Engineering and Performance, 2021, 30(11): 8040-8047.

[144] Wang J Z, Wang J J, Zhang Z G, et al. Forecasting stock indices with back propagation neural network[J]. Expert Systems with Applications, 2011, 38(11): 14346-14355.

[145] Kumar K, Parida M, Katiyar V K. Short term traffic flow prediction in heterogeneous condition using artificial neural network[J]. Transport, 2015, 30(4): 397-405.

[146] Xu B, Dan H C, Li L. Temperature prediction model of asphalt pavement in cold regions based on an improved BP neural network[J]. Applied Thermal Engineering, 2017, 120: 568-580.

[147] Guha S, Jana R K, Sanyal M K. Artificial neural network approaches for disaster management: A literature review (2010-2021)[J]. International Journal of Disaster Risk Reduction, 2022: 103-276.

[148] Weikuan Jia, Dean Zhao, Tian Shen, et al. An optimized classification algorithm by BP neural network based on PLS and HCA[J]. Applied Intelligence, 2015, 43(1): 176-191.

[149] Yanjing Sun, Shen Zhang, Changxin Miao, et al. Improved BP neural network for transformer fault diagnosis[J]. Journal of China University of Mining and Technology, 2007, 17(1): 138-142.

[150] Su M M, Wall G. Community participation in tourism at a world heritage site: Mutianyu Great Wall, Beijing, China[J]. International Journal of Tourism Research, 2014, 16(2): 146-156.

[151] 杨应琚. 西宁府新志[M]. 青海: 青海省人民政府文史研究馆出版社, 1954.

[152] 卢耀光．青海的边墙[J]．青海民族学院学报，1998，(02)：28-32．

[153] 苏铣．西宁志[M]．青海：青海人民出版社，1993．

[154] 蒲天彪．青海省境内明长城保存现状分析与保护对策[J]．文物，2011，(09)：86-90．

[155] 刘建军，闫璘，曹迎春．明西宁卫长城及军事聚落研究[J]．建筑学报，2012，(S1)：30-34．

[156] 刘建军．明长城甘肃镇防御体系及其空间分析研究[D]．天津：天津大学，2013．

[157] 李宇业．青海境内明长城研究[D]．西安：西北大学，2013．

[158] 闫璘．大通县境内明代烽火台考释[J]．青海社会科学，2009，(03)：114-117+135．

[159] 闫璘．平安县境内的明代烽火台考释[J]．青海民族大学学报（教育科学版），2010，30(02)：45-48．

[160] 闫璘．明代西宁卫的峡榨考述[J]．青海民族研究，2011，22(03)：138-142．

[161] 陈荣．大通境内的明长城考释[J]．青海民族研究，2002，13(03)：64-65．

[162] 陈荣．大通境内的明长城[J]．中国土族，2010，(S1)：58-59．

[163] 戴鹏飞，谌文武．青海省明长城濒危遗址（湟中段）土体工程性质与保护措施[J]．冰川冻土，2011，33(04)：873-879．

[164] Hall M, Djerbib Y. Rammed earth sample production: context, recommendations and consistency[J]. Construction and building materials, 2004, 18(4): 281-286.

[165] 张虎元，严耿升，赵天宇，等．土建筑遗址干湿耐久性研究[J]．岩土力学，2011，32(02)：347-355．

[166] 吴忠元，魏艳丽．《青海明长城保护规划》广泛征询各方意见[J]．万里长城，2016，(02)：53-54．

[167] Ivan Djordjevic, William Ryan, Bane Vasic. Coding for Optical Channels[M]. New York: Springer Science & Business Media, 2010.

[168] Bin Shao. On k-broadcasting in graphs[D]. Montreal: Concordia University, 2006.

[169] Ching-Fuh Lin. Optical Components for Communications: Principles and Applications[M]. Germany: Springer Science & Business Media, 2013.

[170] 吴坚．中国西北文献丛书[M]．北京：学苑出版社，1991．

[171] Ding K, He Y, Zeng W. Research on regional characteristics and clustering protection of Shanxi historical villages and towns in China[C]//Creative Construction Conference 2018. Budapest University of Technology and Economics, 2018: 939-945.

[172] 景爱．中国长城史[M]．上海：上海人民出版社，2006．

[173] Cao Y, Zhang Y. The fractal structure of the Ming Great Wall Military Defense System: A revised horizon over the relationship between the Great Wall and the military defense settlements[J]. Journal of Cultural Heritage, 2018, 33: 159-169.

[174] 刘敏宽，龙膺．西宁卫志[M]．青海：青海人民出版社，1993．

[175] Barlow J G. The Zhuang minority in the Ming era[J]. Ming Studies, 1989, 1989(1): 15-45.

[176] 崔永红．青海经济史：古代卷[M]．青海：青海人民出版社，1998．

[177] David Bourdon. Designing the Earth: the Human Impulse to Shape Nature[M]. New York: Abrams, 1995.

[178] Marinus Johan Meijer. A map of the great wall of China[J]. Imago Mundi, 1956, 13(1): 110-115.

[179] Wang Xuan, Hou Xin. Research on fort of Chinese ancient military defense system[J]. Applied Mechanics & Materials, 2012, 209-211: 136-140.

[180] Deng H, Shu S G, Song Y Q, et al. Distribution of sand dunes and sand shifts along the southern fringe of the Mu Us Desert since the Ming Dynasty[J]. Chinese Science Bulletin, 2007, 52(22): 3128-3138.

[181] Harris L J. The "arteries and veins" of the imperial body: the nature of the relay and post station systems in the Ming Dynasty, 1368-1644[J]. Journal of early modern history, 2015, 19(4): 287-310.

[182] 1ROSSI MANARESI R. Scientific investigation in relation to the conservation of stone[J]. Science and Technology in the Service of Conservation, 1982, 27(S1): 39-45.

[183] Wu Q L, Zhang P Z, Zhang H P, et al. A palaeo-earthquake induced damming and bursting of Yellow River and the abnormal flood that destroyed Lajia relic(in Chinese)[J]. Sci China Ser D-Earth Sci, 2009, 39(8): 1148-1159.

[184] Jiaqi Wang, Qing Wang, Yuanyuan Kong, et al. Analysis of the pore structure characteristics of freeze-thawed saline soil with different salinities based on mercury intrusion porosimetry[J]. Environmental Earth Sciences, 2020, 79(7): 1701-1707.

[185] Wanjun Ye, Changqing Li, . The consequences of changes in the structure of loess as a result of cyclic freezing and thawing[J]. Bulletin of Engineering Geology and the Environment, 2019, 78(3): 2125-2138.

[186] Weibing Zhang, Junze Ma, Lian Tang, et al. Experimental study on shear strength characteristics of sulfate saline soil in Ningxia region under long-term freeze-thaw cycles[J]. Cold Regions Science and Technology, 2019, 160: 48-57.

[187] Zhou Jie, Li Zeyao, Pei Wansheng. The Quantification and Evolution of Particle Characteristics of Saturated Silt under Freeze-Thaw Cycles[J]. Applied Sciences, 2022, 12(21).

[188] 崔凯,谌文武,张景科,等.干旱区古代建材夯土特征及劣化机理研究[J].四川大学学报(工程科学版),2012,44(6):50-57.

[189] 崔凯,谌文武,韩文峰,梁收运,张景科.多元层状陡立土质边坡差异性风蚀效应研究[J].岩土工程学报,2009,31(09):1421-1426.

[190] 崔凯,谌文武,张景科等.多元层状边坡土体风蚀速率与微结构参数关系[J].岩土力学,2009,30(09):2741-2746+2752.

[191] 崔凯,谌文武,匡静等.干湿交替与盐渍双重作用下干旱和半干旱地区土遗址劣化效应[J].中南大学学报(自然科学版),2012,43(06):2378-2384.

[192] 崔凯,谌文武,沈云霞,王旭东,韩文峰.干旱、半干旱地区干湿与盐渍复合过程遗址土强度响应实验研究[J].中南大学学报(自然科学版),2012,43(11):4451-4456.

[193] 肖泽岸,赖远明.冻融和干湿循环下盐渍土水盐迁移规律研究[J].岩石力学与工程学报,2018,37(S1):3738-3746.

[194] 谌文武,吕海敏,崔凯等.氯盐和硫酸盐对遗址土体颗粒级配和界限含水率影响的对比[J].兰州大学学报(自然科学版),2015,51(03):334-338.

[195] 蒲天彪,谌文武,吕海敏,杜昱民.青藏高原地区典型土遗址冻融与盐渍耦合劣化作用分析[J].中南大学学报(自然科学版),2016,47(04):1420-1426.

[196] 王静,周刘光,钟春玲等.冻融作用下粉砂土微观结构变化对宏观力学参数的影响研究[J].公路,2017,62(10):22-30.

[197] 张卫兵，雷过，周瑞璞等．冻融作用下固化盐渍土的强度劣化及微观机理研究[J]．科学技术与工程，2022，22(20)：8869-8876．

[198] 张卫兵，李晓，雷过等．冻融—干湿循环下硫酸盐渍土的微观孔隙研究[J]．地下空间与工程学报，2023，19(02)：465-473．

[199] 王景辉，张卫兵，唐莲等．水盐运移对硫酸盐渍土盐-冻胀规律的影响[J]．长江科学院院报，2021，38(06)：108-115．

[200] 许健，张明辉，李彦锋等．$Na_2SO_4$盐渍原状黄土冻融过程劣化特性试验研究[J]．岩土工程学报，2020，42(09)：1642-1650．

[201] 李生伟．冻融循环作用下寒旱区盐渍土中水、盐迁移研究综述[J]．水利水电技术，2020，51(09)：205-215．

[202] 谌文武，贾博博，蔡韬等．融雪与降雨入渗下含盐土遗址的冻融劣化研究[J]．岩土工程学报，2022，44(02)：334-342．

[203] 谌文武，贾博博，覃一伦等．融雪入渗下含硫酸盐遗址土的冻融劣化特征[J]．兰州大学学报(自然科学版)，2022，58(04)：521-527．

[204] 陈雨，王旭东，杨善龙等．冻融循环作用下不同含盐土体微细结构变化初步研究[J]．敦煌研究，2013，No.137(01)：98-107+132．

[205] 严耿升，张虎元，王晓东等．干旱区土建筑遗址冻融耐久性研究[J]．岩土力学，2011，32(08)：2267-2273．

[206] Clark C. Urban population densities[J]. Journal of the Royal Statistical Society. Series A (General)，1951，114(4)：490-496．

[207] Smeed R J. The Effect of Some Kinds of Routeing Systems on the Amount of Traffic in the Central Areas of Towns：(with Particular Reference to Journeys Into and Out of the Central Areas)[J]. 1962．

[208] Newling B E. The spatial variation of urban population densities[J]. Geographical Review，1969：242-252．

[209] Frankena M W. A bias in estimating urban population density functions[J]. Journal of Urban Economics，1978，5(1)：35-45．

[210] Du Y，Chen W，Cui K，et al. Study on damage assessment of earthen sites of the Ming Great Wall in Qinghai Province based on Fuzzy-AHP and AHP-TOPSIS[J]. International Journal of Architectural Heritage，2020，14(6)：903-916．

[211] Du Y，Chen W，Cui K，et al. Damage assessment of earthen sites of the Ming Great Wall in Qinghai Province：a comparison between Support Vector Machine (SVM) and BP Neural Network[J]. Journal on Computing and Cultural Heritage，2020，13(2)：1-18．

[212] Saaty T L. Rank from comparisons and from ratings in the analytic hierarchy/network processes[J]. European Journal of Operational Research，2006，168(2)：557-570．

[213] Gao S，Zhang Z，Cao C. Calculating Weights Methods in Complete Matrices and Incomplete Matrices[J]. J. Softw.，2010，5(3)：304-311．

[214] Satty L. The analytic hierarchy process：a 1993 overview，Central European[J]. Journal of Operation Research and Economics，1993，2：119-137．

[215] Alexander D. Natural disasters：a framework for research and teaching[J]. Disasters，1991，15

(3): 209-226.

[216] Liu X, Lei J. A method for assessing regional debris flow risk: an application in Zhaotong of Yunnan province (SW China)[J]. Geomorphology, 2003, 52(3-4): 181-191.

[217] 刘磊. 三峡水库万州区库岸滑坡灾害风险评价研究[D]. 武汉: 中国地质大学, 2016.

[218] 张艳, 刘丹强, 周璐红. 地质灾害土地资源易损性评价定量探讨[J]. 水文地质工程地质, 2010, 37(03): 122-126+132.

[219] Zhang Y, Wu L. Stock market prediction of S&P 500 via combination of improved BCO approach and BP neural network[J]. Expert systems with applications, 2009, 36(5): 8849-8854.

[220] Topcu I B, Sarıdemir M. Prediction of compressive strength of concrete containing fly ash using artificial neural networks and fuzzy logic[J]. Computational Materials Science, 2008, 41（3）: 305-311.

[221] Tan G, Yan J, Gao C, et al. Prediction of water quality time series data based on least squares support vector machine[J]. Procedia Engineering, 2012, 31: 1194-1199.

[222] Zhang Y, Cong Q, Xie Y, et al. Quantitative analysis of routine chemical constituents in tobacco by near-infrared spectroscopy and support vector machine[J]. Spectrochimica Acta Part A: Molecular and Biomolecular Spectroscopy, 2008, 71(4): 1408-1413.

# 后　记

在长城防御体系中，青海明长城独处一隅且具有较为完备的军事防御功能，其所处河湟地区特殊且复杂的高寒阴湿极端环境，对长城遗址的露天保存极为不利。研究团队通过大量现场调查工作发现，由冲沟、掏蚀、片状剥离、裂隙、坍塌等典型病害不断发育演变，导致主要以夯土材料修筑而成的青海明长城遗址正经历由病害发育劣化直至消亡殆尽的典型而特殊的破坏进程，因此，保护工作迫在眉睫。

研究团队相继开展了高寒阴湿环境下土遗址安全性评价理论、方法的研究与实践工作，围绕以青海明长城遗址为代表的土遗址病害发育特征与机理、建筑形制与布局、遗址建筑材料工程特性及劣化机制、历史损失率及易损性评估体系等内容开展长达十余年的探究工作。构建了青海明长城军事防御体系模型，深刻揭示了明长城是由主线、以堡为核心的军事聚落、烽传系统和驿路系统等要素组成的紧密军事网络结构，反映了中国古代军事思想及长城布局的科学性和实用性；建立了土遗址线型损失率这一原创性量化指标，用以定量化评价河湟地区线型土遗址在历史进程中的整体损失程度，揭示了人类活动对土遗址的破坏机制；综合提出了土遗址病害链框架体系用以量化表征典型病害的内部关联、影响因素及发育演化规律；基于土遗址病害链框架体系，综合遗址赋存环境因素、夯土特性、建筑技法及形制特点，研究团队最终构建了高寒阴湿环境下土遗址易损性评价及预测（预估）模型，通过多准则决策方法综合计算确定遗址因典型病害发育演化导致的坍塌局部破坏程度及其相应评级标准，结合机器学习算法实现对遗址易损性分值进行精准迅速求解的目标。以上相关评价理论、方法均通过与遗址实际病害发育程度、保存现状进行对比验证，实现了相关实践探索，以保证研究结果的科学性、准确性和合理性。希望通过本书展现的河湟地区土遗址保护最新研究成果，为寒湿特殊环境下土遗址的科学有效管理提供理论指导，从而为河湟地区土遗址保护加固工作提供科学依据，同时为丰富与补足我国土遗址理论与实践体系提供一定贡献。

谌文武教授负责全书大纲制定与统筹工作，杜昱民博士负责全书统稿及第1章、第2章、第3章、第6章、第7章的编撰，崔凯教授负责全书校稿及第4章、第5章的编撰，董文强研究员负责全书审定工作。

本书相关研究得到了西北大学孙满利教授、敦煌研究院郭青林研究员、兰州大学张景科教授、西北工业大学铁付德讲席教授的大力支持和悉心指导，他们对本书研究内容及大纲结构提供了珍贵和专业的意见，遗址现场调查工作得到了青海省文物局及地方文博部门的全力帮助，本书有关青海明长城遗址考古基础资料、环境气象资料来源于青海省文物局和青海省气象局，西北工业大学、兰州大学、兰州理工大学青年教师和研究生为本书的整理与校稿工作做出了贡献，作者在此表示衷心的感谢！

赋存于河湟地区高寒阴湿特殊环境下的青海明长城遗址体量巨大，病害发育成因机制极为复杂，由于作者能力有限，呈现出的土遗址安全性评价理论、方法与实践研究结果难以避免地存在诸多不足，请专家、读者多多批评指正。

编者
2023 年 10 月